Schriftenreihe
der Juristischen Schulung

Band 65

Fälle zum
Allgemeinen Teil des BGB

begründet von

Dr. Walter F. Lindacher
em. o. Professor an der Universität Trier
vorm. Richter am OLG Koblenz

fortgeführt von

Dr. Wolfgang Hau
o. Professor an der Ludwig-Maximilians-Universität München
Richter am OLG München

6., völlig neu bearbeitete Auflage 2018

C.H.BECK

www.beck.de

ISBN 978 3 406 71124 4

© 2018 Verlag C. H. Beck oHG
Wilhelmstraße 9, 80801 München
Druck und Bindung: Nomos Verlagsgesellschaft
In den Lissen 12, 76547 Sinzheim
Satz: Druckerei C. H. Beck, Nördlingen

Gedruckt auf säurefreiem, alterungsbeständigem Papier
(hergestellt aus chlorfrei gebleichtem Zellstoff)

Vorwort

Obwohl der Allgemeine Teil des BGB im rechtswissenschaftlichen Studium gewöhnlich schon ab dem ersten Semester zumindest in Grundzügen vermittelt wird, sind Fortgeschrittenen- und Examensklausuren aus diesem Bereich – mit einigem Recht – besonders gefürchtet. Die Fallsammlung will daher fortgeschrittenen Studierenden Gelegenheit geben, prüfungsrelevante Probleme aus dem Allgemeinen Teil zu wiederholen und zu vertiefen. Besonderes Augenmerk gilt dabei auch Bezügen zum Schuld-, Handels-, Gesellschafts- und Verfahrensrecht. Sämtliche Fälle wurden für die Neuauflage aktualisiert, einige durch neue Varianten ergänzt.

Mein akademischer Lehrer, Prof. Dr. Walter F. Lindacher, hat die Fallsammlung begründet und die ersten drei Auflagen verfasst. Ich will das Werk in seinem Sinne fortführen. Dank für engagierte Hilfe bei den Korrekturen schulde ich meinem Lehrstuhlteam, allen voran Frau Katharina Koch und Herrn Florian Kalbfleisch.

München, im Mai 2018   *Wolfgang Hau*

Inhaltsverzeichnis

Abkürzungsverzeichnis

a. A.	anderer Ansicht
ABl.	Amtsblatt der EU
AcP	Archiv für die civilistische Praxis
a. F.	alte Fassung
AGB	Allgemeine Geschäftsbedingung(en)
AGBG	Gesetz zur Regelung des Rechts der Allgemeinen Geschäftsbedingungen
allg. M.	allgemeine Meinung
Alt.	Alternative
Anm.	Anmerkung
AP	Arbeitsrechtliche Praxis
arg. (e contr.)	argumentum (e contrario)
Aufl.	Auflage
BAG	Bundesarbeitsgericht
BAGE	Entscheidungen des Bundesarbeitsgerichts
BB	Betriebsberater
Bd.	Band
BGB	Bürgerliches Gesetzbuch
BGBl.	Bundesgesetzblatt
BGH	Bundesgerichtshof
BGHZ	Entscheidungen des Bundesgerichtshofs in Zivilsachen
BT-Drs.	Drucksachen des Bundestags
c. i. c.	culpa in contrahendo
CISG	UN-Übereinkommen über den internationalen Warenkauf
DB	Der Betrieb
DGVZ	Deutsche Gerichtsvollzieherzeitung
DStR	Deutsches Steuerrecht
eG	eingetragene Genossenschaft
EWiR	Entscheidungen zum Wirtschaftsrecht
f., ff.	folgender, folgende
FS	Festschrift
Fn.	Fußnote
gem.	gemäß
GenG	Genossenschaftsgesetz
ggf.	gegebenenfalls
GmbH	Gesellschaft mit beschränkter Haftung
GmbHG	Gesetz betreffend die Gesellschaft mit beschränkter Haftung
GPR	Gemeinschaftsprivatrecht
GRUR	Gewerblicher Rechtsschutz und Urheberrecht
Hdb.	Handbuch
HGB	Handelsgesetzbuch
h. L.	herrschende Lehre
h. M.	herrschende Meinung
Hs.	Halbsatz
i. A.	im Auftrag
i. d. R.	in der Regel
i. E.	im Einzelnen
i. e. S.	im engeren Sinn
InsO	Insolvenzordnung
i. S.	im Sinne
i. V. m.	in Verbindung mit

JA	Juristische Arbeitsblätter
Jura	Juristische Ausbildung
JuS	Juristische Schulung
JR	Juristische Rundschau
JW	Juristische Wochenschrift
JZ	Juristen Zeitung
KG	Kommanditgesellschaft
LG	Landgericht
LM	Kommentierte BGH-Rechtsprechung Lindenmaier/Möhring
m. w. N.	mit weiteren Nachweisen
MDR	Monatsschrift für Deutsches Recht
MittBayNot	Mitteilungen des Bayerischen Notarvereins
MMR	Multimedia und Recht
Mot.	Motive zum BGB
NJW	Neue Juristische Wochenschrift
NJW-RR	Neue Juristische Wochenschrift-Rechtsprechungsreport
Nr.	Nummer
NZA	Neue Zeitschrift für Arbeitsrecht
OGH	Oberster Gerichtshof (Österreich)
OHG	Offene Handelsgesellschaft
OLG	Oberlandesgericht
PatG	Patentgesetz
ppa.	per procura
Rn.	Randnummer(n)
RG	Reichsgericht
RGZ	Entscheidungen des Reichsgerichts in Zivilsachen
RL	Richtlinie
Rpfleger	Der Deutsche Rechtspfleger
RPflG	Rechtspflegergesetz
S.	Seite
s.	siehe
SeuffA	Seufferts Archiv
sog.	so genannt
str.	streitig
u. a.	unter anderem
unstr.	unstreitig
Var.	Variante
vgl.	vergleiche
Vorb.	Vorbemerkung
WM	Wertpapier-Mitteilungen
WuB	Entscheidungssammlung zum Wirtschafts- und Bankrecht
ZfIR	Zeitschrift für Immobilienrecht
ZGR	Zeitschrift für Unternehmens- und Gesellschaftsrecht
ZGS	Zeitschrift für Vertragsgestaltung, Schuld- und Haftungsrecht
ZIP	Zeitschrift für Wirtschaftsrecht
ZPO	Zivilprozessordnung
zust.	zustimmend
ZVG	Zwangsversteigerungsgesetz

Verzeichnis der abgekürzt zitierten Literatur

AK-BGB/*Bearbeiter* .... Alternativkommentar zum Bürgerlichen Gesetzbuch, 1979 ff.

Bamberger/Roth/*Bearbeiter* .. *Bamberger/Roth*, Kommentar zum BGB, 3. Aufl. 2012 (aktuelle online-Fassung als *Bamberger/Roth/Hau/Poseck*, BeckOK BGB)

Baumbach/Hueck/*Bearbeiter* *Baumbach/Hueck*, GmbH-Gesetz, 21. Aufl. 2017

Baur/Stürner SachenR .... *Baur/Stürner*, Lehrbuch des Sachenrechts, 18. Aufl. 2009

Baur/Stürner/Bruns ZVR ..... *Baur/Stürner/Bruns*, Zwangsvollstreckungsrecht, 13. Aufl. 2006

Bitter/Röder BGB AT .... *Bitter/Röder*, BGB Allgemeiner Teil, 3. Aufl. 2016

Boecken BGB AT .... *Boecken*, BGB – Allgemeiner Teil, 2. Aufl. 2012

Boemke/Ulrici BGB AT ...... *Boemke/Ulrici*, BGB Allgemeiner Teil, 2. Aufl. 2014

Bork BGB AT .... *Bork*, Allgemeiner Teil des Bürgerlichen Gesetzbuchs, 4. Aufl. 2016

Brehm BGB AT .... *Brehm*, Allgemeiner Teil des BGB, 6. Aufl. 2008

Brox/Walker BGB AT .... *Brox/Walker*, Allgemeiner Teil des Bürgerlichen Gesetzbuchs, 41. Aufl. 2017

Brox/Walker SchuldR AT .... *Brox/Walker*, Allgemeines Schuldrecht, 42. Aufl. 2018

Brox/Walker SchuldR BT ..... *Brox/Walker*, Besonderes Schuldrecht, 42. Aufl. 2018

Brox/Walker ZVR .... *Brox/Walker*, Zwangsvollstreckungsrecht, 11. Aufl. 2018

Bülow KreditsicherungsR .... *Bülow*, Recht der Kreditsicherheiten, 9. Aufl. 2017

Bülow/Artz .... *Bülow/Artz*, Verbraucherprivatrecht, 6. Aufl. 2018

Canaris HandelsR .... *Canaris*, Handelsrecht, 24. Aufl. 2006

Canaris Vertrauenshaftung ... *Canaris*, Die Vertrauenshaftung im deutschen Privatrecht, 1971

Dassler/Schiffhauer/
Bearbeiter .... *Dassler/Schiffhauer/Hintzen/Engels/Rellermeyer*, ZVG, 15. Aufl. 2016

Dethloff FamR .... *Dethloff*, Familienrecht, 31. Aufl. 2015

Diederichsen BGB AT .... *Diederichsen*, Der Allgemeine Teil des Bürgerlichen Gesetzbuches für Studienanfänger, 5. Aufl. 1984

Emmerich SchuldR BT .... *Emmerich*, BGB – Schuldrecht Besonderer Teil, 15. Aufl. 2018

Enneccerus/Nipperdey BGB
AT I/II .... *Enneccerus/Nipperdey*, Allgemeiner Teil des Bürgerlichen Rechts, 15. Aufl. 1959/1960

Erman/*Bearbeiter* .... *Erman*, Handkommentar zum Bürgerlichen Gesetzbuch, 15. Aufl. 2017

Faust BGB AT .... *Faust*, Bürgerliches Gesetzbuch – Allgemeiner Teil, 6. Aufl. 2018

Fikentscher/Heinemann
SchuldR .... *Fikentscher/Heinemann*, Schuldrecht Allgemeiner und Besonderer Teil, 11. Aufl. 2017

Flume BGB AT I/2 bzw. BGB
AT II .... *Flume*, Allgemeiner Teil des Bürgerlichen Rechts. Bd. I/2: Die juristische Person, 1983. Bd. II: Das Rechtsgeschäft, 4. Aufl. 1992

Foerste InsR .... *Foerste*, Insolvenzrecht, 7. Aufl. 2018

Gottwald/Würdinger BGB
AT .... *Gottwald/Würdinger*, Examens-Repetitorium BGB – Allgemeiner Teil, 4. Aufl. 2016

Grigoleit/Herresthal
BGB AT .... *Grigoleit/Herresthal*, BGB – Allgemeiner Teil, 3. Aufl. 2015
GroßkommHGB/
Bearbeiter .... Großkommentar zum Handelsgesetzbuch, begründet von *Staub*, 4. und 5. Aufl. 1983 ff. bzw. 2008 ff.
Grunewald BürgerlR .... *Grunewald*, Bürgerliches Recht. Ein systematisches Repetitorium, 9. Aufl. 2014
Heck SachenR .... *Heck*, Grundriß des Sachenrechts, 1930
Heinrich ZivilR .... *Heinrich*, Examensrepetitorium Zivilrecht, 2. Aufl. 2018
Heymann/*Bearbeiter* .... *Heymann*, Handelsgesetzbuch, 2. Aufl. 1995 ff.
HK-BGB/*Bearbeiter* .... Handkommentar zum BGB, 9. Aufl. 2016
Hoeren InternetR .... *Hoeren*, Internet- und Kommunikationsrecht, 2. Aufl. 2012
Hübner BGB AT .... *Hübner*, Allgemeiner Teil des Bürgerlichen Gesetzbuchs, 2. Aufl. 1996
Jacoby/v. Hinden .... *Jacoby/v. Hinden*, Studienkommentar BGB, 15. Aufl. 2015
Jauernig/*Bearbeiter* .... *Jauernig*, Bürgerliches Gesetzbuch, 16. Aufl. 2015
KKRM/Bearbeiter .... *Koller/Kindler/Roth/Morck*, HGB, 8. Aufl. 2015
Köhler BGB AT .... *Köhler*, BGB Allgemeiner Teil, 41. Aufl. 2017
Kötz VertragsR .... *Kötz*, Vertragsrecht, 2. Aufl. 2012
Larenz SchuldR BT I .... *Larenz*, Lehrbuch des Schuldrechts, Bd. I Allgemeiner Teil, 14. Aufl. 1989
Larenz SchuldR BT II .... *Larenz*, Lehrbuch des Schuldrechts, Bd. II/1 Besonderer Teil, 13. Aufl. 1986
Larenz/Canaris Methodenlehre .... *Larenz/Canaris*, Methodenlehre der Rechtswissenschaft, 3. Aufl. 1995
Leenen BGB AT .... *Leenen*, BGB. Allgemeiner Teil: Rechtsgeschäftslehre, 2. Aufl. 2015
Leipold BGB I .... *Leipold*, BGB I: Einführung und Allg. Teil, 9. Aufl. 2017
Looschelders SchuldR BT ..... *Looschelders*, Schuldrecht Besonderer Teil, 13. Aufl. 2018
Löwisch/Neumann BGB AT .. *Löwisch/Neumann*, Allgemeiner Teil des BGB, 7. Aufl. 2004
Lüke SachenR .... *Lüke*, Sachenrecht, 4. Aufl. 2018
Medicus/Lorenz SchuldR AT *Medicus/Lorenz*, Schuldrecht I, Allgemeiner Teil, 21. Aufl. 2015
Medicus/Lorenz SchuldR BT *Medicus/Lorenz*, Schuldrecht II, Besonderer Teil, 17. Aufl. 2014
Medicus/Petersen BGB AT ... *Medicus/Petersen*, Allgemeiner Teil des BGB, 11. Aufl. 2016
Medicus/Petersen
BürgerlR .... *Medicus/Petersen*, Bürgerliches Recht, 26. Aufl. 2017
Möllers Methodenlehre .... *Möllers*, Juristische Methodenlehre, 2017
MüKoBGB/*Bearbeiter* .... Münchener Kommentar zum Bürgerlichen Gesetzbuch, 7. Aufl. 2016 ff.
MüKoHGB/*Bearbeiter* .... Münchener Kommentar zum Handelsgesetzbuch, 4. Aufl. 2016 ff.
MüKoInsO/*Bearbeiter* .... Münchener Kommentar zur Insolvenzordnung, 3. Aufl. 2013 ff.
MüKoZPO/*Bearbeiter* .... Münchener Kommentar zur Zivilprozessordnung, 5. Aufl. 2016 f.
Müller/Gruber SachenR ...... *Müller/Gruber*, Sachenrecht, 2016
Musielak/Hau EK BGB .... *Musielak/Hau*, Examenskurs BGB, 3. Aufl. 2014
Musielak/Hau GK BGB ...... *Musielak/Hau*, Grundkurs BGB, 15. Aufl. 2017
NK-BGB/*Bearbeiter* .... NomosKommentar, Bürgerliches Gesetzbuch, Bd. 1, 2/1, 3. Aufl. 2016
Nörr/Scheyhing/Pöggeler
Sukzessionen .... *Nörr/Scheyhing/Pöggeler*, Sukzessionen, 2. Aufl. 1999
Oechsler Schuldverhältnisse .. *Oechsler*, Vertragliche Schuldverhältnisse, 2. Aufl. 2017
Oertmann .... *Oertmann*, Kommentar zum Bürgerlichen Gesetzbuch, Bd. I Allg. Teil, 3. Aufl. 1927
Palandt/*Bearbeiter* .... *Palandt*, Bürgerliches Gesetzbuch, 77. Aufl. 2018

Pawlowski BGB AT .... *Pawlowski,* Allgemeiner Teil des BGB: Grundlehren des bürgerlichen Rechts, 7. Aufl. 2003

Planck/*Bearbeiter* .... *Planck,* Kommentar zum BGB, Bd. I Allg. Teil, 4. Aufl. 1913

Prütting SachenR .... *Prütting,* Sachenrecht, 36. Aufl. 2017

PWW/*Bearbeiter* .... *Prütting/Wegen/Weinreich,* BGB, Kommentar, 12. Aufl. 2017

Reinicke/Tiedtke BürgschaftsR .... *Reinicke/Tiedtke,* Bürgschaftsrecht, 3. Aufl. 2008

Reinicke/Tiedtke KaufR ...... *Reinicke/Tiedtke,* Kaufrecht, 8. Aufl. 2009

Reischl InsR .... *Reischl,* Insolvenzrecht, 4. Aufl. 2016

RGRK/*Bearbeiter* .... Kommentar zum Bürgerlichen Gesetzbuch, herausgegeben von Reichsgerichtsräten und Bundesrichtern, 12. Aufl. 1974 ff.

Riehm BGB AT .... *Riehm,* Examinatorium BGB Allgemeiner Teil, 2015

Rimmelspacher/Stürner KreditsicherungsR .... *Rimmelspacher/Stürner,* Kreditsicherungsrecht, 3. Aufl. 2017

Roth/Altmeppen/ *Bearbeiter* .... *Roth/Altmeppen,* GmbH-Gesetz, 8. Aufl. 2015

Schack BGB AT .... *Schack,* BGB Allgemeiner Teil, 15. Aufl. 2016

Schlechtriem SchuldR AT ..... *Schlechtriem,* Schuldrecht Allg. Teil, 5. Aufl. 2003

K. Schmidt GesR .... *Schmidt, Karsten,* Gesellschaftsrecht, 4. Aufl. 2002

K. Schmidt HandelsR .... *Schmidt, Karsten,* Handelsrecht, 6. Aufl. 2014

Schwab FamilienR .... *Schwab,* Familienrecht, 25. Aufl. 2017

Schwab/Löhnig .... *Schwab/Löhnig,* Einführung in das Zivilrecht, 20. Aufl. 2016

Serick EV .... *Serick,* Eigentumsvorbehalt und Sicherungsübertragung, Bd. I–VI, 1963–1986

Scholz/*Bearbeiter* .... *Scholz,* GmbH-Gesetz, 11. Aufl. 2014 ff.

Soergel/*Bearbeiter* .... *Soergel,* Bürgerliches Gesetzbuch mit Einführungsgesetz und Nebengesetzen, 13. Aufl. 1999 ff.

Stadler BGB AT .... *Stadler,* Allgemeiner Teil des BGB, 19. Aufl. 2017

Staudinger/*Bearbeiter* .... *Staudinger,* Kommentar zum Bürgerlichen Gesetzbuch, 13. Aufl. 1993 ff., seither Einzelaktualisierungen

Stöber .... *Stöber,* Zwangsversteigerungsgesetz, 21. Aufl. 2016

Stoffels AGB-R .... *Stoffels,* AGB-Recht, 3. Aufl. 2015

StudK/*Bearbeiter* .... Studienkommentar zum BGB, 2. Aufl. 1979

v. Tuhr BGB AT I, II/1, II/2 *v. Tuhr,* Der Allgemeine Teil des Deutschen Bürgerlichen Rechts, Bd. I, 1910; Bd. II/1, 1914; Bd. II/2, 1918

Ulmer/Brandner/Hensen/ *Bearbeiter* .... *Ulmer/Brandner/Hensen,* AGB-Recht, Kommentar, 12. Aufl. 2016

Vieweg/Werner SachenR ...... *Vieweg/Werner,* Sachenrecht, 7. Aufl. 2015

Wellenhofer SachenR .... *Wellenhofer,* Sachenrecht, 32. Aufl. 2017

Weller/Prütting HandelsR .... *Weller/Prütting,* Handels- und Gesellschaftsrecht, 9. Aufl. 2016

Wertenbruch BGB AT .... *Wertenbruch,* BGB Allgemeiner Teil, 4. Aufl. 2017

Westermann/Gursky/ Eickmann/*Bearbeiter* .... *Westermann/Gursky/Eickmann,* Sachenrecht, 8. Aufl. 2011

Wieling BereicherungsR .... *Wieling,* Bereicherungsrecht, 4. Aufl. 2006

Wieling SachenR .... *Wieling,* Sachenrecht, 5. Aufl. 2007

Wieling SachenR-HdB .... *Wieling,* Sachenrecht, Bd. I – Sachen, Besitz und Rechte an beweglichen Sachen, 2. Aufl. 2006

Wilhelm SachenR .... *Wilhelm,* Sachenrecht, 5. Aufl. 2016

E. Wolf BGB AT .... *Wolf, Ernst,* Allgemeiner Teil des bürgerlichen Rechts, Lehrbuch, 3. Aufl. 1982

Wolf/Lindacher/Pfeiffer/ *Bearbeiter* .... *Wolf/Lindacher/Pfeiffer,* AGB-Recht, 6. Aufl. 2013

Wolf/Neuner BGB AT .... *Wolf/Neuner,* Allgemeiner Teil des Bürgerlichen Rechts, 11. Aufl. 2016

Fall 1. toelpel.de

Namensrechtlicher Unterlassungsanspruch – Namensleugnung und Namensanmaßung – Beseitigungs- und Übertragungsanspruch – Schutz von Pseudonymen – Namensschutz gegenüber Gleichnamigen

Sachverhalt

Die *Tölpel AG* betreibt seit Jahrzehnten bundesweit eine allseits bekannte Kette von Heimwerkermärkten. Ihr Versuch, sich die Internetadresse „toelpel.de" bei der dafür zuständigen DENIC (Deutsche Network Information Center eG) registrieren zu lassen, ist gescheitert, weil ihr damit *Herr Toelke* zuvorgekommen ist. Dieser widmet seine Freizeit dem Schutz von Meeresvögeln, wobei ihn die heimischen Ruderfüßler – einschließlich der Tölpel – besonders faszinieren. *Toelke* hat unter „toelpel.de" Informationen zu seinem Hobby zusammengestellt und verwendet „Toelpel" auch als sog. Aliasnamen, um sich im Internet beispielsweise an Gesprächsforen oder Versteigerungen beteiligen zu können, ohne seine Identität preisgeben zu müssen. Kann die *Tölpel AG* von *Toelke* verlangen, die weitere Verwendung des Domainnamens zu unterlassen, ihr diesen zu übertragen oder zumindest auf diesen gegenüber der DENIC zu verzichten?

Variante: Wie verhält es sich, wenn der Nachname des Domaininhabers nicht *Toelke*, sondern ebenfalls *Tölpel* lautet?

Lösung

A. Grundfall

I. Während ein Vorgehen gegen die DENIC nach h. M. aussichtslos wäre,[1] kommt der von der *Tölpel AG* in erster Linie geltend gemachte Unterlassungsanspruch gegen *Toelke* als Inhaber der umstrittenen Domain in Betracht: Ein solcher Anspruch kann sich, da *Toelke* nicht geschäftlich agiert, zwar nicht aus den andernfalls spezielleren §§ 5, 15 MarkenG,[2] wohl aber – verschuldensunabhängig – aus § 12 S. 2 BGB ergeben.[3]

1. Keine Bedenken bestehen gegen die subjektive Anwendbarkeit dieser Vorschrift: § 12 schützt, ungeachtet seiner systematischen Stellung, anerkanntermaßen auch die Firma oder unterscheidungskräftige Firmenbestandteile einer Gesellschaft bzw. eines einzelkaufmännischen Unternehmens. Und obgleich der namensrechtliche Schutz in solchen Fällen stets auf den Funktionsbereich des Unternehmens beschränkt ist, mithin nur so weit reicht, wie geschäftliche Beeinträchtigungen zu befürchten sind,

---

[1] Vgl. *BGH* NJW 2004, 1793: Selbst im Falle eines prominenten Namensinhabers könne die DENIC grundsätzlich nicht zu der Prüfung verpflichtet sein, ob eine angemeldete Bezeichnung (*in casu*: kurt-biedenkopf.de) dessen Rechte verletzt.

[2] *BGH* NJW 2008, 3716 = JuS 2009, 188 – afilias.de; näher zum Verhältnis von § 12 BGB zum Markenrecht auch *Hülsewig*, JA 2008, 592 ff.

[3] Paragraphen ohne nähere Angabe bezeichnen im Folgenden solche des BGB.

kann ausnahmsweise auch die private Nutzung einer Bezeichnung als Domainname in das Namensrecht eingreifen:[4] Lässt sich ein nichtberechtigter Dritter das Kennzeichen als Domainnamen registrieren, so beeinträchtigt dies die schutzwürdigen Interessen des Kennzeicheninhabers schon deshalb, weil die mit der sog. Top-Level-Domain „.de" gebildete Internetadresse nur einmal vergeben werden kann. Mithin wird das kennzeichenberechtigte Unternehmen auch dann, wenn die fragliche Domainregistrierung nur zu privaten Zwecken erfolgt ist, von einer entsprechenden eigenen Nutzung ausgeschlossen und der Möglichkeit beraubt, interessierten Internetnutzern auf einfache Weise Informationen über sein Unternehmen zu verschaffen.

2. Der Unterlassungsanspruch scheitert nicht daran, dass sich der Domainname „toelpel.de" geringfügig von der Schreibweise des Namens der *Tölpel AG* unterscheidet: Wenngleich sich Internetbenutzer auf das Erfordernis einer exakten Schreibweise von Adressen einstellen müssen und inzwischen auch Domainnamen mit Umlauten registriert werden können, hat sich der Verzicht auf solche Eigenheiten einzelner Sprachen im weltweit ausgerichteten Internet durchgesetzt.[5] Im Übrigen setzt § 12 ohnehin keine buchstäbliche Namensübereinstimmung voraus.[6]

3. Maßgeblich für die weiteren Voraussetzungen des Unterlassungsanspruchs ist die im Wortlaut von § 12 S. 1 angelegte Unterscheidung, ob eine Namensleugnung (Var. 1: „bestritten") oder nur eine Namensanmaßung (Var. 2: „unbefugt … gebraucht") vorliegt. Nach zutreffender Ansicht ist die Verwendung eines Domainnamens nicht allein deshalb als – ohne weiteres rechtswidrige – Namensleugnung zu qualifizieren, weil jeder Domainname aus technischen Gründen nur einmal vergeben werden kann;[7] vielmehr wird mit der Registrierung das Recht des Namensträgers zur Führung seines Namens in der Regel nicht – auch nicht konkludent[8] – bestritten.[9]

Damit bleibt eine Namensanmaßung zu prüfen. Eine solche liegt vor, wenn ein Dritter den gleichen Namen unbefugt gebraucht, dadurch eine Zuordnungsverwirrung auslöst und schutzwürdige Interessen des Namensträgers verletzt.[10] Eine Zuordnungsverwirrung ist im Allgemeinen gegeben, wenn ein fremder Name als Internetadresse verwendet wird:[11] Der Verkehr sieht in der Verwendung eines unterschei-

---

[4] Näher dazu und zum Folgenden BGHZ 149, 191 (197 f.) = NJW 2002, 2031 = JuS 2002, 1226 – shell.de; aus dem Schrifttum etwa *Beier*, Das Recht der Domainnamen, 2004, Rn. 468.

[5] Zur Verwendung von Umlauten in Domainnamen *Hülsewig*, JA 2008, 592 (598). Zu eng *Beier*, Das Recht der Domainnamen, Rn. 455: grundsätzlich sei nur die benutzte Schreibweise geschützt.

[6] Vgl. etwa *Boemke/Ulrici* BGB AT § 21 Rn. 22 (Boris Bäcker statt Boris Becker); *Köhler* BGB AT § 20 Rn. 18 (Gunter Grass statt Günther Grass). Zum Sonderproblem der sog. „Tippfehler-Domain" vgl. *BGH* GRUR 2016, 810 (815).

[7] So aber noch *OLG Düsseldorf* NJW-RR 1999, 626 – ufa.de; *Ruff*, DomainLaw, 2002, S. 53 f.

[8] Zur Möglichkeit eines tatbestandsmäßigen konkludenten Bestreitens etwa Staudinger/*Habermann* § 12 Rn. 261 f.

[9] BGHZ 149, 191 (198 f.); bestätigend BGHZ 155, 273 (275 f.) = NJW 2003, 2978 = JuS 2004, 157 – maxem.de, vgl. dazu *BVerfG* NJW 2007, 671; *Hoeren* InternetR II 5.

[10] *BGH* NJW 2008, 3716 (3717); NJW 2007, 2633 (2634) = JuS 2008, 94 – grundke.de; *BGH* GRUR 2012, 304 (306); *Petersen*, Jura 2007, 175 (176).

[11] Dazu und zum Folgenden BGHZ 149, 191 (199); BGHZ 155, 273 (276 f.); *BGH* GRUR 2016, 810 (814). Ausnahmen erkennen an *BGH* NJW 2005, 1196, wenn die Registrierung des Domainnamens einer (für sich genommen rechtlich unbedenklichen) Benutzungsaufnahme als Unternehmenskennzeichen in einer anderen Branche unmittelbar vorausgeht, sowie *BGH* NJW 2008, 3716 (3718), für den Fall, dass das Namensrecht des Berechtigten erst nach der Registrierung des Domainnamens durch den Domaininhaber entstanden ist.

dungskräftigen, nicht sogleich als Gattungsbegriff verstandenen Zeichens als Internetadresse einen Hinweis auf den bürgerlichen Namen bzw. die Firma des Betreibers des jeweiligen Internetauftritts. Zwar wiegt diese Verwirrung über die Identität des Betreibers nicht sonderlich schwer, wenn der Internetnutzer beim Betrachten der geöffneten Homepage alsbald bemerkt, dass er nicht auf die Internetseite des gesuchten Namensträgers gelangt ist.[12] Aber selbst eine geringe Zuordnungsverwirrung kann für eine tatbestandsmäßige Namensanmaßung genügen, wenn sie berechtigte Interessen des Namensträgers in besonderem Maße beeinträchtigt. Davon ist auszugehen, weil der Namensträger die aus dem Namen gebildete Internetadresse – wie bereits erwähnt – nicht für sich nutzen kann, obwohl er als Träger eines unterscheidungskräftigen Namens berechtigterweise erwarten kann, mit diesem unter der im Inland üblichen und am meisten verwendeten Top-Level-Domain „.de" im Internet aufzutreten.

Weitere Anspruchsvoraussetzung ist jedoch, dass *Toelke* den Namen Tölpel bzw. Toelpel in der beanstandeten Internetadresse „toelpel.de" unbefugt gebraucht, ihm also keine vorrangigen eigenen Rechte daran zustehen. Da es sich nicht um *Toelkes* bürgerlichen Geburts- oder Familiennamen handelt, bleibt zu klären, ob der Umstand, dass er sich so im Internet bezeichnet, zu einer eigenständigen namensrechtlichen Berechtigung führt, die *Toelke* gegenüber der *Tölpel AG* als Gleichnamigen ausweist. Obwohl nur die Führung des bürgerlichen Namens oder der Firma – anders als die eines Alias- bzw. Decknamens (Pseudonyms) – vorgeschrieben ist, wird heute im Grundsatz anerkannt, dass auch unterscheidungskräftige Pseudonyme gemäß bzw. zumindest analog § 12 zu schützen sind.[13] Allerdings wird unterschiedlich beurteilt, ob dieser Schutz bereits ab Aufnahme der Benutzung besteht oder zusätzlich voraussetzt, dass der Pseudonymträger als solcher im Verkehr bekannt ist, also mit dem fraglichen Namen Verkehrsgeltung erlangt hat. Da Letzteres zwar beispielsweise für einen Künstler, der unter seinem Pseudonym publiziert oder in der Öffentlichkeit auftritt, nach Lage der Dinge aber kaum für den Hobby-Vogelschützer *Toelke* zutrifft, kommt es im vorliegenden Fall auf eine Entscheidung des Streits an. Die h. M. lässt den Schutz erst dann einsetzen, wenn sich das Pseudonym im Verkehr durchgesetzt hat:[14] Käme diesem ohne weiteres namensrechtlicher Schutz zu, führte dies zu einer übermäßigen Beeinträchtigung derjenigen Namensträger, die Schutz für ihren bürgerlichen Namen oder ihre Firma beanspruchen.

4. Schließlich sind weitere Beeinträchtigungen zu besorgen (§ 12 S. 2), da die Registrierung des *Toelke* auf Dauer angelegt ist.

5. Nach alledem kann die *Tölpel AG* gemäß § 12 S. 2 beanspruchen, dass *Toelke* die Verwendung des Domainnamens „toelpel.de" unterlässt.

II. Überdies sieht § 12 S. 1 einen – wiederum verschuldensunabhängigen – Anspruch auf Beseitigung der bereits eingetretenen Namensbeeinträchtigung vor. In Fällen wie dem vorliegenden geht dieser Anspruch dahin, dass der unbefugterweise

---

[12] Insoweit enger der österreichische *OGH* MMR 2004, 462: schon ein aufklärender Hinweis auf der Website könne die Verwechslungsgefahr ausschließen.
[13] *BVerfG* NJW 2007, 671 f.; Staudinger/*Habermann* § 12 Rn. 30 ff. Ebenso ein ausgefallener Vorname, *BGH* NJW 2009, 1756 f. – raule.de.
[14] Dazu m. w. N. BGHZ 155, 273 (277 f.); offen gelassen von *BVerfG* NJW 2007, 671; anders noch als Vorinstanz *OLG Köln* MMR 2001, 170. Kritisch etwa NK-BGB/*Koos* § 12 Rn. 124.

Registrierte gegenüber der DENIC auf den Domainnamen verzichtet.[15] Das weitergehende Recht, eine Umschreibung der bestehenden Registrierung zu fordern, spricht die heute h. M. dem Namensträger hingegen ab.[16] Verneint wird insbesondere die Möglichkeit einer analogen Anwendung von § 8 S. 2 PatG (sog. Patentvindikation) oder § 894 (Grundbuchberichtigungsanspruch): Anders als dem Urheber an seiner Erfindung oder dem Eigentümer an seiner Sache stehe dem Namensinhaber kein absolutes, gegenüber jedermann durchsetzbares Recht auf Registrierung des entsprechenden Domainnamens zu.[17] Leugnet man, dass die Eintragungsmöglichkeit eines Domainnamens wie ein absolutes Recht einer bestimmten Person zugewiesen ist, so kommt ein auf Übertragung abzielender Anspruch wegen angemaßter Eigengeschäftsführung (§§ 687 II, 681, 667)[18] ebenso wenig in Betracht wie eine Eingriffskondiktion (§ 812 I 1 Var. 2).

B. Variante

Ist der Anspruchsgegner selbst Träger des fraglichen Namens, kann dessen Gebrauch grundsätzlich nicht unbefugt sein: Zumal im nichtgeschäftlichen Bereich mag man es an sich niemandem verwehren, sich in redlicher Weise unter seinem bürgerlichen Namen zu betätigen.[19] Vielmehr empfiehlt es sich, sofern mehrere Personen als berechtigte Namensträger für einen Domainnamen in Betracht kommen, in erster Linie auf das Prioritätsprinzip abzustellen:[20] Für die Maßgeblichkeit der zeitlichen Reihenfolge der Registrierung (bzw. des Eingangs der Registrierungsanträge) streiten im Falle eines Konflikts zwischen Gleichnamigen nicht nur Praktikabilitätserwägungen, sondern auch die Fairness der überkommenen Regel „wer zuerst kommt, mahlt zuerst".

Gleichwohl kann selbst die vom Prioritätsprinzip gedeckte Verwendung des eigenen Namens als Internetadresse ausnahmsweise unberechtigt sein: Werden Verwechslungen mit einem anderen, ungleich prominenteren Namensträger provoziert, ist es ausnahmsweise auch im privaten Verkehr geboten, den eigenen Namen nur so zu verwenden, dass diese Gefahr nach Möglichkeit ausgeschlossen ist.[21] Dies läuft auf eine Pflicht zur Führung eines unterscheidenden Zusatzes hinaus, was voraussetzt, dass das Interesse des zuerst registrierten Namensträgers klar gegenüber dem Interesse des Gleichnamigen zurücktritt, eine Verwechslung zu vermeiden.

---

[15] Vgl. *BAG* NZA 2005, 107: Anspruch auf Abgabe einer Verzichtserklärung gegenüber dem Rechenzentrum als unselbständiger, den Unterlassungsanspruch ergänzender Beseitigungsanspruch.

[16] Näher zum Folgenden BGHZ 149, 191 (204 ff.): Für einen Anspruch auf Übertragung bestehe auch kein praktisches Bedürfnis, weil der Anspruchsteller sich seinen Rang durch einen sog. Dispute-Eintrag bei der DENIC absichern lassen könne. Habe hingegen bereits zuvor ein Dritter einen solchen Eintrag angemeldet, so bestehe kein Anlass, dessen Rangposition durch einen Übertragungsanspruch in Frage zu stellen.

[17] *MüKoBGB/Heine* § 12 Rn. 271. Davon zu trennen ist die Frage, ob dem registrierten Inhaber eines Domainnamens ein absolutes Recht an diesem zusteht. Verneinend *BVerfG* NJW 2005, 589 f.; *BGH* NJW 2012, 2034 (auch kein sonstiges Recht i. S. von § 823 I).

[18] Zum Anspruch aus § 667 auf Übertragung oder Umschreibung des Domainnamens bei treuhänderischer Registrierung eines Domainnamens vgl. *BGH* NJW 2010, 3440.

[19] In diesem Sinne sogar für den geschäftlichen Bereich: *BGH* NJW 1986, 57 – Familienname.

[20] Zur eingeschränkten Geltung des Prioritätsprinzips, wenn die Domain nicht von dem Namensträger selbst, sondern in dessen Auftrag bzw. mit seiner Genehmigung durch einen Dritten registriert ist, vgl. *BGH* NJW 2007, 2633 (2634); NJW 2009, 1756.

[21] Zum Folgenden BGHZ 149, 191 (199 ff.); zu weitgehend *OLG Oldenburg* MMR 2004, 34 m. krit. Anm. *Mietzel*. Bemerkenswert kritisch gegenüber der Leitentscheidung des *BGH* hingegen *LG Düsseldorf* MMR 2004, 111.

Im vorliegenden Fall spricht zugunsten der *Tölpel AG*, dass sie mit ihrem Kennzeichen „Tölpel" bundesweit bekannt ist. Ein Internetnutzer, der in die Adresszeile nicht etwa, auf den Zufall setzend, einen bloßen Gattungsbegriff wie „Heimwerkermarkt" eingibt,[22] sondern speziell „toelpel.de", wird und darf erwarten, sogleich auf die Homepage der *Tölpel AG* zu gelangen. Diese Erwartungshaltung der Internetnutzer konnte sich entwickeln, weil auf dem deutschen Markt tätige bekannte Unternehmen erfahrungsgemäß unter dem eigenen Namen im Internet präsent und auffindbar sind, indem man dem jeweiligen Namen die Top-Level-Domain „.de" anhängt. Dabei ist nicht entscheidend, ob die *Tölpel AG* online Waren vertreibt; vielmehr pflegt sich das Publikum auch ohne Bestellmöglichkeit im Internet beispielsweise über das Filialnetz, Öffnungszeiten, aktuelle Angebote oder offene Stellen zu informieren. Im Übrigen ist zu berücksichtigen, dass der heterogene Kreis der am Internetauftritt eines bundesweit agierenden Unternehmens wie der *Tölpel AG* interessierten Kunden nicht ohne weiteres darüber in Kenntnis gesetzt werden kann, dass die Internetseiten unter einem anderen Domainnamen zu finden sind.

Dagegen streitet das Interesse von *Herrn Tölpel*, seinen Nachnamen weiterhin ohne unterscheidende Zusätze als Internetadresse zu verwenden. Allerdings steht sein Recht, diesen Namen zu führen, nicht in Frage. Vielmehr geht es allein um den Domainnamen, also um eine einfache, leicht zu merkende Adresse für seinen privaten Internetauftritt. Internetnutzer, die diese Seiten suchen, werden jedoch schon angesichts der Bekanntheit der *Tölpel AG* kaum erwarten, unter „toelpel.de" die private Homepage von *Herrn Tölpel* zu finden. Als ein eher kleiner und homogener Benutzerkreis können sie im Übrigen leichter über eine Änderung des Domainnamens informiert werden. Unter diesen Umständen erscheint es *Herrn Tölpel* zumutbar, seiner Internetadresse einen individualisierenden Zusatz beizufügen, also etwa seinen Vornamen oder einen Hinweis auf den ornithologischen Inhalt seines Internetauftritts.

Daher kann die *Tölpel AG* auch in der Fallvariante verlangen, dass *Herr Tölpel* die Verwendung des Domainnamens „toelpel.de" unterlässt und auf diesen gegenüber der DENIC verzichtet.

---

[22] Vgl. den Fall BGHZ 148, 1 – mitwohnzentrale.de.

Fall 2. Literatur auf Abwegen

Rechtlich neutrales Geschäft – Verhältnis von Betreuung zu Geschäfts- und Delikts-
fähigkeit – Abhandenkommen bei Weggabe durch Betreuten – Bösgläubigkeit des
Betreuten – unentgeltlicher und rechtsgrundloser Erwerb

Sachverhalt

Der wirksam unter Betreuung mit umfassendem Einwilligungsvorbehalt gestellte A leiht sich von B zwei Bücher: eine Ausgabe des Faust I und eine des Faust II. Wie von vornherein geplant, schenkt A den Faust I der C, während er den Faust II bei D gegen eine sofort konsumierte Schachtel Pralinen eintauscht. Ansprüche des B?

Lösung

A. Ansprüche hinsichtlich des Faust I

I. Vorrangig sind Ansprüche des B auf Herausgabe des Buchs zu klären, die sich, da dieses nicht mehr im Besitz des A ist, nur gegen C richten können.

1. § 604 IV erstreckt den schuldrechtlichen Herausgabeanspruch des Verleihers gegen den Entleiher (§ 604 I) auf Dritte, denen der Entleiher die Sache überlassen hat. Auch wenn B das Buch dem A nicht auf Grund einer bloßen Gefälligkeit, sondern auf Grund eines Leihvertrags überlassen wollte, wäre dieser jedenfalls nicht wirksam geschlossen worden: A steht unter Betreuung mit Einwilligungsvorbehalt (§ 1903 I), eine Einwilligung wurde durch den hierfür zuständigen Betreuer (§ 1902) offenbar nicht erteilt. Die Leihe ist als unvollkommen zweiseitig verpflichtender Vertrag für A auch nicht etwa lediglich rechtlich vorteilhaft i. S. von § 1903 III 1. Letzteres folgt, entsprechend den anerkanntermaßen zu § 107 geltenden Grundsätzen,[1] aus den Rückgabe-, Aufwendungsersatz- und sonstigen Nebenpflichten, die den Entleiher treffen, §§ 604 I, 601 I, 241 II. Da der Einwilligungsvorbehalt laut Sachverhalt „umfassend" angeordnet wurde, betrifft er auch geringfügige Alltagsgeschäfte i. S. von § 1903 III 2,[2] weshalb dahingestellt bleiben kann, ob sich das Entleihen eines Buchs als solches qualifizieren lässt.

Eine Genehmigung seitens des Betreuers (§§ 1903 I 2, 108 I, 182, 184) ist nicht ersichtlich. Die Wirksamkeit des Leihvertrags (und damit der Bestand des Herausgabeanspruchs gemäß § 604 IV) folgt auch nicht aus § 105a, und zwar schon deshalb nicht, weil der Sachverhalt nichts dafür hergibt, dass A geschäftsunfähig i. S. von §§ 105a, 104 Nr. 2 ist.[3] Ohnehin dürfte § 1903 III 2 im Falle eines geschäftsunfä-

---

[1] Näher etwa *Bayreuther/Arnold*, JuS 2003, 770.
[2] Dazu, dass ein solcher qualifizierter Einwilligungsvorbehalt verhältnismäßig sein muss, s. *BGH* NJW 2017, 890.
[3] Vgl. dazu, dass die Anordnung des Einwilligungsvorbehalts als solche nicht die Geschäftsunfähigkeit auslöst, nur Palandt/*Götz* § 1903 Rn. 10.

higen Betreuten als *lex specialis* § 105a verdrängen.[4] Überdies führt diese (in mancherlei Hinsicht misslungene) Bestimmung nicht etwa zur Wirksamkeit des Vertrags, sondern nur zur Kondiktionsfestigkeit bereits erbrachter Leistungen, wobei ungeklärt ist, ob dies auch zu Lasten des Geschäftsunfähigen gehen kann.[5]

2. In Betracht kommt sodann eine Vindikation des Buchs (§ 985), wobei aber bereits die erforderliche Eigentumsposition des *B* fraglich ist, weil inzwischen *C* Eigentum erlangt haben könnte: Während von einer Übergabe i. S. von § 929 S. 1 auszugehen ist, erscheint die Wirksamkeit der dinglichen Einigung ebenso klärungsbedürftig wie die Einschlägigkeit von § 935.

a) Die Wirksamkeit der dinglichen Einigung von *A* und *C* scheitert nicht schon an mangelnder Geschäftsfähigkeit des *A*, da der Sachverhalt, wie erwähnt, keine Anhaltspunkte für die Voraussetzungen des § 104 Nr. 2 bietet. Die dingliche Einigung könnte aber unwirksam sein, weil *A* unter Betreuung mit Einwilligungsvorbehalt steht und keine Zustimmung seitens des Betreuers ersichtlich ist. Auch bringt die Veräußerung des Buchs dem *A* keinen rechtlichen Vorteil i. S. von § 1903 III 1. Allerdings bedürfen gemäß der heute herrschenden Interpretation von § 107, an der sich auch die Handhabung von § 1903 III 1 ausrichtet, bereits solche Geschäfte keiner Zustimmung, die sich als rechtlich nicht nachteilig erweisen: Denn nicht nur bei lediglich rechtlich vorteilhaften (so der Gesetzeswortlaut), sondern auch bei „neutralen" Geschäften droht kein Schaden, ist mithin der gesetzlich intendierte Schutz nicht geboten (arg. § 165), und kann der Eingriff in den Rechtsverkehr unterbleiben.[6] Ein solches „neutrales" Geschäft wird im Falle der Übereignung einer dem Minderjährigen bzw. Betreuten nicht gehörenden Sache angenommen. Ob sich der Minderjährige bzw. Betreute dem bisherigen Eigentümer haftbar macht (dazu II, III), kann dahingestellt bleiben. Die Irrelevanz einer etwaigen Haftung für die Frage der Zustimmungsbedürftigkeit gemäß §§ 107, 1903 III folgt freilich nicht etwa daraus, dass eine solche Haftung auf dem Gesetz beruht, also nicht Gegenstand des fraglichen Rechtsgeschäfts ist,[7] sondern aus der Erwägung, dass sich die Schutzbedürftigkeit des Minderjährigen bzw. Betreuten nach spezielleren Vorschriften bestimmt (§§ 818, 819, 827, 828).[8]

b) *A* war zwar weder Eigentümer des Buchs noch anderweitig von *B* zur Übereignung berechtigt. Dies hindert jedoch nicht den Erwerb der *C* nach Maßgabe von § 932: Da ausweislich der Gesetzesformulierung nicht etwa Gutgläubigkeit eine Erwerbsvoraussetzung, sondern umgekehrt Bösgläubigkeit ein Erwerbshindernis darstellt, der Sachverhalt aber keinerlei dahingehende Hinweise enthält, sind die Voraussetzungen des § 932 erfüllt. Auch § 935 I 1 steht dem Erwerb nicht entgegen, weil *A* gerade mit Willen des *B* im Besitz des Buchs war. Insbesondere darf von der Unwirksamkeit des Leihvertrags nicht ohne weiteres auf die Unfreiwilligkeit der Besitzeinräumung geschlossen werden. Allerdings könnte § 935 I 2 einen Gutglaubenserwerb ausschließen, wenn das Buch dem *A* als Besitzmittler des *B* abhandenkam, indem er es an *C* weitergab, ohne dass der Betreuer des *A* eingeschaltet war. Früher wurde vertreten, dass es dem Grundgedanken der §§ 104 ff., den Geschäftsunfähigen und den in der Geschäftsfähigkeit Beschränkten vor rechtlichem Nachteil

---

[4]   Nach a. A. soll § 105a die gegenüber § 1903 III 2 speziellere Regelung sein; so etwa MüKoBGB/*Schmitt* § 105a Rn. 27.
[5]   Näher zu alledem etwa NK-BGB/*Baldus* § 105a Rn. 50 ff.; *Riehm* BGB AT Rn. 269 ff.
[6]   Zu dieser teleologischen Reduktion des § 107 statt aller *Wolf/Neuner* BGB AT § 34 Rn. 33; *Musielak/Hau* GK BGB Rn. 336; *Faust* BGB AT § 18 Rn. 22.
[7]   Vgl. *BGH* NJW 2005, 415 (417 f.), dort zum Grundstückserwerb eines Minderjährigen.
[8]   Deutlich *Wolf/Neuner* BGB AT § 34 Rn. 34; *Faust* BGB AT § 18 Rn. 22.

aus eigenem geschäftlichen Handeln zu schützen, am besten entspreche, eine Besitz-
aufgabe oder -überlassung dem Geschäftsunfähigen bzw. dem beschränkt Geschäftsfähigen generell nicht als „willentliche" anzulasten; demnach wäre die selbständige
Besitzaufgabe und -überlassung durch einen Minderjährigen stets als Abhandenkommen i. S. von § 935 zu qualifizieren bzw. dem Abhandenkommen zumindest
gleichzustellen.[9] Demgegenüber lässt die heute h. M. für die Freiwilligkeit im Falle
eines beschränkt Geschäftsfähigen bzw. Betreuten (nicht aber im Falle eines Geschäftsunfähigen) richtigerweise den natürlichen Besitzverschaffungswillen genügen:[10] Er müsse lediglich erkennen können, dass er mit der Weggabe der Sache die
tatsächliche Sachherrschaft verliert. Diese Willensfähigkeit ist im Zweifel zu ver-
muten, wenn, wie hier, keine Anzeichen auf ihr Fehlen hindeuten.

c) Dass die Vindikation nach dem Gesagten schon wegen des Eigentumsverlusts des
B scheitert, scheint befremdlich: Wäre nämlich *A*, entsprechend der Vorstellung der
C, tatsächlich Eigentümer des Buchs gewesen, hätte die dingliche Einigung der
Zustimmung des Betreuers bedurft. Ein eventueller guter Glaube der *C* daran, dass
A nicht unter Betreuung steht, wäre dann ebenso wenig wie im Minderjährigenrecht
beachtlich. Die Nichtberechtigung des *A* ermöglichte also erst den Erwerb der *C*.
Einige sehen hierin eine übermäßige Bevorzugung des Rechtsverkehrs und vertreten
die auf *Medicus*[11] zurückgehende Gegenthese: Der Erwerber als Geschäftspartner
eines beschränkt Geschäftsfähigen dürfe im Falle eines „neutralen" Geschäfts nicht
besser stehen, als er beim Zutreffen seiner Vorstellung (also der Eigentümerposition
des Veräußerers) stünde. Methodisch liefe diese Ansicht auf eine teleologische Reduktion von § 932 hinaus, was wiederum zur Folge hätte, dass *C* kein Eigentum an
dem Buch erwerben könnte und damit dem Anspruch des *B* aus § 985 ausgesetzt
wäre. Eine solche teleologische Reduktion ist jedoch nur angebracht, wenn der in
§ 932 normierte Interessenausgleich, gemessen an der gesetzlichen Interessenbewer-
tung, im Einzelfall zu ungerechten Ergebnissen führte. Das kann, entgegen *Medicus*,
schwerlich angenommen werden:[12] §§ 932 bis 935 behandeln den Konflikt zwischen
dem Interesse des Eigentümers, sein Eigentum zu behalten, und dem Interesse des
Verkehrs, keine Nachforschungen über das Eigentum des besitzenden Veräußerers
anstellen zu müssen. Die beschränkte Geschäftsfähigkeit des Veräußerers hat auf
diese Interessenkollision keine Auswirkungen: Weder macht sie das Vertrauen des
Verkehrs in das Eigentum des Besitzers weniger schutzwürdig, noch vermehrt sie
das Schutzbedürfnis des Eigentümers. Dass gerade wegen der Nichtberechtigung des
beschränkt Geschäftsfähigen Eigentum erworben werden kann, ist ein dem Verkehr
zufällig nützlicher Reflex des Minderjährigenschutzes, so wie es umgekehrt eine im
Hinblick auf §§ 932 ff. zufällige Bevorzugung des Eigentümers ist, wenn der Erwerb
im Falle fehlender Geschäftsfähigkeit des nichtberechtigten Veräußerers mangels
wirksamer dinglicher Einigung scheitert.

3. Nimmt man, wie hier vertreten, einen Eigentumserwerb der *C* im Falle eines
„neutralen" Geschäfts an, so gelangt man dennoch, und zwar gemäß § 816 I 2, zu
einem Herausgabeanspruch gegen *C* als unentgeltliche Erwerberin des Buchs.

II. Zu prüfen sind überdies Schadensersatzansprüche des *B* gegen *A*.

---

[9] So z. B. *Flume* BGB AT II § 13 (11d); *Nietschke*, JuS 1968, 543.
[10] Nachweise zum Streitstand bei *Vieweg/Werner* SachenR § 5 Rn. 40; *Temming*, JuS 2018,
   108 (111).
[11] *Medicus/Petersen* BürgerlR Rn. 542 und *Medicus/Petersen* BGB AT Rn. 567 f.; zustimmend
   etwa *Braun*, Jura 1993, 459 f.
[12] So im Ergebnis auch die heute noch h. M.; vgl. nur *Wilhelm* SachenR Rn. 883; *Bayreuther/
   Arnold*, JuS 2003, 770 f.; *Bitter/Röder* BGB AT § 9 Rn. 49 ff.

1. Als Grundlage eines vertraglichen Schadensersatzanspruchs des *B* gegen *A* kommt
§§ 280 I, III, 283, 275 I, IV in Betracht, sofern man annimmt, *A* sei infolge wirksamer Übereignung des Buchs an *C* unvermögend zur Erfüllung seiner Verpflichtung aus § 604 I geworden. Will man ein solches Unvermögen dagegen erst bei
ernsthafter und endgültiger Weigerung des Erwerbers zur Rückübereignung annehmen,[13] bleibt ein Anspruch wegen Leistungsverzögerung zu prüfen (§§ 280 I, III,
281). Dieses wie jenes scheitert jedoch bereits am Fehlen eines wirksamen Leihvertrags zwischen *A* und *B*.

2. Einem Schadensersatzanspruch aus angemaßter Eigengeschäftsführung gemäß
§§ 687 II 1, 678 steht § 682 entgegen. Dieses Haftungsprivileg ist – wenngleich § 682
weder nach seinem Wortlaut eingreift, noch § 1903 I 2 ausdrücklich auf ihn verweist
– nicht nur auf Minderjährige, sondern auch zugunsten desjenigen anzuwenden, der
wie *A* unter Betreuung mit umfassendem Einwilligungsvorbehalt steht: § 682 soll
dort vor einer quasivertraglichen Haftung schützen, wo auch eine vertragliche
Haftung nicht wirksam begründet werden könnte.

3. Der Verweis des § 682 auf das Delikts- und das Bereicherungsrecht stellt jedoch
klar, dass die Vorschrift die gesetzliche Haftung im Übrigen unberührt lässt. In
Betracht kommt eine Haftung gemäß §§ 989, 990. Die dafür erforderliche Vindikationslage i.S. von §§ 985, 986 liegt auf den ersten Blick vor: *B* war, jedenfalls bis zur
Veräußerung durch *A* an *C*, Eigentümer des Buchs, *A* dessen Besitzer, und zwar –
wegen Unwirksamkeit der Leihe – ohne Recht zum Besitz. Freilich wird mit beachtlichen Gründen vertreten, dass die §§ 985 ff. in Fällen gescheiterter Leistungsbezie-
hungen von §§ 812 ff. verdrängt werden.[14] Das überzeugt, denn anders als das Recht
der Vindikation erlaubt es das gesetzliche Schuldverhältnis der Leistungskondiktion,
dem von den Parteien ursprünglich angestrebten Austauschverhältnis auch auf der
Abwicklungsebene Rechnung zu tragen (Lehre vom faktischen Synallagma), und es
ist zudem besser geeignet, den Schutz beschränkt Geschäftsfähiger zu gewährleisten.
Die Leistungskondiktion schließt also die Vindikation und mit ihr Schadensersatzansprüche aus einem Eigentümer-Besitzer-Verhältnis aus.

Wer dem mit der wohl h.M. nicht folgt,[15] muss dazu Stellung nehmen, ob *A* dem *B*
wegen Bösgläubigkeit nach §§ 989, 990 wie ein verklagter Besitzer auf Schadensersatz haftet. Damit ist die Frage aufgeworfen, ob sich die Bösgläubigkeit nach der
Person des *A* oder derjenigen seines – im vorliegenden Fall unbeteiligten – Betreuers
beurteilt. § 166 I und die darin enthaltene Wertung tragen zur Lösung nichts bei. Sie
sind vielmehr von vornherein unanwendbar, wenn nicht der Vertreter (hier: der
Betreuer), sondern der Vertretene (hier: der Betreute) selbst gehandelt hat; denn die
Norm fußt auf der Erwägung, dass auf Willen und Kenntnis desjenigen abzustellen
ist, dessen rechtsgeschäftlicher Wille in der Vornahme des Geschäfts zum Tragen
kam: Ist dies der Vertretene, besteht für eine Zurechnung nach § 166 I weder Anlass
noch Raum. Vielmehr ist zu entscheiden, ob der gesetzlich intendierte Schutz des
Betreuten es zulässt, dessen bösen Glauben rechtlich anzuerkennen, wenn dieser eine
Haftung begründet oder (wie hier) verschärft. Dabei ist zu beachten, dass das Gesetz
bei der deliktischen und der rechtsgeschäftlichen Haftung unterschiedliche Maßstäbe
anlegt: Von der rechtsgeschäftlichen Haftung wird der Betreute gänzlich freigehal-
ten, soweit ein Einwilligungsvorbehalt besteht (§ 1903), im vorliegenden Fall also
umfassend. Von der deliktischen Haftung aber bleibt der Betreute nach Maßgabe der

---

13 Vgl. etwa *BGH* NJW 2015, 1516 (1518); *Musielak/Hau* GK BGB Rn. 514.
14 Für einen Vorrang der Leistungskondiktion vor der Vindikation etwa *Wieling* SachenR § 12
    I 3c; mit Einschränkungen *Prütting* SachenR Rn. 568.
15 Etwa *Wellenhofer* SachenR § 21 Rn. 36; MüKoBGB/*Baldus* § 985 Rn. 132 ff. m.w.N.

§§ 827, 828 nur verschont, wenn er nicht deliktsfähig ist. Dafür liegen hier keine Hinweise vor; insbesondere ist die Deliktsfähigkeit nicht allein wegen der für eine Betreuungsanordnung typischen Minderung der Geistes- und Willenskraft ausgeschlossen.[16] Im Hinblick auf den Sinn, der hinter der gesetzlichen Differenzierung zwischen rechtsgeschäftlicher und deliktischer Haftung steht, ist der Besitzerwerb hier eher gleich einem Delikt zu behandeln: Während die oftmals zeitlich entfernteren Folgen rechtsgeschäftlicher Verpflichtungen für den Geistes- oder Willensschwachen kaum abzuschätzen sind, kann jeder i. S. von §§ 827 f. Einsichtsfähige erkennen, dass er für die unberechtigte Inbesitznahme einer Sache einzustehen hat. Handelt er dieser Einsicht zuwider, so besteht kein Grund, ihn vor den Haftungsfolgen zu schützen, und zwar unabhängig davon, ob man bereits auf den von A „erschwindelten" Besitzerwerb durch Leistung des B abstellt oder erst auf die Veräußerung an C, mit der sich A zum unberechtigten Eigenbesitzer „aufgeschwungen" hat. Die Anwendbarkeit der §§ 985 ff. in Fällen nichtiger Austauschverhältnisse vorausgesetzt, haftet A dem B also nach §§ 990, 989 auf Schadensersatz, im Ergebnis also auf Wertersatz (§§ 250, 251 I).

4. Der Weg zu §§ 823 ff. ist wegen § 992 auch bei Annahme einer Vindikationslage frei, ohne dass es darauf ankäme, ob die Haftung nach §§ 990, 989 die Privilegierung gemäß § 993 I a. E. entfallen lässt.[17] Da A den B laut Sachverhalt („wie von vornherein geplant") über seine wahren Pläne mit dem Buch getäuscht hat, hatte er sich durch eine Straftat, einen Betrug i. S. des § 263 StGB, in den Besitz des Buchs gesetzt. Er haftet folglich auch nach § 823 I, nach § 823 II i. V. m. mit § 263 StGB und nach § 826.

III. Zu erwägen bleiben schließlich bereicherungsrechtliche Ansprüche des B gegen A. Geht man davon aus, dass C Eigentum an dem Buch erlangt hat, so steht B ein Anspruch aus § 816 I 1 gegen A zu. Dies gilt unbeschadet der Möglichkeit des B, gemäß § 816 I 2 unmittelbar gegen C vorzugehen (dazu oben I. 3); denn dieser im Falle unentgeltlichen Erwerbs ausnahmsweise vorgesehene zusätzliche Anspruch gegen den Erwerber soll den ursprünglich Berechtigten privilegieren, nicht jedoch den unberechtigt Verfügenden entlasten.[18] A hat durch die Verfügung auch durchaus etwas erlangt, weil er sich damit den Wert der Sache angeeignet hat.[19] Es besteht also kein Grund, im Umkehrschluss aus § 816 I 2 abzuleiten, dass ein Anspruch gemäß S. 1 nur im Falle einer entgeltlichen Verfügung in Betracht komme.[20]

Was den Anspruchsinhalt betrifft, liegt es nahe, dass B von A die Abtretung des Leistungskondiktionsanspruchs gemäß § 812 I 1 Var. 1 verlangen kann, der A wegen der Unwirksamkeit der Schenkung gegen C zusteht. Allerdings kann sich C gegenüber B auf Entreicherung (§ 818 III) und gemäß § 404 auf andere Einreden und Einwendungen berufen, die im Verhältnis zu A begründet sind. Zudem erhielte B auf dem komplizierten Wege der „Kondiktion der Kondiktion" nur einen Anspruch, den er gemäß § 816 I 2 ohnehin schon hat. Ein solcher Anspruch des Berechtigten gegen den unentgeltlich Verfügenden wäre also ohne eigenen Wert. Soll der An-

---

[16] Palandt/*Sprau* § 827 Rn. 2.
[17] Dafür etwa *Prütting* SachenR Rn. 542. Dagegen mit beachtlichen Gründen *Wieling* SachenR § 12 III 6; Staudinger/*Gursky* Vorb. §§ 987–993 Rn. 64 ff.
[18] Wie hier etwa *Wieling* BereicherungsR § 4 III 1 und 3. A. A. MüKoBGB/*Schwab* § 816 Rn. 7 f. und 63 (die Ansprüche gegen den nichtberechtigt Verfügenden nach § 816 I 1 und gegen den Empfänger nach § 816 I 2 schlössen sich gegenseitig aus).
[19] Hatte der unberechtigt Verfügende die fragliche Sache dem Erwerber schenkweise versprochen, so lässt sich argumentieren, dass der Verfügende mit der Übereignung die Befreiung von seiner Verpflichtung aus dem Schenkungsvertrag erlangt hat.
[20] Anders aber etwa *Linardatos*, JA 2018, 102 (104) m. w. N.

spruch aus § 816 I 1 sinnvoll neben denjenigen gegen den Erwerber aus § 816 I 2
treten, so muss man als Inhalt jener Kondiktion den Wert der Sache ansehen, den
sich der Verfügende durch Schenkung und Übereignung zugeeignet hat.[21] Folgt man
dem, kann *B* gemäß § 816 I 1 den Wert des Buchs von *A* verlangen. Für einen
Entreicherungseinwand (§ 818 III) bleibt kein Raum, da *A* – entsprechend dem
bereits zu § 990 Ausgeführten – bösgläubig i. S. von §§ 819 I, 818 IV ist.

B. Ansprüche hinsichtlich des Faust II

I. Vorrangig sind wiederum Herausgabeansprüche des *B* zu klären, diesmal gegen *D*.

1. Ausgehend von der bereits dargestellten h. M. wäre ein Eigentumserwerb des *D*
am Faust II anzunehmen und demgemäß stünde *B* gegen *D* kein Herausgabeanspruch aus § 985 zu.

2. *B* kann das Buch auch nicht gemäß § 812 I 1 Var. 2 von *D* kondizieren; denn *D*
hat das Eigentum und den Besitz an dem Buch nicht etwa „in sonstiger Weise",
sondern durch eine Leistung des *A* erlangt. Auch einige weitere auf Herausgabe
gerichtete Anspruchsgrundlagen kommen nicht in Betracht. Das gilt für §§ 861 I,
869 (arg: *D* hat keine verbotene Eigenmacht verübt), § 1007 I (arg.: *D* war gutgläubig) sowie § 1007 II (arg.: kein Abhandenkommen des Buchs).

3. Womöglich kann *B* den Faust II aber gestützt auf § 816 I 2 zurückerlangen. *D*,
der eine Schachtel Pralinen für das Buch hingegeben hat, hat dieses zwar nicht
unentgeltlich i. S. von § 816 I 2 erworben. Allerdings ist der von *A* und *D* geschlossene Tauschvertrag (vgl. § 480) wegen § 1903 III unwirksam, und es stellt sich die
Frage, ob für die Zwecke des § 816 I 2 ein rechtsgrundloser Erwerb einem unentgeltlichen Erwerb gleichgestellt werden kann.[22] Dies ist seit jeher umstritten, wobei
sich der Meinungsstreit im vorliegenden Fall zumindest nicht im Ergebnis auswirkt:
Wer mit der sog. Einheitskondiktionslehre in der Tat eine Analogie zu § 816 I 2
befürwortet, spricht damit *B* einen genuinen Bereicherungsanspruch gegen *D* zu.
Demgegenüber verneint die h. M. eine analoge Anwendung von § 816 I 2 im Falle
eines rechtsgrundlosen Erwerbs, sodass *B* das Buch nicht direkt von *D* kondizieren
kann. Allerdings hat *A* wegen der Unwirksamkeit des Tauschs gemäß § 812 I 1
Var. 1 einen Anspruch gegen *D* auf das Buch. Abweichend von der sog. Saldotheorie
wirkt sich dabei der Untergang der Pralinen bei *A* nicht anspruchsmindernd aus;
denn diese Theorie darf nicht zu einem Ergebnis führen, das den gesetzgeberischen
Zweck der Unwirksamkeitsanordnung (hier: § 1903 III 2) aushöhlte.[23] Folglich kann
B die Herausgabe des Buchs von *D* verlangen, sobald *A* seiner (wiederum auf
§ 823 I; § 823 II i. V. m. § 246 StGB; § 826 beruhenden) Verpflichtung gegenüber *B*
nachkommt, seinen gegen *D* bestehenden Bereicherungsanspruch im Wege der
Naturalrestitution i. S. von § 249 I 1 an *B* abzutreten. Also kann *B* auf einem solchen
Umweg auch ausgehend von der h. M. das Buch letztlich zurückerlangen.

II. Schadensersatzansprüche des B gegen A

Wie soeben erwähnt, kann *B* von *A* Schadensersatz verlangen, und zwar in erster
Linie gerichtet auf Abtretung des Bereicherungsanspruchs gegen *D*.

---

[21] Ebenso *Wieling* BereicherungsR § 4 III 1d cc und 3a.
[22] Vgl. hierzu etwa *Bayreuther/Arnold*, JuS 2003, 769 (772); *Emmerich* SchuldR BT § 17
      Rn. 29; *Fikentscher/Heinemann* SchuldR Rn. 1497; *Musielak/Hau* EK BGB Rn. 311 ff.
[23] BGHZ 126, 105 (107 f.) m. w. N.

Fall 3. Eine Weihnachtsgeschichte

Geschäft für den, den es angeht – Insichgeschäft bei Schenkung an Geschäftsunfähigen – Besitzverhältnisse an Sachen kleiner Kinder – Vertragsschluss im Selbstbedienungsladen – Abgrenzung von Antrag und invitatio ad offerendum

Sachverhalt

Anwältin F ist mit M verheiratet, der eine große Künstlerkarriere plant und sich derweil um den Haushalt sowie den gemeinsamen dreijährigen Sohn K kümmert. Am Heiligabend eilt M, wie üblich auf die allerletzte Minute, in die nächste Filiale der A-AG, eines Lebensmitteldiscounters, um für die Feiertage einzukaufen. Erst dort denkt er daran, noch Geschenke für seine Lieben besorgen zu müssen. Glücklicherweise findet er in dem Sondersortiment, das A nur in der Vorweihnachtszeit vertreibt, genau das Richtige: Eine elektrische Autorennbahn für K sowie eine gute Flasche Cognac für F. Beides legt er, neben einigen Lebensmitteln, kurz vor Ladenschluss auf das Kassenband. Filialleiterin L sitzt selbst an der Kasse und tippt alles wie gewünscht ein – bis auf den Cognac: Es handele sich um die letzte vorhandene Flasche, die sie für sich selbst reserviert habe, und nur wegen des Trubels der letzten Stunden habe sie es noch nicht geschafft, die Flasche zur Seite zu legen. M sucht keinen Streit, sondern fügt sich kleinlaut und verlässt, nachdem er die anderen Waren bezahlt hat, ohne den Cognac die Filiale. Zuhause ist alsbald Bescherung, F und M beschenken den überglücklichen K mit der Rennbahn und bauen diese im Kinderzimmer auf, bis K schließlich ins Bett gebracht wird. Sodann sitzen die Eheleute noch bei einem Glas Wein beisammen. Weil F, wie M allzu gut weiß, am liebsten über Rechtsfragen redet, erkundigt sich M, ob die Rennbahn nun eigentlich schon „so richtig" dem K gehöre. Außerdem beichtet er die Geschichte mit dem Cognac und will wissen, ob er darauf hätte bestehen können, die Flasche zu „bekommen". Was wird F dazu wohl sagen?

Lösung

I. Die von M juristisch untechnisch formulierte erste Frage geht dahin, ob der erst drei Jahre alte K Eigentum an der Rennbahn erworben haben kann.

1. Mangels gegenteiliger Angaben im Sachverhalt ist davon auszugehen, dass die Rennbahn ursprünglich im Eigentum der A stand (§ 1006 I 1), und weiter steht fest, dass A (vertreten durch L, § 164 I, III, § 56 HGB) und M in der Filiale eine Übereignung i. S. von § 929 S. 1 vorgenommen haben. Fraglich ist allerdings, an wen dabei übereignet wurde. Klar sollte sein, dass M nicht schon bei diesem Verfügungsgeschäft als Vertreter des K aufgetreten ist; dies ergibt sich daraus, dass er den K erst bei der Bescherung beschenken wollte. In Betracht kommt also ein Erwerb des M, wobei aber noch zu klären bleibt, ob dieser das Eigentum zunächst allein oder sogleich gemeinsam mit F erworben hat. In der Filiale war von F freilich keine Rede, und auch wenn man die Anschaffung von Sachen, die weiterverschenkt werden sollen, als Geschäft zur Deckung des Lebensbedarfs i. S. von § 1357 I 2 begreift, streitet diese Vorschrift

nicht für den Erwerb von Miteigentum: Die dort angeordnete Fremdwirkung[1] betrifft ausweislich des Normtextes nur die Verpflichtungsebene.[2] Mit der h. M. kann man sich jedoch mit der Vermutung behelfen, dass bei solchen Bargeschäften regelmäßig beide Ehegatten von vornherein Miteigentum erwerben, wobei der das Geschäft tätigende Ehegatte im eigenen Namen handelt und zugleich stillschweigend den anderen i. S. von § 164 I vertritt.[3] Erklären lässt sich dies mit der Figur des „Geschäfts für den, den es angeht", einer anerkannten Abweichung vom Offenkundigkeitsprinzip des § 164 I.[4] Aus dem Umstand, dass *M* im Einvernehmen mit *F* den Haushalt führt, lässt sich folgern, dass er die erforderliche Vollmacht hatte, um die dingliche Einigung zugleich für *F* vorzunehmen. Was schließlich die Übergabe i. S. von § 929 S. 1 angeht, sind *M* und *F* sogleich Besitzer geworden: *M* unmittelbar, *F* vermittelt durch *M* (§ 868).

2. Bei der Bescherung könnte sodann *K* das Eigentum an der Rennbahn erlangt haben: Dieser Vorgang lässt sich bei lebensnaher Anschauung so interpretieren, dass die Eheleute das ihnen in diesem Zeitpunkt gemeinsam gehörende Spielzeug nicht nur dem *K* überlassen, sondern diesem daran Eigentum verschaffen wollten.[5] Fraglich ist, wie sich das bewerkstelligen lässt:

a) Schwierigkeiten bereitet zunächst die dingliche Einigung i. S. von § 929 S. 1: Der dreijährige *K* ist gemäß § 104 Nr. 1 geschäftsunfähig und kann folglich – anders als ein beschränkt Geschäftsfähiger (§§ 106, 107) – ungeachtet der Vorteilhaftigkeit des Eigentumserwerbs keine eigene Willenserklärung abgeben (§ 105 I). Da *K* somit auf die Mitwirkung seiner Eltern als gesetzliche Vertreter (§§ 1626 I 1, 1629 I 1) angewiesen ist, müssen *M* und *F* einerseits als Veräußerer und andererseits für *K* als Erwerber tätig geworden sein. Problematisch erscheint dies wegen des Verbots des Selbstkontrahierens gemäß § 181, dessen Geltung für das Eltern-Kind-Verhältnis von §§ 1629 II 1, 1795 II eigens hervorgehoben wird.

Ein nach § 181 a. E. gestattetes Insichgeschäft lässt sich jedenfalls nicht schon mit der Überlegung behaupten, *F* und *M* seien dem *K* zur Übereignung kraft einer ihr vorgeschalteten Versprechensschenkung verpflichtet gewesen: Auch die Wirksamkeit eines solchen Verpflichtungsgeschäfts hätte wegen §§ 104 Nr. 1, 105 I eine Vertretung des *K* erfordert, was letztlich wiederum zur Problematik des § 181 führt. Im Übrigen wäre eine Versprechensschenkung formunwirksam (§ 518 I), und die Heilung dieses Mangels gemäß § 518 II würde ein wirksames Erfüllungsgeschäft erfordern – woran es hier aber wegen § 181 gerade fehlt, solange kein wirksames Verpflichtungsgeschäft vorliegt. Allenfalls wäre zu überlegen, ob die Eltern kraft §§ 1601 ff. gesetzlich verpflichtet sind, dem Kind Eigentum an (gewissen) Spielsachen zu verschaffen; denn dann erfolgte die Übereignung in Erfüllung der den

---

[1]   Dazu und zur Abgrenzung von der Stellvertretung etwa *Bork* BGB AT Rn. 1414; *Medicus/Petersen* BGB AT Rn. 897.

[2]   Vgl. etwa BGHZ 114, 74 = JuS 1991, 960; *Dethloff* FamR § 4 Rn. 69; *Vieweg/Werner* SachenR § 4 Rn. 10; *Palandt/Brudermüller* § 1357 Rn. 20. Für dingliche Wirkung von § 1357 I 2 aber etwa noch *OLG Schleswig* FamRZ 1989, 88.

[3]   Grundlegend BGHZ 114, 74 = JuS 1991, 960, seither h. M. Nicht mehr vertretbar erscheint die Auffassung, dass in einer Alleinverdienerehe der erwerbstätige Ehegatte als Finanzierender regelmäßig Alleineigentum an der vom haushaltsführenden Ehegatten gekauften Sache erlangt; so aber noch MüKoBGB/*Wacke*, 4. Aufl. 2000, § 1357 Rn. 37.

[4]   Beachte allgemein zu dieser Figur *BGH* NJW 2016, 1887 (1888 Rn. 19) = JuS 2016, 938 (*K. Schmidt*), dort insbesondere dazu, wonach sich bestimmt, für wen Eigentum erworben wurde. Beachte aus dem Schrifttum etwa *Wieling* SachenR-HdB I § 9 VII 5; *Brox/Walker* BGB AT Rn. 526 f. Eher kritisch *Flume* BGB AT II § 44 II.

[5]   Für eine dahingehende Vermutung bereits ausdrücklich *Raape*, AcP 140 (1935), 352.

Eheleuten gegenüber *K* obliegenden Unterhaltspflicht.[6] Es erscheint allerdings zweifelhaft, ob Eltern verpflichtet sind, Spielsachen (aber auch Bücher, Kleidung etc.)
ihrem geschäftsunfähigen Kind nicht nur zur Verfügung zu stellen, sondern auch zu
übereignen.[7] Der Streit kann letztlich offen bleiben, wenn man mit der h. M. eine
teleologische Reduktion des § 181 vornimmt: Dessen Schutzzweck soll keineswegs
ein Rechtsgeschäft zwischen einem geschäftsunfähigen Kind und seinen Eltern unterbinden, das sich – wie hier die Handschenkung gemäß § 516 I[8] – bei abstrakt-
genereller Betrachtung als lediglich rechtlich vorteilhaft für das vertretene Kind
erweist.[9] Zur Wirksamkeit der dinglichen Einigung gelangt aber auch, wer für das
Eltern-Kind-Verhältnis kurzerhand eine § 181 verdrängende allgemeine Rechtsüber-
zeugung postuliert[10] oder – das Bedürfnis nach Rechtssicherheit vernachlässigend –
auf die Vorteilhaftigkeit des Geschäfts im Einzelfall abstellt.[11] Festzuhalten bleibt,
dass es nach keiner vertretenen Auffassung des Einsatzes eines Ergänzungspflegers
(§ 1909) unter dem Weihnachtsbaum bedurfte.

b) Hinsichtlich des Eigentumserwerbs des *K* ist weiter fraglich, ob ihm die Eltern
die Rennbahn nicht nur feierlich überreicht, sondern auch im Rechtssinne, also
i. S. von § 929 S. 1, übergeben haben. Dem steht nicht schon das Alter des Kindes
entgegen, denn auch Geschäftsunfähige können Besitz erwerben, sobald sie reif
genug sind, einen entsprechenden „natürlichen" Herrschaftswillen zu bilden.[12] Zu
beachten ist aber, dass keine *traditio* nach § 929 S. 1 vorliegt, wenn (irgend-)eine
Besitzposition beim Veräußerer verbleibt. Gerade dies wird nach verbreiteter Anschauung jedenfalls für Spielsachen kleiner Kinder angenommen: Angesichts ihrer
faktischen Sachherrschaft werden die Eltern – und zwar unabhängig von den Eigen-
tumsverhältnissen – als unmittelbare Besitzer, das Kind hingegen nur als Besitzdiener i. S. von § 855 betrachtet.[13] Bei einem erst Dreijährigen spielt es dabei keine
Rolle, ob die Rennbahn im Kinderzimmer oder beispielsweise im Wohnzimmer der
Familie verwahrt wird.

Scheidet somit eine Übergabe i. S. von § 929 S. 1 aus, bleibt ersatzweise an ein
Besitzkonstitut nach Maßgabe von §§ 930, 868 zu denken. Dies setzt voraus, dass
die Eltern in Ausübung ihrer Vermögenssorge (§§ 1626 I 2 Var. 2, 1638 ff.) dem
Kind den Besitz mitteln wollen, dieses als Eigentümer der Sache betrachten und sich
das Kind als solcher verstehen kann.[14] *F* und *M* sind dann unmittelbare Fremd-
besitzer, *K* zugleich Besitzdiener und mittelbarer Eigenbesitzer der ihm gehörenden
Rennbahn. Für gewöhnliches Spielzeug, das jüngeren Kindern dauerhaft überlassen
wird, darf ein solches Vorgehen im Regelfall als gewollt gelten. Demgemäß hat *K*
gemäß §§ 929 S. 1, 930 Eigentum erlangt.

---

6   So *Pawlowski* BGB AT Rn. 795.
7   Dies verneinen etwa *Blomeyer*, AcP 172 (1972), 1 (13); *Gernhuber/Coester-Waltjen* Famili-
    enR, 6. Aufl. 2010, § 61 Rn. 33 Fn. 56.
8   § 516 I regelt, anders als § 518 I 1, keinen Versprechensvertrag, sondern eine schenkungs-
    halber (*donandi causa*) vorgenommene Übereignung oder Zession. Wie hier etwa *Jauernig/*
    Mansel § 516 Rn. 2; *Leenen* BGB AT § 4 Rn. 47 ff.; a. A. etwa *Looschelders* SchuldR BT
    Rn. 310.
9   So BGHZ 59, 236 (240 f.); *Bitter/Röder* BGB AT § 10 Rn. 217 f.; *Bork* BGB AT Rn. 1593 f.;
    Wolf/Neuner BGB AT § 49, Rn. 117 f.; *Medicus/Petersen* BGB AT Rn. 961.
10 So *Flume* BGB AT II § 48 (6).
11 So *Brox/Walker* BGB AT Rn. 592; dagegen etwa *Medicus/Petersen* BGB AT Rn. 961.
12 Allg. M.; statt vieler: *Vieweg/Werner* SachenR § 2 Rn. 19.
13 Vgl. *Wieling* SachenR-HdB I § 4 I 4b; *Baur/Stürner* SachenR § 7 Rn. 68; *Schwab* FamilienR
    Rn. 677. Anders wohl *Prütting* SachenR § 11 Rn. 99; vgl. aber auch RGZ 64, 386 (neunjäh-
    riger, vor dem elterlichen Anwesen spielender Junge als Besitzer seines Balls).
14 Zur Handschenkung von Spielzeug etwa *Jauernig/Berger* § 930 Rn. 15.

II. Die Antwort auf die zweite an *F* gerichtete Frage hängt davon ab, ob *M* bereits einen Anspruch aus § 985 oder wenigstens aus § 433 I 1 hinsichtlich der Flasche Cognac erlangt hat, bevor er – auf Drängen der *L* – dann doch davon Abstand genommen hat, diese zu behalten bzw. zu erwerben. Anspruchsgegnerin wäre jeweils die *A-AG* als Unternehmensträgerin, nicht etwa *L* oder die – als solche rechtlich unselbständige – Zweigniederlassung.[15] Anspruchsinhaber wäre hier allein *M*, denn er wollte die Flasche der *F* erst bei der Bescherung schenken.

1. Ein Anspruch aus § 985 besteht schon deshalb nicht, weil *M* zu keinem Zeitpunkt Eigentümer der Flasche geworden ist: Die Warenpräsentation im Selbstbedienungsladen lässt sich aus objektivierter Empfängerperspektive (§§ 133, 157) nicht als Antrag des Verkäufers auf dingliche Einigung i. S. von § 929 S. 1 deuten.[16] Dies gilt unabhängig davon, worin man den Kaufvertragsschluss sieht: Auch wenn man die Warenpräsentation, was hier noch offenbleiben kann, als schuldrechtlichen Antrag versteht, ist nicht ersichtlich, warum der Verkäufer zugleich schon das Eigentum und damit einen wesentlichen Aspekt seines Zurückbehaltungsrechts nach § 320 I 1 aufgeben sollte. Damit ist ein Eigentumserwerb des *M* gescheitert, indem *L* als Vertreterin der *A* eine dingliche Einigung hinsichtlich des Cognacs verweigert hat. Im Übrigen wäre die Übergabe i. S. von § 929 S. 1 regelmäßig erst im Passieren der Kasse zu sehen.[17]

2. Immerhin könnte *M* bereits einen Anspruch aus § 433 I 1, gerichtet auf Übergabe und Übereignung der Flasche, erlangt haben. Die Frage, wie die Warenpräsentation in Selbstbedienungsläden rechtsgeschäftlich zu deuten ist, ist noch nicht höchstrichterlich beantwortet.[18] Verbreitet wird angenommen, es handele sich um eine bloße *invitatio ad offerendum* seitens des Verkäufers; folglich erkläre erst der Kunde an der Kasse den Antrag, den sodann der Verkäufer (bzw. dessen Vertreter, vgl. § 56 HGB) annehmen oder auch – in Ausübung seiner negativen Abschlussfreiheit – ablehnen kann.[19] Die heute wohl vorherrschende Lehre geht hingegen von einem Antrag des Verkäufers aus, den der Käufer annimmt;[20] für eine weitere, dem Ausstellen der Ware im Laden nachgeschaltete Entscheidungsmöglichkeit des Verkäufers bleibt dann grundsätzlich kein Raum mehr. Letztere Ansicht erscheint interessenge-

---

[15] Vgl. allgemein *K. Schmidt* HandelsR § 4 Rn. 59 ff.
[16] So auch Palandt/*Herrler* § 929 Rn. 3; *Schulze*, AcP 201 (2001), 232 (238).
[17] Dazu *Schulze*, AcP 201 (2001), 232 (239 f.).
[18] Im Gemüseblatt-Fall (BGHZ 66, 51) hat der *BGH* diese sich hinsichtlich der Abgrenzung von vertraglicher und vorvertraglicher Haftung stellende Frage ausdrücklich offen gelassen. *BGH* NJW 1980, 1388, verneint obiter den Angebotscharakter von Schaufensterauslagen, allerdings im Kontext des Preisangabenrechts. Zum Sonderproblem des Vertragsschlusses an der Selbstbedienungstankstelle vgl. *BGH* NJW 2011, 2871 = JuS 2011, 929 (*Faust*) = JA 2012, 465 (*Stadler*). Beachte zu besonderen Konstellationen des Kaufvertragsschlusses (Schaufenster, Automaten, Online-Handel und Selbstbedienungsläden) auch den Überblick bei *Conrad/Bisenius*, JA 2011, 740.
[19] So *Pawlowski* BGB AT Rn. 368; *Bitter/Röder* BGB AT § 5 Rn. 18; *Köhler* BGB AT § 8 Rn. 11; *Faust* BGB AT § 3 Rn. 4; Erman/*Armbrüster* § 145 Rn. 10; Jauernig/*Mansel* § 145 Rn. 3; Palandt/*Herrler* § 929 Rn. 3; *Recke*, NJW 1953, 92; *Carlsohn*, JR 1954, 253; *Dietrich*, DB 1972, 957 ff.
[20] So *Medicus/Petersen* BGB AT Rn. 363; *Bork* BGB AT Rn. 719; Palandt/*Ellenberger* § 145 Rn. 8; Soergel/*Wolf* § 145 Rn. 7 (anders aber *Wolf/Neuner* BGB AT § 37 Rn. 7); Bamberger/Roth/*Eckert* § 145 Rn. 43; HK-BGB/*Dörner* § 145 Rn. 6; *Bögner*, JR 1953, 417 f.; *Muscheler/Schewe*, Jura 2000, 565 (567); *Schulze*, AcP 201 (2001), 232 (234 f.). Im Grundsatz auch *Brox/Walker* BGB AT Rn. 167a, allerdings fragwürdigerweise einschränkend für den – im Grunde allein interessanten – Fall, dass es um Sonderangebote oder solche Waren geht, die nur in geringen Mengen vorhanden sind.

recht und vorzugswürdig, zumal keines der für die Erstansicht vorgetragenen Argumente durchgreift:

a) Die für bloße Werbungen (etwa Anzeigen in Presse und Rundfunk) einschlägige Überlegung, der Verkäufer wolle sich weder über seinen Vorrat hinaus verpflichten noch bei kapazitätsüberschreitender Nachfrage vertrags- und wettbewerbsrechtlichen Sanktionen aussetzen, greift für die im Selbstbedienungsbereich vorhandene und erkennbar zum Verkauf bestimmte Waren nicht durch. Ganz im Gegenteil würde sich gerade ein Händler unlauter verhalten, der Sonderposten nur im Laden platziert, um interessierte Kunden sodann auf teurere Produkte verweisen zu können.

b) Präsentiert der Verkäufer Waren in einem Schaufenster oder innerhalb des Geschäfts ersichtlich zu Werbe- und Dekorationszwecken (so beispielsweise Kleidungsstücke auf Schaufensterpuppen), ist regelmäßig nicht davon auszugehen, dass Kunden ohne besondere Erlaubnis durch das Verkaufspersonal darauf zugreifen dürfen. Dies lässt sich aber nicht auf die hier in Rede stehende Konstellation zugriffbereiter Waren im Ladengeschäft übertragen.[21]

c) Auch der Hinweis, der Verkäufer wolle sich legitimerweise eine Entscheidung über den Abschluss mit dem konkreten Kunden vorbehalten,[22] ist nicht zielführend. Als „unerwünschte" Kunden kommen namentlich Konkurrenten, Minderjährige und Zahlungsunfähige in Betracht. Zum Schutze davor, dass Konkurrenten die Sonderangebote aufkaufen, ist die *invitatio*-Konstruktion nicht erforderlich. Vielmehr genügt der gängige Hinweis auf die Abgabe in haushaltsüblichen Mengen; selbst wenn ein solcher Hinweis in einem offenkundig für Letztverbraucher bestimmten Ladengeschäft einmal fehlen sollte, wäre eine entsprechende, ausgehend vom objektiven Empfängerhorizont ohne weiteres ersichtliche Restriktion des Antrags anzunehmen. Dem Verkäufer kann ein Vertragsschluss mit Minderjährigen (sofern rechtsgeschäftlich überhaupt möglich, vgl. §§ 104 Nr. 1, 105, 106 ff.) vor allem hinsichtlich Alkohol, Tabak und bestimmten Medien untersagt sein; auch insoweit genügt aber eine entsprechende, schon durch einschlägige Kennzeichnung der Ware sowie obligatorische Aushänge gesetzlicher Bestimmungen klar ersichtliche Restriktion des Angebots. Schließlich lässt sich auch der Schutz des Verkäufers vor zahlungsunfähigen oder -unwilligen Personen hinreichend mit § 320 bewerkstelligen:[23] Kann der Käufer an der Kasse nicht zahlen, so wird ihm die Kaufsache nicht übereignet. Vielmehr gerät der Käufer in Verzug, und der Verkäufer ist gemäß § 323 I nach ergebnislosem Ablauf einer dem Käufer gesetzten Frist, die je nach Gegenstand und Nachfrage unter Umständen sehr kurz zu bemessen ist bzw. ganz entbehrlich sein kann (§ 323 II Nr. 1), dazu berechtigt, vom Kaufvertrag zurückzutreten.

d) Zu einem anderen Ergebnis zwingt auch nicht die negative Abschlussfreiheit des Verkäufers: Dessen Privatautonomie bleibt schon deshalb gewahrt, weil er nicht etwa gezwungen wird, Waren dem direkten Kundenzugriff auszusetzen.[24] Wählt er jedoch diese Absatztechnik, und zwar gerade, um Kunden leichter zum

---

[21] Den Unterschied leugnen *Bitter/Röder* BGB AT § 5 Rn. 18.

[22] Deutlich etwa *Köhler* BGB AT § 8 Rn. 11; *Faust* BGB AT § 3 Rn. 4 („Gesichtskontrolle an der Kasse").

[23] Dies räumt auch *Faust* BGB AT § 3 Rn. 4, ein.

[24] Zu Recht gegen die verfehlte Ansicht, der Verzicht auf die *invitatio*-Konstruktion liefe auf einen Kontrahierungszwang zulasten des Verkäufers hinaus, etwa *Muscheler/Schewe*, Jura 2000, 565 (566).

Kauf zu bewegen, so muss ein normaler (insbesondere nicht mit Hausverbot belegter[25]) Kunde keineswegs damit rechnen, dass ihm die vorhandene und ausgewählte Ware noch nachträglich verweigert werden kann. Will sich der Händler für jeden konkreten Abschluss eine Kontrolle vorbehalten oder ist er dazu aus rechtlichen Gründen verpflichtet, so muss er sein Ladengeschäft insgesamt dementsprechend organisieren (Bsp.: Kunst- oder Waffenhandel, Apotheke) bzw. innerhalb seines Selbstbedienungsladens eine besondere Einrichtung mit individueller Bedienung bereitstellen (Bsp.: Fleisch- und Käsetheke im Supermarkt).

e) Schließlich erzwingt auch nicht etwa der Schutz des Kunden die *invitatio*-Konstruktion: Denn nicht schon das Ansichnehmen der Ware oder ihr Platzieren im Einkaufswagen lässt sich als Annahme deuten, sondern erst das Vorlegen an der Kasse.[26] Der Kunde behält also durchaus noch die gewünschte und ihm von der Verkehrsanschauung auch zugestandene Freiheit, die Ware wieder zurückzulegen.[27] Eine entsprechend lang bemessene Annahmefrist, während deren Lauf der Verkäufer an seinen Antrag gebunden bleibt (§ 145), lässt sich zugunsten des Kunden zumindest für den Regelfall annehmen.[28]

f) Nach alledem durfte *M* das Vorhandensein der Flasche Cognac im Selbstbedienungsbereich der Filiale als Antrag der *A* auf Abschluss eines Kaufvertrags verstehen. Diesen Antrag hat *M* durch Vorlage der Flasche (und der übrigen gewünschten Waren) an der Kasse gegenüber *L* als Vertreterin der *A* angenommen. Mithin konnte die Weigerung der *L*, ihm den Cognac zu überlassen, das Entstehen eines Anspruchs auf Übergabe und Übereignung nicht mehr verhindern. Dabei spielt es keine Rolle, ob man von einem eigenen Kaufvertrag für jede einzelne vorgelegte Sache ausgeht oder alle vorgelegten Sachen als eine Sachgesamtheit[29] begreift, die Gegenstand eines einheitlichen Kaufvertrags (vgl. § 453 I Var. 2) sein kann.[30]

3. Allerdings ist es, wie bereits erwähnt, weder zur Übereignung noch zur Übergabe des Cognacs gekommen, weil *M* auf Verlangen der *L* eingelenkt hat. Dies erweist sich, ausgehend von einem eigenen Kaufvertrag hinsichtlich des Cognacs, als einvernehmliche Vertragsaufhebung bzw., ausgehend von der Konstruktion eines ein-

---

[25] Diese Möglichkeit ist dem Inhaber nicht schon durch die Wahl des Selbstbedienungsmarkts als Vertriebsform verwehrt; vgl. BGHZ 124, 39 (42 f.).

[26] Zutreffend etwa *BGH* NJW 2011, 2871. Anders *Pawlowski* BGB AT Rn. 368, der für die *invitatio*-Konstruktion plädiert, weil der Käufer sonst nicht mehr „zurücklegen" könne. Zu eng aber auch – auf der Grundlage der gegenteiligen Ansicht – *Bögner*, JR 1953, 417 f. (Annahme nach Ablauf einer angemessenen Bedenkzeit, spätestens „wenn der Käufer die Sache in seinen Wagen legt und sich erkennbar der Auswahl einer neuen Warengattung zuwendet").

[27] Lesenswert *Henke*, JA 2017, 339, dort speziell zur AGB-rechtlichen Relevanz des Hinweises „Berühren verpflichtet zum Kauf" im Selbstbedienungsladen.

[28] Besonderheiten wären allenfalls mit Blick auf stark nachgefragte und nicht dem Standardsortiment zugehörige Angebote einzuräumen, bei denen der Verkäufer ersichtlich ein Interesse daran hat, dass sich der Kunde zügig entscheidet: Dann wird man die Annahme schon zeitlich vor dem Vorlegen an der Kasse darin sehen müssen, dass der Kunde auf Nachfrage des Verkaufspersonals erklärt, das Produkt erwerben zu wollen.

[29] Vgl. zum Kauf von Sachgesamtheiten etwa Staudinger/*Beckmann* § 453 Rn. 78 ff. Wer erst im Vorlegen der Ware an der Kasse den Antrag des Kunden auf Abschluss eines einheitlichen Kaufvertrags über sämtliche gewünschten Waren sieht, müsste das Verhalten der *L* als Ablehnung verbunden mit einem neuen Antrag (vgl. § 150 II) deuten. Diesen modifizierten Antrag hätte *M* sodann vorbehaltlos angenommen, indem er mit Rücksicht auf den Wunsch der *L* auf den Erwerb des Cognacs verzichtet hat.

[30] Ferner kann hier offen bleiben, ob an der Kasse regelmäßig eine Stückschuld (bezogen auf die konkret vorgelegte[n] Sache[n]) oder eine auf den Vorrat beschränkte Gattungsschuld vereinbart wird; dazu *Schulze*, AcP 201 (2001), 232 (236 ff.).

heitlichen Kaufvertrags, als bloße einvernehmliche Vertragsänderung (§ 311 I Var. 1), die den Einzelposten Cognac und den darauf entfallenden Kaufpreisanteil wieder aus dem vertraglichen Pflichtenprogramm ausscheidet. Unabhängig von der Konstruktion bestehen keine Bedenken gegen die Wirksamkeit der Vertragsaufhebung bzw. –änderung; insbesondere lässt das eigensüchtige Motiv der *L*, abstellend auf den Kenntnisstand des *M*, nicht auf einen Missbrauch ihrer Vertretungsmacht schließen.[31]

---

[31] Vgl. zu den (engen) Fallgruppen und Rechtsfolgen des Missbrauchs der Vertretungsmacht etwa *Brox/Walker* BGB AT Rn. 579 ff.

Fall 4. Verwechselte Angebote

Zugang des Widerrufs nach Zugang der Annahmeerklärung – Irrtum beim Unterschreiben einer nicht gelesenen Urkunde – Entgelt für Angebotserstellung

Sachverhalt

Da *B* für ihren Gewerbebetrieb eine neue Heizungsanlage benötigte, forderte sie sowohl von Heizungsbauunternehmerin *U1* als auch von deren Konkurrentin *U2* detaillierte Festpreisangebote für eine solche Anlage an. Dem kamen nach eingehender Prüfung der räumlichen Gegebenheiten beide nach, und zwar jeweils mit Schreiben vom 1. April. *B* entschied sich nach Beratung mit ihrer „rechten Hand", der Angestellten *A*, für das Angebot der *U2* und beauftragte *A*, das Auftragserteilungsschreiben unterschriftsreif vorzubereiten. Beim Diktat reichte *A* der Sekretärin indes versehentlich das Angebot der *U1* mit dem Hinweis, die Anschrift dem entsprechenden Briefkopf zu entnehmen. Deshalb wurde der Brief, in dem der Auftrag unter Bezugnahme auf das „Angebot vom 1. April" erteilt wurde, an *U1* adressiert. *B* unterschrieb ungelesen das ihr von *A* mit dem Hinweis „die Auftragserteilung für die Heizungsanlage" überreichte Schreiben. Als der Fehler am nächsten Morgen aufgedeckt wurde, machte *B* sofort per Telefax an *U1* geltend, dass das Annahmeschreiben versehentlich falsch adressiert worden sei. Welche Ansprüche hat *U1*, wenn ihr der Brief mit der Morgenpost, eine Stunde vor Eingang des Telefax, zugestellt wurde, *U1* bei gleichzeitiger Vorlage der gesamten Eingangspost das Telefax aber noch vor dem Brief gelesen hat?

Variante: Wie verhält es sich, wenn *U1* den Brief unmittelbar nach Posteingang gelesen und zwecks zügiger Durchführung des Auftrags unverzüglich bei *H* telefonisch Einbauteile gekauft hat?

Lösung

A. Grundfall

I. In Betracht kommt ein Werklohnanspruch (§ 631 I) in Höhe des im Angebot der *U1* genannten Betrags. Voraussetzung hierfür wäre zunächst, dass es zum Vertragsschluss gekommen ist.

1. Erachtet man die ursprüngliche Aufforderung seitens *B* angesichts ihres Wortlauts und ersichtlichen Sinns als bloße *invitatio ad offerendum*, so hat erst *U1* ein Angebot auf Abschluss eines Werkvertrags gemacht. Das Bestellschreiben der *B* stellt sich als Annahmeerklärung desselben dar. Zu klären bleibt die Relevanz des Telefax. Es liegt nahe, dieses als Widerruf i. S. von § 130 I 2 zu qualifizieren: Solange ein Widerruf noch möglich ist, muss eine Erklärung, mit der ihr Autor die Rechtswirkungen einer irrtümlich abgegebenen anderen Willenserklärung unterbinden will, als ein den Vertragsschluss hindernder Widerruf verstanden werden. Hingegen läge es fern, das Telefax lediglich als eine die Wirkungen des Vertragsschlusses beseitigende Anfech-

tungserklärung zu deuten, zumal eine solche an das Vorliegen zusätzlicher, vom Erklärenden notfalls zu beweisender Voraussetzungen geknüpft wäre. Schließlich scheiterte ein Widerruf gemäß §§ 312g I, 312c I bereits daran, dass *B* nicht als Verbraucherin (§ 13), sondern als Unternehmerin (§ 14) tätig geworden ist.

2. Ausgehend von der Qualifikation des Telefax als Widerruf i. S. von § 130 I 2 der Annahmeerklärung, wäre der Vertrag bei wortlautgetreuer Auslegung dieser Vorschrift gleichwohl zustande gekommen; denn das Telefax ist *U1* erst nach der Annahmeerklärung (also dem Brief) zugegangen: Eine Willenserklärung ist bereits dann zugegangen, wenn sie derart in den Machtbereich des Empfängers gelangt ist, dass dieser unter normalen Umständen von ihr Kenntnis nehmen konnte; auf die Kenntnisnahme selbst kommt es nicht an.[1] Die generelle Möglichkeit der Kenntnisnahme besteht bei Postzustellung während der Geschäftszeit aber ohne weiteres bereits mit der Zustellung.[2]

Die Ansicht, dass der Widerruf das Wirksamwerden der betreffenden Willenserklärung auch dann nicht tangiert, wenn er zwar dem Empfänger nach der Willenserklärung zugegangen ist, diesem aber früher oder gleichzeitig mit der Erklärung bekannt wurde,[3] stößt indes auf Bedenken. Dadurch, dass das Gesetz für das Wirksamwerden einer Willenserklärung auf deren Zugang und nicht auf die Kenntnisnahme abstellt, wahrt es die Belange des Erklärenden. In dessen Interesse wurde die Vernehmungstheorie verworfen.[4] Hält man indes auch in der hier angesprochenen Fallgestaltung strikt am Wortlaut des § 130 I 2 fest, so stellt man den Erklärenden sogar schlechter als nach der Vernehmungstheorie; denn nach dieser stünde die vorherige oder gleichzeitige Kenntniserlangung vom Widerruf dem Wirksamwerden der betreffenden Willenserklärung entgegen. Mithin ist § 130 I 2 in berichtigender Auslegung dahin zu ergänzen, dass ein nach der Willenserklärung zugegangener Widerruf gleichwohl wirksam ist, wenn er dem Empfänger vor oder mit der Erklärung selbst zur Kenntnis gelangt.[5] Das Gegenargument, es sei nur billig, dass der Empfänger, der mit Zugang das Risiko rechtzeitiger Kenntnis trägt, von nun an auch in den Genuss der Vorteile komme, die von der Willenserklärung und ihrer bindenden Kraft ausgehen,[6] überzeugt nicht: Gerade bei einer an Billigkeit, mithin an Einzelfallgerechtigkeit orientierten Betrachtung geht es nicht an, die wortlautgetreue Anwendung des § 130 I 2, obwohl sie in concreto von keinem schutzwürdigen Interesse des Erklärungsempfängers getragen wird, mit dem Hinweis darauf zu rechtfertigen, dass sich die Zugangslösung in einer hypothetisch modifizierten Situation zum Vorteil des Erklärenden auswirkte.

---

[1] Statt vieler: *Medicus/Petersen* BürgerlR Rn. 46; *Köhler* BGB AT § 6 Rn. 13; *Löwisch/Neumann* BGB AT Rn. 100 f.

[2] Statt aller: *Wolf/Neuner* BGB AT § 33 Rn. 24 f.; Soergel/*Hefermehl* § 130 Rn. 11.

[3] So RGZ 91, 63; *BGH* NJW 1975, 382 (384); *Enneccerus/Nipperdey* BGB AT II § 158 IV 4; *Köhler* BGB AT § 6 Rn. 23; *Bork* BGB AT Rn. 649; MüKoBGB/*Einsele* § 130 Rn. 40; Soergel/*Hefermehl* § 130 Rn. 29; PWW/*Ahrens* § 130 Rn. 20; Palandt/*Ellenberger* § 130 Rn. 11; HK-BGB/*Dörner* § 130 Rn. 8; NK-BGB/*Faust* § 130 Rn. 77. Grundsätzlich ebenso, dies allerdings mit zwei Einschränkungen auch *Wolf/Neuner* BGB AT § 34 Rn. 57 f. (zum einen könne sich die Berufung auf die Verspätung des Widerrufs als treuwidrig erweisen, und zum anderen müsse es dem Erklärungsempfänger freistehen, den Widerspruch gelten zu lassen).

[4] Mot. I, S. 156.

[5] Wie hier u. a. Staudinger/*Coing*, 11. Aufl., § 130 Rn. 17; *Hübner* BGB AT Rn. 737; *Stadler* BGB AT § 17 Rn. 64; im Ergebnis auch *Brox/Walker* BGB AT Rn. 154.

[6] Deutlich in diesem Sinne etwa *Sturm*, JuS 1969, 384.

3. Teilt man die hier vertretene erweiternde Interpretation von § 130 I 2, wäre das Telefax als (beachtlicher) Widerruf, nicht etwa nur als Anfechtungserklärung zu deuten. Der Umstand, dass sich B bei ihrer Bestellung und ihrem Widerruf unterschiedlicher Erklärungsformen (einmal Brief, einmal Telefax) bedient hat, steht der Beachtlichkeit nicht entgegen. Ein Werklohnanspruch in Höhe des im Angebot der *U1* genannten Betrags ist deshalb zu verneinen.

II. Zu prüfen bleibt, ob *U1* wenigstens eine angemessene (Teil-)Vergütung für die Erstellung ihres detaillierten Angebots verlangen kann. Die Vorstellung eines dem eigentlichen (Haupt-)Werkvertrag vorgeschalteten Vertragsschlusses, gerichtet auf kostenpflichtige Erstellung eines detaillierten Angebots, ist zwar nicht von vornherein ausgeschlossen. Dagegen spricht indes § 632 III, der im Rahmen der Schuldrechtsmodernisierung in das Gesetz eingefügt wurde, um die schon zuvor h. M. zu bestätigen: Aufwendungen zur Ermöglichung eines Angebots erfolgen auch dann, wenn sie durch eine dahingehende Aufforderung veranlasst sind, primär im Eigeninteresse des Unternehmers; denn sie werden in der Hoffnung und Erwartung vorgenommen, den Auftrag zu erhalten. Folglich kann im Regelfall keine Rede davon sein, dass Entwürfe und Voranschläge, die nennenswerte Kosten bedingen, nur als (gesondert) zu entgeltende Leistungen erwartet werden können. Diese Wertung wiederum verbietet es, Ansprüche wegen ungerechtfertigter Bereicherung oder Geschäftsführung ohne Auftrag zu bejahen, erst recht aber, von einer Haftung der *B* wegen Abbruchs von Vertragsverhandlungen auszugehen. Es bleibt daher dabei: *U1* hat keinen Zahlungsanspruch.

B. Variante

I. In der Fallgestaltung ist es zum Vertragsschluss zwischen *U1* und *B* gekommen. Als Widerruf wäre das Telefax nach allen vertretenen Ansichten verspätet und demnach wirkungslos. Ein Werklohnanspruch (§ 631 I) in Höhe des im Angebot genannten Betrags ist jedenfalls entstanden. Fraglich ist nur, ob er fortbesteht oder mittels Anfechtung rückwirkend (§ 142 I) erloschen ist. Dies hängt davon ab, ob *B* ein Anfechtungsrecht hatte.

1. Die nach § 143 I erforderliche Anfechtungserklärung wäre im Telefax zu erblicken: *B* bringt mit hinreichender Deutlichkeit zum Ausdruck, dass die Annahme infolge eines Willensmangels nicht gelten soll.[7] Da die fragliche Erklärung, sofern man sie als Widerruf i. S. von § 130 I 2 qualifizierte, nicht zum ersichtlich verfolgten Ziel führte, vom Vertrag Abstand zu nehmen, konnte und musste sie von *U1* als Empfängerin als Anfechtungserklärung verstanden werden.

2. Als Anfechtungsgrund kommt ein Inhaltsirrtum der *B* (§ 119 I Var. 1) in Betracht. Dass *B* den von ihr unterschriebenen Text nicht gelesen hat, schließt einen entsprechenden Irrtum nicht aus, da sie bei Unterzeichnung durchaus eine bestimmte (Fehl-)Vorstellung vom Inhalt der Erklärung hatte. Nur dort, wo der Unterzeichner einer Urkunde von einer Kenntnisnahme des Inhalts, von dem er sich keine Vorstellung macht, bewusst absieht, mangelt es am Tatbestandsmerkmal „Irrtum".[8]

---

[7] Vgl. *OLG Hamm* NJW 2004, 2601.

[8] Beachte für den Fall der Unterschrift durch einen der deutschen Sprache Unkundigen *BGH* NJW 2014, 1242: „Wer eine Willenserklärung im Bewusstsein abgibt, dass er den wirklichen Sachverhalt nicht kennt, kann seine Erklärung nicht wegen Irrtums anfechten, wenn sich seine bei Abgabe der Erklärung gehegten Mutmaßungen als unrichtig herausstellen. Seine Unkenntnis wäre nicht, wie nach § 119 I BGB erforderlich, unbewusst, sondern bewusst (…)." Dort auch dazu, dass in solchen Fällen regelmäßig nicht das Erklärungsbewusstsein fehlt.

Wer in Fällen wie dem vorliegenden mit der h. M. eine Irrtumsanfechtung für denkbar hält,[9] wird ein Anfechtungsrecht der *B* bejahen.

Eine beachtliche Mindermeinung[10] versagt die Anfechtung freilich demjenigen, der eine Person seines Vertrauens zur Textformulierung autorisiert und sodann die Urkunde ungelesen unterzeichnet, auch bei Divergenz von Text und Vorstellung, also trotz Tatbestandsmäßigkeit gemäß § 119 I: Wer unbesehen die von der autorisierten Person abgefassten Erklärungen abzeichnet, solle nicht besserstehen als derjenige, der die Person seines Vertrauens bevollmächtigt, also zur Abgabe der Erklärung im eigenen Namen ermächtigt. Hier wie dort sei materiell die Hilfsperson der Erklärende, sodass die Wertung des § 166 I auch für die Regelungssituation „blinder" Abzeichnung der Erklärung passend erscheine. Nach dieser Ansicht kann *B* wegen *ihres* Irrtums nicht anfechten. Konsequenterweise muss man dann aber entsprechend der Regelung des § 166 I dem Geschäftsherrn ein Anfechtungsrecht geben, wenn sich der mit der Herstellung der Urkunde Betraute in einem Erklärungsirrtum befunden hat.[11] Folglich könnte *B*, da auch *A* davon ausging, die Bestellung sei an *U2* adressiert, wegen *deren* Irrtum anfechten.

Welcher Ansicht zu folgen ist, kann deshalb letztlich offenbleiben: *B* stand ein Anfechtungsrecht zu: entweder wegen ihres eigenen Irrtums (§ 119 I) oder aber auf Grund des Erklärungsirrtums der *A* (§§ 119 I, 166 I analog). Der Werklohnanspruch der *U1* ist somit rückwirkend (§ 142 I) entfallen.

II. Gemäß § 122 I hat *U1* gegen *B* aber einen Anspruch auf Ersatz des Schadens, den sie dadurch erlitten hat, dass sie auf die Gültigkeit der Annahmeerklärung vertraut hat. Sie ist so zu stellen, wie sie stünde, wenn sie von der (nunmehr) nichtigen Willenserklärung keine Kenntnis erhalten hätte. Das bedeutet:

1. *U1* kann bei *B* Rückgriff hinsichtlich des Schadens nehmen, der ihr erwächst, wenn *H* – berechtigterweise – an dem mit ihr geschlossenen Liefervertrag festhält. Allerdings ist der Anspruch begrenzt um Höhe des Vorteils, den ihr die Durchführung des Werkvertrages gebracht hätte. *U1* kann nämlich ihrerseits nicht mit dem Hinweis auf die erfolgte Anfechtung durch *B* von dem Vertrag mit *H* loskommen. Insbesondere steht ihr kein Lösungsrecht nach Maßgabe von § 313 I, III zu: Das Risiko der Verwendbarkeit und Weiterveräußerung der Kaufsache trägt grundsätzlich allein der Käufer;[12] die Vorstellung der *U1* hinsichtlich der Einsatzmöglichkeit des georderten Materials ist daher nicht etwa Geschäftsgrundlage, sondern unbeachtliches Motiv.

2. Dagegen sind die Aufwendungen, die *U1* gemacht hat, um ein detailliertes Angebot abgeben zu können, nicht vom Ersatzanspruch nach § 122 I erfasst; denn *U1* hat die entsprechende Vorarbeit – in Fortführung der zum Grundfall angestellten Überlegungen – nicht erst im Vertrauen auf die Wirksamkeit der angefochtenen Erklärung unternommen.

---

[9] Vgl. z. B. RGZ 88, 283; *Enneccerus/Nipperdey* BGB AT II § 167 II 1; *Hübner* BGB AT Rn. 803; Palandt/*Ellenberger* § 119 Rn. 9.

[10] *Flume* BGB AT II § 23 (2b); MüKoBGB/*Armbrüster* § 119 Rn. 54; Soergel/*Hefermehl* § 119 Rn. 16.

[11] So zu Recht *Flume* BGB AT II § 23 (2b).

[12] Statt vieler: Jauernig/*Stadler* § 313 Rn. 22; *Kötz* VertragsR Rn. 304. Allgemein zu den weitgehend ungeschriebenen Grundsätzen der Risikoverteilung im Vertragsrecht *Kötz*, JuS 2018, 1.

Fall 5. Game Boy

Eigenschaftsirrtum – Abhandenkommen bei Weggabe unter Willensmangel und durch Minderjährigen – Gut- und Bösgläubigkeit beim Handeln eines Vertreters ohne Vertretungsmacht – Anfechtbarkeit nichtiger Rechtsgeschäfte – beiderseitiger Irrtum und Geschäftsgrundlagenstörung – Anfechtung und Abstraktionsprinzip

Sachverhalt

M hatte seine Tante T beerbt und fand im Nachlass eine alte Spielkonsole namens „Game Boy". Weil das einzige darauf verfügbare Spiel („Tetris") den M schnell langweilte und er die Konsole ohnehin für wertlos hielt, bot er sie wenige Wochen vor seinem 18. Geburtstag – ohne Wissen seiner Eltern – mittels ebay zum Verkauf an. Das von M angesetzte Mindestgebot von 1 € gab der bis zum Auktionsende nicht mehr überbotene Trödler A ab, dem der „Retrolook" des Geräts auf dem von M zur Dokumentation seines Angebots veröffentlichten Foto gefiel. M sandte die Spielkonsole dem A, nachdem dieser den Preis überwiesen hatte. Bei A wurde der „Game Boy" von V gesehen, der erkannte, dass er aus der ersten Modellreihe von 1989 stammt, und wusste, dass gut erhaltene Stücke der ersten Generation selten sind und in Sammlerkreisen für mindestens 500 € gehandelt werden. Da V um die Sammlerleidenschaft seines im Ausland befindlichen Freundes B wusste, einigte er sich in dessen Namen mit A darauf, die Konsole für B zu erwerben. Weil V dem A vertrauenswürdig erschien und von dem vereinbarten Kaufpreis in Höhe von 500 € die Hälfte bar anzahlte, durfte V den „Game Boy" gleich mitnehmen; den Rest sollte B, dessen Adresse sich A notierte, bei nächster Gelegenheit überweisen. Als M, mittlerweile volljährig, per Zufall vom Wert erfuhr, schrieb er sofort dem A, das ebay-Geschäft gelte nicht, weil er sich über Wert und Bedeutung der Konsole geirrt habe. A verwies M an B, der bei seiner Rückkehr den „Game Boy" samt Bericht des V und den von A weitergeleiteten Brief des – ihm unbekannten – M vorfand. Davon ausgehend, dass ihn der Irrtum des M nichts angehe, erstattete B dem V die verauslagten 250 € und überwies den Restbetrag von 250 € an A. Kann M von B Herausgabe des „Game Boy" verlangen?

Lösung

I. Als Anspruchsgrundlage für einen Herausgabeanspruch des M gegen B kommt § 985 in Betracht: Da B im Besitz der Spielkonsole ist und ein etwaiger Kaufvertrag zwischen A und B kein Recht zum Besitz (§ 986) gegenüber M schafft, ist der Vindikationsanspruch gegeben, wenn M, der zuvor den Nachlassgegenstand als Erbe nach T gemäß § 1922 I erworben hatte, Eigentümer geblieben ist.

1. Durch Veräußerung der Konsole an A im Anschluss an die ebay-Versteigerung hat M sein Eigentum nicht verloren. Dabei spielt die Wirksamkeit des zugrundeliegenden Kaufvertrags wegen des Trennungs- und Abstraktionsprinzips keine Rolle.[1]

---

[1]   Zum hier nicht interessierenden Zustandekommen des Kaufvertrags und zu typischen Wirksamkeitsfragen bei ebay-Versteigerungen beachte *BGH* NJW 2017, 468.

Zudem kommt es nicht darauf an, ob *M* seine auf die dingliche Einigung i.S. von § 929 S. 1 abzielende Erklärung irrtumsbedingt anfechten oder widerrufen kann.[2] Vielmehr scheitert der Eigentumserwerb des *A* schon daran, dass *M* im fraglichen Zeitpunkt nur beschränkt geschäftsfähig war (§§ 106, 2): Denn demzufolge war seine Übereignungserklärung als rechtlich nachteilige Willenserklärung zunächst schwebend unwirksam (§§ 108 I, 107), und dabei blieb es auch mit Erlangung der Volljährigkeit (arg. § 108 III). Allerdings ist *M* mit Eintritt der Volljährigkeit anstelle seiner bis dahin zuständigen gesetzlichen Vertreter zuständig geworden, über die Genehmigung oder Genehmigungsverweigerung zu entscheiden. In seinem Schreiben an *A* ist die Verweigerung der Zustimmung zu sehen: Die Einigungserklärung des *M* und damit das Übereignungsgeschäft sind endgültig unwirksam geworden.

2. Indes könnte *M* das Eigentum dadurch verloren haben, dass *B* gutgläubig vom nichtberechtigten *A* erworben hat (§§ 929 S. 1, 932).

a) *V* hat sich mit *A* über den Erwerb durch *B* geeinigt, wobei *V* erklärtermaßen im Namen des *B* gehandelt hat (§ 164 I).[3] Die dingliche Einigung war zwar mangels Vertretungsmacht des *V* zunächst schwebend unwirksam (§ 177 I), ist durch Genehmigung des *B* jedoch wirksam geworden: Sowohl in der Erstattung der von *V* verauslagten Anzahlung (Erklärung gegenüber dem vollmachtlosen Vertreter, § 182 I Var. 1) als auch in der Überweisung des Restkaufpreises an *A* (Erklärung gegenüber dem anderen Vertragsteil, § 182 I Var. 2) ist eine konkludente nachträgliche Zustimmung zum Kausal- und zum Erfüllungsgeschäft zu sehen. Die nach § 929 S. 1 erforderliche Übergabe ist erfolgt, wobei dahingestellt bleiben kann, ob bereits die Aushändigung der Sache an *V*, also den Besitzmittler des *B* (§ 868),[4] oder erst der Besitzerwerb des *B* maßgeblich ist.

b) Dass *M* bei der Weggabe der Konsole einem Irrtum unterlag, macht die Sache nicht zu einer abhandengekommenen i.S. von § 935; denn Abhandenkommen setzt einen unfreiwilligen Besitzverlust des unmittelbaren Besitzers voraus. Selbst wenn ein gemäß § 119 II relevanter Irrtum vorliegt, dem Veräußerer also ein Anfechtungsrecht zusteht und dieses ausgeübt wird, lässt sich die von einem tatsächlichen Willen getragene freiwillige Weggabe der Sache nicht als unfreiwillig qualifizieren.[5]

Ausgeschlossen könnte ein gutgläubiger Erwerb wegen § 935 freilich deshalb sein, weil *M* im Zeitpunkt der Sachweggabe noch minderjährig war. Mitunter wird ver-

---

[2] Ein Widerrufsrecht käme nur gemäß §§ 312g I, 312c I in Betracht. Eine Online-Auktion fällt nicht unter die in § 312g II 1 Nr. 10 vorgesehene Ausschlussregelung. Allerdings bezöge sich der Widerruf ausweislich § 355 I 1 nur auf das Verpflichtungsgeschäft, während das dingliche Geschäft erst nach Maßgabe von § 355 III rückabzuwickeln wäre. Im Übrigen erscheint fraglich, ob dem Verbraucher beim Fernabsatzvertrag überhaupt ein Widerrufsrecht zustehen soll, wenn er nicht als Käufer, sondern als Verkäufer agiert; dies verneint etwa *BGH* NJW 2015, 1009 (1011).

[3] Von einem Eigentumsvorbehalt i.S. von § 449, mithin einer aufschiebend bedingten dinglichen Einigung, ist im Sachverhalt nicht die Rede. Die Bedingung wäre aber jedenfalls durch Überweisung des Restkaufpreises eingetreten.

[4] Nach h.M. ist jedenfalls für Fälle „gesetzlicher Besitzmittlungsverhältnisse" wie der hier vorliegenden Geschäftsführung ohne Auftrag ein Besitzwille des mittelbaren Besitzers nicht erforderlich, so Palandt/*Herrler* § 868 Rn. 10, unter zweifelhafter Berufung auf RGZ 98, 131 (135); noch weitergehend MüKoBGB/*Joost* § 868 Rn. 21, 52. Nach a.A. findet eine Stellvertretung nicht nur in der dinglichen Einigung, sondern auch im Besitzerwerbstatbestand (samt Besitzwillen) statt, so *Ernst*, Eigenbesitz und Mobiliarerwerb, 1992, S. 221 ff.; vgl. auch *Wieling* SachenR § 4 IV 2.

[5] Hinsichtlich der Anfechtung wegen Irrtums und arglistiger Täuschung unstr.; vgl. z.B. Westermann/Gursky/Eickmann/*Gursky* § 49 Rn. 4; *Wieling* SachenR § 10 IV 1a; *Prütting* SachenR Rn. 434; *Temming*, JuS 2018, 108 (110 f.).

treten, dass es dem Grundgedanken der §§ 104 ff. am ehesten entspreche, Geschäfts-unfähigen und in der Geschäftsfähigkeit Beschränkten eine Besitzaufgabe oder -überlassung nicht als „willentlich" anzulasten; mithin wäre die selbständige Besitz-aufgabe und -überlassung durch den Minderjährigen stets als Abhandenkommen i. S. von § 935 zu qualifizieren bzw. dem Abhandenkommen zumindest gleichzustellen.[6] Die heute h. M. lässt für die Freiwilligkeit i. S. von § 935 hingegen im Falle eines beschränkt Geschäftsfähigen (anders als im Falle eines Geschäftsunfähigen) den natürlichen Besitzverschaffungswillen genügen.[7] Der Minderjährige müsse lediglich erkennen können, dass er mit der Weggabe der Sache die tatsächliche Sachherrschaft verliert. Diese Willensfähigkeit dürfte bei einem Siebzehnjährigen regelmäßig außer Zweifel stehen.

c) Folgt man der h. M., könnte dem Eigentumswechsel allenfalls noch Bösgläubig-keit auf der Erwerberseite entgegenstehen. Zu klären ist, auf wessen Person es für die Kenntnis bzw. die durch grobe Fahrlässigkeit bedingte Unkenntnis (vgl. § 932 II) ankommt. Dass diesbezüglich jedenfalls auf V abzustellen ist, ergibt sich aus § 166 I, der nach erfolgter Genehmigung auch bei vollmachtloser Vertretung gilt.[8] Aus einer analogen Anwendung des § 166 II folgt, dass zudem die (Un-)Kenntnis des B bedeutsam ist: Die Genehmigung des Vertretenen gemäß § 177 I ist wertungs-mäßig der vorherigen Erteilung bestimmter Weisungen an einen Bevollmächtigten gleichzustellen;[9] maßgebend für die Kenntnis bzw. das Kennenmüssen des Vertrete-nen ist folgerichtig nicht der Zeitpunkt des Vertragsschlusses, sondern der Genehmi-gung.[10]

aa) Dass A von einem Minderjährigen erworben hatte, war weder V noch B erkenn-bar. Grob fahrlässige Unkenntnis der hierauf beruhenden Nichtberechtigung schei-det deshalb aus.

bb) Indes hat B durch den Brief des M noch vor Genehmigung des schwebend unwirksamen dinglichen Vertrags mit A Kenntnis davon erlangt, dass sich M bei Veräußerung an A über Wert und Bedeutung der Spielkonsole geirrt hatte. Es fragt sich, ob B deshalb als bösgläubig gemäß § 932 II zu betrachten ist: Liegt eine wirksame Anfechtungserklärung des M vor, ist eine Anfechtung zudem nicht von vornherein ausgeschlossen und stand dem M in Hinblick auf seinen Irrtum ein Anfechtungsrecht auch und gerade hinsichtlich des dinglichen Geschäfts zu, so ist B hinsichtlich dieses Nichtberechtigungsgrundes als bösgläubig zu erachten. Dies folgt aus § 142 II, wonach im Falle einer wirksam erfolgten Anfechtung schon die Kennt-nis von der Anfechtbarkeit des angefochtenen Rechtsgeschäfts, d. h. das Wissen um die einschlägigen anfechtbarkeitsbegründenden Tatsachen,[11] als Kenntnis der Nich-tigkeit des betreffenden Rechtsgeschäfts gewertet wird. Für B bedeutet dies, dass ihm die erwerbshindernde Kenntnis vom fehlenden Eigentum des A unterstellt wird, wenn er von der Anfechtbarkeit der auf dingliche Einigung i. S. von § 929 S. 1 mit A abzielenden Erklärung des M wusste.

---

6   So z. B. *Flume* BGB AT II § 13 (11d); *Nietschke,* JuS 1968, 543.
7   Nachweise bei *Vieweg/Werner* SachenR § 5 Rn. 40; *Jacoby/v. Hinden* § 935 Rn. 5; *Tem-*
    ming, JuS 2018, 108 (111).
8   Dies ist, soweit ersichtlich, unstrittig; vgl. z. B. MüKoBGB/*Schubert* § 166 Rn. 16; NK-
    BGB/*Stoffels* § 166 Rn. 24.
9   *v. Tuhr* BGB AT II/2 § 87 II 1; Staudinger/*Schilken* § 166 Rn. 29; NK-BGB/*Stoffels* § 166
    Rn. 36.
10 RGZ 68, 377 f.; Staudinger/*Schilken* § 166 Rn. 29; NK-BGB/*Stoffels* § 166 Rn. 36.
11 *BGH* LM § 142 BGB Nr. 1; Soergel/*Hefermehl* § 142 Rn. 14. Kritisch *Enneccerus/Nip-*
    perdey BGB AT II § 203 II 1b Fn. 6.

(1) Ein Anfechtungsrecht des *M* zunächst unterstellt, hätte dieser das Recht nach Lage der Dinge bereits gegenüber *A* als dem nach § 143 II zuständigen Adressaten ausgeübt: Das Schreiben des *M* an *A*, in dem er sich auf das „ebay-Geschäft" bezieht, ist als Anfechtungserklärung gemäß § 143 I zu qualifizieren. Dabei ist unerheblich, dass sich *M* nicht des Wortes „Anfechtung" bedient hat; denn als Anfechtungserklärung i. S. von § 143 I genügt jede Willensäußerung, die unzweideutig erkennen lässt, dass das fragliche Geschäft rückwirkend beseitigt werden soll.[12]

(2) Der Anfechtbarkeit der Übereignungserklärung des *M* könnte freilich entgegenstehen, dass die Erklärung infolge Minderjährigkeit des *M* ohnehin unwirksam war. Eine ältere, gelegentlich auch heute noch vertretene Ansicht leugnet „aus logischen Gründen" die Anfechtungsmöglichkeit, da eine nichtige bzw. definitiv unwirksame Willenserklärung nicht nochmals vernichtet werden könne.[13] Dies ist indes eine naturalistische, dem Erkenntnisgegenstand inadäquate Betrachtungsweise: Da Nichtigkeit des Rechtsgeschäfts nichts anderes bedeutet als dessen Nichtgeltung in Hinsicht auf einen Nichtigkeitsgrund, ist es keineswegs unlogisch, diese Rechtsfolge aus verschiedenen Nichtigkeitsgründen, einschließlich dem des Anfechtungsvollzugs (§ 142 I), abzuleiten.[14]

(3) Zu klären ist sodann, ob dem *M* ein Anfechtungsgrund zusteht. Als solcher kommt hier nur § 119 II in Betracht. Zwar ist der Wert des veräußerten Gegenstands als solcher nach ganz h. M. keine wesentliche Eigenschaft i. S. von § 119 II.[15] Eigenschaften i. S. dieser Vorschrift sind aber jedenfalls die (unmittelbar) wertbildenden Faktoren. Hierzu zählt bei Sammlerstücken das Alter des Stücks bzw. die Herkunft aus einer bestimmten Epoche: Die Spielkonsole ist gerade deshalb so wertvoll, weil sie aus den Anfangsjahren des Computerzeitalters stammt. Diese Eigenschaft ist zudem verkehrswesentlich i. S. von § 119 II. Auch wenn man mit einer verbreiteten, aber keineswegs unumstrittenen Ansicht fordert, dass der Erklärende die Fehleinschätzung der fraglichen Eigenschaft erkennbar dem Vertrag zugrunde gelegt hat,[16]

---

[12] Deutlich aus neuerer Zeit etwa *BGH* NJW 2017, 1660 (1663): „Eine Anfechtungserklärung i. S. des § 143 I BGB ist jede Willenserklärung, die unzweideutig erkennen lässt, dass das Rechtsgeschäft rückwirkend beseitigt werden soll. Dazu bedarf es nicht des ausdrücklichen Gebrauchs des Wortes ‚anfechten'. Es kann vielmehr nach den Umständen genügen, wenn eine Verpflichtung, die nach dem objektiven Erklärungswert der – gegebenenfalls durch schlüssiges Handeln getätigten – Willensäußerung übernommen worden ist, bestritten oder nicht anerkannt wird oder wenn ihr sonst widersprochen wird. Erforderlich ist nur, dass sich unzweideutig der Wille ergibt, das Geschäft gerade wegen des Willensmangels nicht bestehen lassen zu wollen (…)." Gegen das Erfordernis der „Unzweideutigkeit" aber *Medicus/Petersen* BGB AT Rn. 717.

[13] Aus dem älteren Schrifttum z. B. *v. Tuhr* BGB AT II/1 § 57 I; *Staudinger/Riezler*, 10. Aufl., § 142 Rn. 18; *E. Wolf* BGB AT § 10 D II/1. Zweifelnd z. B. auch RGRK/*Krüger-Nieland/Zöller* § 142 Rn. 11.

[14] Heute ist diese sog. Doppelwirkung ganz h. M. im Anschluss an *Kipp*, FS Martitz, 1911, S. 224 ff.; zur Würdigung dieser „juristischen Entdeckung" vgl. etwa *Herbert*, JZ 2011, 503. Zur Doppelwirkungslehre aus neuerer Zeit etwa *Schreiber*, AcP 211 (2011), 35 (41 ff.); *Würdinger*, JuS 2011, 769; *Brox/Walker* BGB AT Rn. 443; *Köhler* BGB AT § 7 Rn. 72; *Leipold* BGB I § 18 Rn. 60. Beachte auch *BGH* NJW 2010, 610 (Verbraucherwiderruf trotz Vertragsnichtigkeit gemäß § 138); *BGH* NJW-RR 2017, 114 Rn. 22 f. (ein auf den Abschluss eines beurkundungspflichtigen Vertrags gerichteter Antrag, der nicht beurkundet und daher nichtig ist, kann, soweit er AGB enthält, zusätzlich aufgrund §§ 307–309 BGB als unwirksam anzusehen sein).

[15] Vgl. z. B. BGHZ 16, 54 (57); *Stadler* BGB AT § 25 Rn. 49; *Köhler* BGB AT § 7 Rn. 19; *Faust* BGB AT § 21 Rn. 12; *Gottwald/Würdinger* BGB AT Rn. 155.

[16] Berechtigte Kritik an dieser Auffassung übt etwa *Bork* BGB AT § 22 Rn. 846 f., 860 f., dort m. w. N. zum Streitstand.

kann man diese Voraussetzung *in casu* jedenfalls als gegeben erachten: Ausweislich des niedrig angesetzten Mindestgebots und des Fehlens besonderer Hinweise im ebay-Angebot auf eine besondere Qualität der Konsole ist *M* ersichtlich von ihrer Wertlosigkeit ausgegangen. Daher schadet es dem *M* nicht, dass *A* diesem Umstand infolge seiner nur auf Äußerlichkeiten abstellenden Sicht („Retrolook") keine Beachtung schenkte. Eben diese Ignoranz des *A* spricht dann aber auch dagegen, von einem gemeinsamen Grundlagenirrtum auszugehen und den Fall deshalb von vornherein nach den Regeln über die fehlende Geschäftsgrundlage (§ 313 II) zu beurteilen.[17] Da die Konsole weder mit Sach- noch mit Rechtsmängeln behaftet ist, sperrt schließlich auch das kaufrechtliche Gewährleistungsrecht (§§ 434 ff.) den Rückgriff auf § 119 II nicht: Anders als der Käufer, der einschlägige Beschränkungen des Gewährleistungsrechts (kurze Verjährung und Vorrang der Nacherfüllung) nicht mittels Anfechtung umgehen soll, kann der Verkäufer grundsätzlich nach § 119 II anfechten. Diesem wird man – wofür hier nichts spricht – die Anfechtung allenfalls nach § 242 verwehren, wenn er bezweckt, dem Käufer die ihm zustehenden Mängelrechte abzuschneiden.

(4) Nach alldem ist letztlich entscheidend, ob sich das Anfechtungsrecht nach § 119 II nicht nur auf das schuldrechtliche Geschäft bezieht, sondern auch auf die hier fragliche dingliche Einigungserklärung des *M*. Mitunter wird vertreten, dass in Fällen wie dem vorliegenden von einer sog. Fehleridentität auszugehen sei:[18] Verstehe man den Eigenschaftsirrtum gemäß § 119 II als ausnahmsweise beachtlichen Irrtum bei der Willensbildung, so könne das Trennungs- und Abstraktionsprinzip einem „Durchschlagen" auf das Verfügungsgeschäft nicht entgegenstehen, wenn die irrige Annahme über eine Sacheigenschaft auch die Abgabe der vom Kausalgeschäft gedanklich zu trennenden Übereignungserklärung motiviere. Hier ist freilich schon fraglich, ob *M* bei Kenntnis der wahren Sachlage die Konsole weder verkauft noch übereignet hätte; denn denkbar ist auch, dass er lediglich versucht hätte, im Rahmen der ebay-Versteigerung durch die Wahl eines höheren Mindestgebots und/oder durch gezielte Hinweise auf die besondere Qualität einen marktgerechten Preis zu erzielen. Aber davon einmal abgesehen, dürfte den Ausschlag zugunsten einer Begrenzung der Anfechtbarkeit auf den Kaufvertrag die Erwägung geben, dass im Zweifel die Rechtsfolgen der Anfechtung, die bei § 119 II allein aus einem Fehler in der Sphäre des Anfechtenden resultiert, restriktiv zu handhaben sind:[19] Aus Gründen des Verkehrsschutzes ist es geboten, das diesem verpflichtete Abstraktionsprinzip in Fällen wie dem vorliegenden zur Anwendung zu bringen,[20] mithin den

---

[17] Im Falle eines beiderseitigen Irrtums wird der Vorrang von § 313 II vor § 119 II damit begründet, dass die Schadensersatzpflicht nach § 122 inadäquat sei, weil es vom Zufall abhänge, wer zuerst die Anfechtung erkläre. So etwa Bamberger/Roth/*Wendtland* § 119 Rn. 38; Palandt/*Ellenberger* § 119 Rn. 30; *Rösler,* JuS 2005, 122 f. Auch nach Einführung von § 313 II nach wie vor für Einschlägigkeit von § 119 II jedoch *Medicus/Petersen* BürgerlR Rn. 162; damit sympathisierend *Musielak/Hau* GK BGB Rn. 682. Für Anwendbarkeit nebeneinander mit erwägenswerten Argumenten: *Kanzleiter,* MittBayNot 2004, 401.

[18] Für Relevanz des Eigenschaftsirrtums nach § 119 II auch hinsichtlich des Erfüllungsgeschäfts, sofern kausalgeschäftliche und dingliche Erklärung uno actu erfolgen bzw. der Irrtum noch im Zeitpunkt der Letzteren fortwirkt, z. B. RGZ 66, 390; *RG* LZ 1912, 163; *v. Tuhr* BGB AT II/1 § 67 V; *Medicus/Petersen* BGB AT Rn. 233; Westermann/Gursky/Eickmann/*Westermann* § 37 Rn. 10; Staudinger/*Roth* § 142 Rn. 22.

[19] Ähnlich *Schack* BGB AT Rn. 239 ff.; *Stadler* BGB AT § 25 Rn. 60; *Grunewald* BürgerlR § 3 Rn. 5 f.; *Musielak/Hau* GK BGB Rn. 443; *Grigoleit,* AcP 199 (1999), 396 ff.; *Bayerle,* JuS 2009, 1079 (1081); tendenziell auch *Leipold* BGB I § 18 Rn. 57 Fn. 63.

[20] Deutlich *Wieling,* ZEuP 2001, 304.

Anfechtenden grundsätzlich auf die bloße Kondizierbarkeit des Eigentums nach Beseitigung des Verpflichtungsgeschäfts zu verweisen bzw. in Fällen der Weiterveräußerung die Erwerbsmöglichkeit eines redlichen Dritten nicht über Gebühr zu begrenzen.

3. *B* ist daher nicht nach §§ 932 II, 142 II bösgläubig. Da er das Eigentum an der Spielkonsole erworben hat, scheidet ein auf § 985 gestützter Herausgabeanspruch des *M* aus.

II. Auch sonstige Anspruchsgrundlagen decken das Verlangen des *M* nicht: Als gutgläubiger Erwerber schuldet *B* die Herausgabe der vom nichtberechtigten *A* erworbenen Konsole weder aus § 823 I noch aus § 812 I 1 Var. 2.[21]

---

[21] Eine andere, hier allerdings nicht gestellte Folgefrage lautet, ob *M* von *A* immerhin Herausgabe der 500 € gemäß § 816 I 1 verlangen kann.

Fall 6. Wein online

Vertragsschluss im Online-Versandhandel – Umdeutung des verspäteten Widerrufs –
Irrtum über die ursprüngliche Kreditunwürdigkeit des Zielkäufers

Sachverhalt

Winzer *W*, der einen kleinen Weinanbaubetreib führt, und Weinhändler *H* stehen seit Jahren in Geschäftsbeziehung; Lieferungen des *W* erfolgten stets unter Gewährung eines Zahlungsziels (normalerweise: „zahlbar binnen 30 Tagen ab Lieferung"). Als *H* wieder einmal Wein ordern wollte, bediente er sich dazu des Bestellformulars, das *W* neuerdings auf seiner Internetseite eingerichtet hatte. *H* trug die gewünschten Angaben betreffend Menge, Qualität, Jahrgang etc. in die betreffenden Rubriken des Formulars ein. Aufgrund dieser Angaben wurde automatisch der Gesamtpreis ermittelt und in die Bestellmaske übertragen. *H* vermerkte noch unter „Besondere Bemerkungen", dass er um prompte Lieferung bitte, und klickte sodann auf „Bestellung abschicken". Daraufhin erhielt er binnen weniger Sekunden eine vom Rechner des *W* automatisch erstellte E-Mail, welche den Eingang der Bestellung bestätigte und ihre baldige Prüfung zusagte. Noch am selben Tag bestätigte *W* brieflich den Auftrag und versandte den gewünschten Wein per Bahn. Erst am nächsten Tag wurde bekannt, dass sich *H* in nicht unerheblicher wirtschaftlicher Bedrängnis befindet, seinen laufenden Zahlungsverpflichtungen verschiedentlich nicht mehr nachzukommen vermag und ihm bereits ein Kredit gekündigt wurde. Daraufhin wies *W* die Bahn an, den Wein vorerst nicht an *H* auszuliefern. Außerdem erklärte *W* per E-Mail an *H,* dass er die schriftliche Lieferzusage angesichts seiner Information über die Vermögensverhältnisse widerrufen müsse: Die Lieferung könne unter den veränderten Umständen nur Zug um Zug oder gegen Sicherheitsstellung erfolgen. Für den Fall, dass die Zug-um-Zug-Zahlung oder Sicherheitsstellung nicht spätestens binnen 14 Tagen erfolge, werde er die Sendung zurückrufen. *H,* den die E-Mail des *W* noch vor Zustellung des Briefs mit der Auftragsbestätigung erreichte, verlangt unter Androhung von Schadensersatzforderungen die sofortige Auslieferung des Weines. Zu Recht?

Lösung

Das Verlangen nach sofortiger Auslieferung ist berechtigt, wenn zwischen *W* und *H* ein Kaufvertrag unter Zahlungszielgewährung geschlossen, also eine Vorleistungspflicht des *W* begründet wurde (I) und *W* auch vorleistungspflichtig geblieben ist (II/III). Die Fälligkeit der etwaigen Vorleistung ergäbe sich aus den „Umständen" (§ 271 I Var. 2), weil die Bestellung des *H* online und mit gesondertem Vermerk der Bitte um prompte Lieferung erfolgte. Bejahendenfalls haftet *W*, wenn sich sein Verhalten als unberechtigte Erfüllungsverweigerung erweist, nach §§ 280 I, III, 281 I, II auf Schadensersatz statt der Leistung und nach §§ 280 I, II, 286 I hinsichtlich eines etwaigen Verzögerungsschadens: Sofern eine Mahnung angesichts des Eilcharakters des Geschäfts nicht ohnehin entbehrlich wäre, hätte *H* jedenfalls durch sein Lieferverlangen den *W* in Verzug gesetzt (§ 286 I).

I. Im Rahmen der Prüfung, ob ein Kaufvertrag zustande gekommen ist, gilt es zunächst, Antrag und Annahme zu identifizieren und ihren Inhalt zu bestimmen.

1. Schon wegen der begrenzten Mengen, die ein Winzer produzieren und absetzen kann, ist es nicht als annahmefähiger Antrag i.S. von § 145, sondern als bloße *invitatio ad offerendum* zu deuten, dass W seine Weine im Internet präsentiert und ein Bestellformular freigeschaltet hat.[1] Auch spricht im vorliegenden Fall nichts für einen „Kauf auf Abruf", bei dem der Käufer (H) auf Grund einer Rahmenvereinbarung bestimmte Waren durch einseitige Erklärung abrufen kann.[2] Vielmehr erweist sich die online getätigte „Bestellung" des H als Angebot auf Abschluss eines Kaufvertrags. Da rechtsrelevante Willenskundgaben grundsätzlich nicht an bestimmte Kommunikationsformen gebunden sind, können Willenserklärungen auch elektronisch abgegeben werden, namentlich also per E-Mail oder – wie hier – über online-Bestellformulare.

Zutreffend interpretiert, hat H den Abschluss eines Kaufvertrags unter Einräumung eines Zahlungsziels (sog. Zielkauf) angeboten. Dem steht nicht entgegen, dass in der Bestellung von den Zahlungsbedingungen keine Rede war: Willenserklärungen sind auslegungsfähig und -bedürftig (§§ 133, 157), wobei innerhalb einer laufenden Geschäftsbeziehung der bisherigen ständigen Übung besondere Bedeutung zukommt:[3] Da Lieferungen des W bislang stets unter Zahlungszielgewährung erfolgten, ist die Bestellung von H so gemeint und auch von W so zu verstehen, dass sie zu den üblichen Konditionen erfolgen soll.

2. Der Antrag des H könnte von W bereits durch die automatisch erstellte Antwort-E-Mail angenommen worden sein. Dabei handelt es sich indes zunächst nicht um eine Willens-, sondern nur um eine sog. Wissenserklärung: die Bestätigung des Bestellungseingangs, womit der Unternehmer seiner im elektronischen Geschäftsverkehr gem. § 312i I 1 Nr. 3 bestehenden Pflicht nachkommt. Zwar kann damit zugleich die Annahme verbunden werden, wenn der Unternehmer vorbehaltlos zum Ausdruck bringt, die bei ihm eingegangene Bestellung ausführen zu wollen; ob dies der Fall ist, gilt es nach Maßgabe von §§ 133, 157 zu ermitteln.[4] Im vorliegenden Fall ist zu beachten, dass die umgehend versandte Nachricht des W nicht etwa eine sofortige Lieferung, sondern nur eine baldige Prüfung der Bestellung in Aussicht gestellt hat. Da W, anders als ein großer Online-Händler, kaum über ein vollautomatisiertes Bestell-, Kunden- und Lagerverwaltungssystem verfügen dürfte, wird man seiner Nachricht nicht die Bedeutung beimessen, das Vertragsangebot ohne weitere Kontrolle, insbesondere seiner Lagerkapazität, verbindlich annehmen zu wollen. Auch eine Annahme seitens W mittels rechtserheblichen Schweigens kommt nicht in Betracht; insbesondere scheidet die Anwendung von § 362 HGB im Falle eines Kaufvertrags aus.[5]

W könnte das Angebot aber durch die Versendung des Weines mit der Wirkung angenommen haben, dass schon hiermit der Vertrag gemäß § 151 S. 1 zustande gekommen ist. Die schriftliche Auftragsbestätigung wäre dann nur als Anzeige der

---

[1] Allgemein zur rechtsgeschäftlichen Deutung der Online-Präsentation von Waren oder Dienstleistungen *BGH* NJW 2013, 598 (599); *OLG Düsseldorf* NJW-RR 2016, 1073 (1074 f.). Beachte zudem NK-BGB/*Schulze* § 145 Rn. 4, dort auch zur Abgrenzung von der Warenpräsentation in Selbstbedienungsläden.

[2] Vgl. zur Typologie solcher und ähnlicher Gestaltungen etwa Staudinger/*Beckmann* Vorb. §§ 433 ff. Rn. 229 ff.

[3] Statt vieler: *Wolf/Neuner* BGB AT § 35 Rn. 2 ff.

[4] Beachte hierzu *BGH* NJW 2013, 598 (599); *OLG Düsseldorf* NJW-RR 2016, 1073 (1075 f.).

[5] Vgl. nur *K. Schmidt* HandelsR § 19 Rn. 47.

bereits nach § 151 S. 1 tatsächlich vollzogenen Annahme zu sehen, also deklaratorischer Natur. Dieser Deutung steht § 147 I 2 nicht entgegen, denn diese Bestimmung dürfte für online-Kommunikation ebenso wenig wie für E-Mail-Kontakte einschlägig sein;[6] das Ausbleiben einer sofortigen Annahmeerklärung hat das Angebot des *H* also nicht zum Erlöschen gebracht. Zu klären bleibt aber, ob die Voraussetzungen des § 151 S. 1 erfüllt sind. Ob sich die Einschlägigkeit dieser Vorschrift bereits aus dem Umstand ergibt, dass *H* und *W* in laufender Geschäftsbeziehung standen,[7] oder ob die Verkehrssitte im Versandhandel generell von einer gesonderten Annahmeerklärung dispensiert,[8] kann letztlich offenbleiben. Die Anwendbarkeit des § 151 S. 1 ergibt sich jedenfalls daraus, dass *H* eigens mit der Bitte um prompte Lieferung bestellt hat: Bei Eilbestellungen bedarf es nach der Verkehrssitte und dem präsumtiven Willen des Antragenden keiner Annahmeerklärung.[9]

Als Handlung, aus der mit hinreichender Deutlichkeit der erforderliche Annahmewille des *W* zu entnehmen ist, wird man, sollte nicht schon das Verpacken der Ware genügen,[10] jedenfalls deren Versenden qualifizieren.[11] Dass *W* ein – heute überwiegend auf § 321 gestütztes[12] – sog. Stoppungs- bzw. Revokationsrecht hatte, also in der Lage war, durch Erklärung gegenüber der Bahn die Auslieferung an *H* zu hindern, steht der Bejahung der Annahme nicht entgegen:[13] Insbesondere unter dem Gesichtspunkt der Gefahrtragung entspräche es kaum dem wohlverstandenen Interesse des Angebotsempfängers, das Versenden allein wegen der Existenz seines Revokationsrechts nicht als Manifestation eines definitiven Vertragsschlusswillens zu qualifizieren; denn nur wenn es zuvor – gemäß § 151 S. 1 – zum Vertragsschluss gekommen ist, trägt der (antragende) Käufer gemäß § 447 das Transportrisiko.

3. Der Vertrag ist mithin als Zielkauf zustande gekommen.

II. Fraglich ist aber, ob *W* trotz seiner E-Mail auch vorleistungspflichtig geblieben ist. Die E-Mail stellt sich nach ihrem Inhalt als Widerruf und zugleich als Angebot zum Abschluss eines Nichtzielkaufs dar. Es fragt sich, ob *W* damit die in der Willensbetätigung zu sehende Annahme wirksam widerrufen und damit den Zielkaufvertrag wieder hinfällig gemacht hat. Eine unmittelbare Anwendung des § 130 I 2 scheidet aus, und zwar unbeschadet der Streitfrage, wie die Annahme nach § 151 S. 1 zu qualifizieren ist: Sofern man in der Willensbetätigung gemäß § 151 S. 1 überhaupt eine Willenserklärung sieht,[14] handelt es sich jedenfalls nicht um eine

---

[6] Palandt/*Ellenberger* § 147 Rn. 5; Erman/*Armbrüster* § 147 Rn. 16.

[7] Laufende Geschäftsbeziehungen genügen für eine Annahme nach § 151 S. 1 z. B. laut StudK/*Hadding* § 151 Anm. 2a.

[8] So etwa *Wolf/Neuner* BGB AT § 37 Rn. 37; *LG Gießen* NJW-RR 2003, 1206.

[9] *Enneccerus/Nipperdey* BGB AT II § 162 I 2a; *Hübner* BGB AT Rn. 1010; MüKoBGB/*Busche* § 151 Rn. 5; Staudinger/*Bork* § 151 Rn. 11.

[10] Darauf verweisen beim Versendungskauf etwa *Brox/Walker* BGB AT Rn. 183; *Musielak/Hau* GK BGB Rn. 160; ablehnend NK-BGB/*Schulze* § 151 Rn. 5.

[11] Auf diesen Zeitpunkt beim Distanzgeschäft abstellend z. B. *Wolf/Neuner* BGB AT § 37 Rn. 39; *Köhler* BGB AT § 8 Rn. 22.

[12] Vgl. MüKoBGB/*Emmerich* § 321 Rn. 3a; Bamberger/Roth/*Schmidt* § 321 Rn. 17. Ausdrücklich geregelt ist das Revokationsrecht im – hier freilich nicht einschlägigen – UN-Kaufrecht (Art. 71 II CISG); eine Analogie zu dieser Bestimmung befürwortet Erman/*Westermann* § 321 Rn. 13.

[13] Gegen die Relevanz des Revokationsrechts: RGZ 102, 372; *Enneccerus/Nipperdey* BGB AT II § 162 I 2a, Fn. 9; Erman/*Armbrüster* § 151 Rn. 6. A. A. Planck/*Flad* § 151 Anm. 4b; Staudinger/*Bork* § 151 Rn. 17.

[14] Für Willenserklärungscharakter der Annahme nach § 151 z. B. *Bork* BGB AT Rn. 749; Jauernig/*Mansel* § 151 Rn. 1; *Brehmer,* JuS 1994, 386 ff.; verneinend z. B. *Hübner* BGB AT Rn. 1008.

solche, die „gegenüber einem anderen" abzugeben ist. Freilich bejaht eine Mindermeinung[15] zumindest grundsätzlich eine analoge Anwendung des § 130 I 2: Solange die Gegenseite von der Willensbetätigung noch keine Kenntnis erlangt habe, sei kein schutzwürdiges Vertrauen auf den Fortbestand der vertraglichen Bindung gegeben. Indes dürfte die Zulässigkeit eines Widerrufs mit der ganz h. M.[16] zu verneinen sein: Da auch der Annehmende an der Vorverlegung des Vertragsschlusses auf den Zeitpunkt der Betätigung des Annahmewillens interessiert ist (arg. § 447), wäre es eine kaum einleuchtende Ungleichbehandlung, wollte man einer Seite ein voraussetzungsloses Lösungsrecht einräumen. Mithin erweist sich die E-Mail nicht als wirksamer Widerruf.

III. Ist somit der Versuch des *W* fehlgeschlagen, von vornherein eine Bindung abzuwenden, so bleibt zu prüfen, ob sein „Widerruf" nach § 140 in ein sonstiges, die Vorleistungspflicht beseitigendes Rechtsgeschäft umgedeutet werden kann. In Betracht kommt einerseits die Konversion in eine Anfechtung der Annahme, verbunden mit dem Angebot zu einem neuen Kaufvertrag, wobei die Lieferung Zug um Zug oder gegen Sicherheit erfolgen soll; zu erwägen ist andererseits die Umdeutung in die Geltendmachung eines Leistungsverweigerungsrechts gemäß § 321 I 1, verbunden mit einer Fristsetzung zur Zug-um-Zug- oder Sicherheitsleistung sowie einer Rücktrittserklärung für den Fall fruchtlosen Fristablaufs.

Vom wirtschaftlichen Ziel her betrachtet, entspräche diese wie jene Rechtsgestaltung dem fehlgeschlagenen Widerruf. Dies gilt namentlich für die Anfechtungsvariante selbst dann, wenn § 119 II den Anfechtungsgrund bildet: Denn ein Schadensersatzanspruch auf das negative Interesse gemäß § 122 I, der die Anfechtung zum ungünstigeren Behelf werden ließe, kommt schon deshalb nicht in Betracht, weil *H* nach Lage der Dinge ohnehin nicht auf das Zustandekommen eines Vertrages vertrauen konnte. Zudem entfiele die Ersatzpflicht, da *H* um seine eigene Kreditunwürdigkeit wissen musste, wohl auch gemäß § 122 II. Die Umdeutung entspräche mithin in beiden Varianten durchaus dem hypothetischen Willen des *W*.

Als weitere Voraussetzung für eine Konversion nach § 140 bleibt indes zu klären, ob die E-Mail, als Anfechtung bzw. als Einrede und bedingte Rücktrittserklärung gedacht, die intendierten Wirkungen äußerte.

1. Bezüglich der Anfechtungsvariante gilt:

a) Der Anfechtbarkeit steht nicht entgegen, dass die Annahme hier durch bloße Willensbetätigung (§ 151 S. 1), nämlich Versenden der Ware, erfolgte. Qualifiziert man die Willensbetätigung nach § 151 S. 1 unbeschadet ihrer Eigenart als Willenserklärung, sind die Vorschriften über Willensmängel unmittelbar anwendbar; verneint man hingegen den Willenserklärungscharakter, ist die Anfechtbarkeit in entsprechender Anwendung zu bejahen.[17]

b) Was den Anfechtungsgrund angeht, dürfte eine Anfechtbarkeit gemäß § 123 I Var. 1 (arglistige Täuschung durch Nichtaufklärung über die eigene Kreditunwürdigkeit) mangels Offenbarungspflicht des *H* ausscheiden: Auch bei einem Kauf auf Kredit braucht der Käufer eigene wirtschaftliche Bedrängnis – im Vorfeld der hier

---

[15] *P. Bydlinski,* JuS 1988, 36 (38); *Brehmer,* JuS 1994, 386 (390 f.).
[16] Vgl. z. B. *Flume* BGB AT II § 35 II 3; Soergel/*Wolf* § 151 Rn. 9; Staudinger/*Bork* § 151 Rn. 22; Erman/*Armbrüster* § 151 Rn. 7; NK-BGB/*Schulze* § 151 Rn. 7; *Schack* BGB AT Rn. 247.
[17] Statt vieler: *Brox/Walker* BGB AT Rn. 181; Erman/*Armbrüster* § 151 Rn. 9. Enger aber: MüKoBGB/*Busche* § 151 Rn. 10.

noch nicht gegebenen Insolvenzreife – grundsätzlich nicht ungefragt zu verlautbaren.[18] Selbst der Umstand, dass die Beteiligten in laufender Geschäftsbeziehung stehen, dürfte für sich allein noch keine Durchbrechung des Grundsatzes gebieten.

Wohl aber ist an eine Anfechtbarkeit gemäß § 119 II zu denken. Nach heute allgemeiner Ansicht[19] sind „Eigenschaften der Person" nicht nur ihre natürlichen Merkmale, sondern auch tatsächliche und rechtliche Verhältnisse, also auch Vermögensverhältnisse. Die Kreditwürdigkeit als Ausdruck „gesunder" Vermögensverhältnisse – die bei *H* nach den gegebenen Umständen zu verneinen wäre – ist deshalb eine Eigenschaft, und gerade bei einem Zielkauf auch eine durchaus verkehrswesentliche Eigenschaft i. S. jener Vorschrift:[20] Sowohl die Lehre, die den Eigenschaftsirrtum nach § 119 II zutreffend als ausnahmsweise beachtlichen Motivirrtum und „Verkehrswesentlichkeit" als objektive Begrenzung versteht,[21] als auch die überholte Lehre, nach der wesentlich nur die vertraglich vereinbarten Eigenschaften sind, „Verkehrswesentlichkeit" also im Ansatz subjektiv zu deuten ist,[22] bejahen Verkehrswesentlichkeit i. S. von § 119 II, sofern die Eigenschaft bei Geschäften dieser Art relevant ist[23] – wobei sich die „Subjektivisten" kurzerhand damit behelfen, eine stillschweigende vertragliche Inbezugnahme anzunehmen.

Problematisch ist allenfalls, ob sich *W* bei Vertragsschluss auch in einem Irrtum befand. Nach Lage der Dinge dürfte *W* zumindest keine positiven Vorstellungen hinsichtlich der Eigenschaft „Kreditwürdigkeit" gehegt haben. Bei langjähriger Geschäftsverbindung „ohne Komplikationen" pflegt sich der Lieferant keine besonderen Gedanken über die Kreditwürdigkeit des Kunden zu machen, geht vielmehr „unbewusst" von deren Fortbestand aus. Die ganz h. M. sieht jedoch zu Recht die falsche und die lückenhafte Vorstellung gleichermaßen als Irrtum im Rechtssinn an[24] bzw. stellt die auf dem völligen Fehlen der entscheidenden Vorstellungen beruhende Unwissenheit dem Irrtum zumindest gleich.[25] Dies überzeugt, denn wertungsmäßig liegen beide Fallgestaltungen gleich.

c) Da die E-Mail auch den inhaltlichen Erfordernissen einer Anfechtungserklärung genügt, nämlich den Schluss von den angeführten Fakten auf den Anfechtungsgrund zulässt,[26] stünde einer Umdeutung des Widerrufs in eine (wirksame) Anfechtung jedenfalls dann nichts entgegen, wenn mit Bejahung der Tatbestandsmäßigkeit nach § 119 II auch die Anfechtbarkeit gegeben ist.

2. In Betracht zu ziehen ist auch die zweite bereits angesprochene Variante: also eine Umdeutung in das Geltendmachen eines Leistungsverweigerungsrechts, verbunden mit einer Fristsetzung zur Zug-um-Zug- oder Sicherheitsleistung sowie einer Rücktrittserklärung für den Fall fruchtlosen Fristablaufs. Seit der Schuldrechtsmoderni-

---

[18] RGRK/*Krüger-Nieland* § 123 Rn. 22; Soergel/*Hefermehl* § 123 Rn. 15; MüKoBGB/*Armbrüster* § 123 Rn. 34; strenger indes Palandt/*Ellenberger* § 123 Rn. 5b.

[19] Statt vieler: *Enneccerus/Nipperdey* BGB AT II § 168 II 1c; *Wolf/Neuner* BGB AT § 41 Rn. 58 f.

[20] Statt vieler: *Brehm* BGB AT Rn. 216; Staudinger/*Singer* § 119 Rn. 92; Soergel/*Hefermehl* § 119 Rn. 42.

[21] So etwa *Wolf/Neuner* BGB AT § 41 Rn. 51, 62 ff.; *Brox/Walker* BGB AT Rn. 416 f.

[22] So, bei gewissen Unterschieden im Detail, z. B. *Flume* BGB AT II § 24 (2b); *Enneccerus/Nipperdey* BGB AT II § 168.

[23] Vgl. nur einerseits *Wolf/Neuner* BGB AT § 41 Rn. 60 f., andererseits *Flume* BGB AT II § 24 (2c).

[24] RGZ 62, 205; *BAG* NJW 1960, 2211 f.; RGRK/*Krüger-Nieland* § 119 Rn. 1; *Stadler* BGB AT § 25 Rn. 23.

[25] Planck/*Flad* § 119 Anm. 3.

[26] Zu diesem Erfordernis statt vieler: *Flume* BGB AT II § 31 (2).

sierung erstreckt sich die Unsicherheitseinrede gemäß § 321 I 1 zum einen auch auf die Fallgestaltung anfänglicher Kreditunwürdigkeit, und zum anderen wurde diese Regelung durch ein besonderes Rücktrittsrecht ergänzt (Abs. 2). Dies spricht *prima facie* für die bereits zum früheren Recht vertretene Auffassung, dass § 321 als Sonderregelung die Irrtumsanfechtung verdrängt.[27] Mithin hätte *W* zunächst ein Leistungsverweigerungsrecht, darüber hinaus aber auch ein bedingtes Rücktritts-recht: Denn angesichts der Kreditunwürdigkeit kann der Vorleistungspflichtige den mit der Erhebung der Einrede gemäß § 321 I 1 geschaffenen Schwebezustand da-durch begrenzen, dass er der Gegenseite eine angemessene Frist zur Zug-um-Zug-Erfüllung oder Sicherheitsleistung setzt und für den Fall erfolglosen Fristablaufs vom Vertrag zurücktritt. § 321 als abschließende Regelung zu begreifen erscheint – in Übereinstimmung mit den Materialien zur Schuldrechtsmodernisierung[28] – frei-lich zumindest dann nicht zwingend, wenn dem Vorleistenden – wie im vorliegen-den Fall – die Gefährdung der Gegenleistung erst nach Vertragsschluss ersichtlich wird.[29]

3. Aus alldem folgt, dass unabhängig davon, welche Rechte man dem über die Kreditunwürdigkeit des Zielkäufers irrenden Verkäufer auch gibt, *W* durch ent-sprechende Erklärung gegenüber *H* allemal das mit dem Widerruf intendierte Ziel hätte erreichen können. Es kommt daher letztlich nicht entscheidend darauf an, in welches Ersatzgeschäft man umdeutet; vielmehr muss gelten: *W* ist nicht zur sofor-tigen Auslieferung des Weines verpflichtet, und folglich kommt kein Schadensersatz-anspruch des *H* in Betracht.

---

[27] So *Huber* in Huber/Faust, Schuldrechtsmodernisierung, 2002, Kap. 5 Rn. 5. Ebenso na-mentlich schon *Flume* BGB AT II § 24 (3b): analoge Anwendung von § 321 a. F. auf die Fallgestaltung anfänglicher Kreditunwürdigkeit.

[28] Vgl. BT-Drs. 14/6040, S. 179.

[29] In diesem Sinne aus der Zeit nach Neufassung von § 321 etwa MüKoBGB/*Emmerich* § 321 Rn. 30; Staudinger/*Schwarze* § 321 Rn. 19 ff. Ebenso bereits *Lindacher,* MDR 1977, 797 ff.

Fall 7. Zum Ersten, zum Zweiten ...

Gebot und Zuschlag im Zwangsversteigerungsverfahren – Anwendbarkeit der Rechtsgeschäftslehre auf Verfahrenshandlungen – Konkurrenz von Anfechtungsregeln und Gewährleistungsrecht – Erklärungsirrtum – Inhaltsirrtum – Kalkulationsirrtum – Rechtsfolgenirrtum

Sachverhalt

E wollte im Rahmen der Zwangsversteigerung günstig ein Hausgrundstück erwerben. Das Vollstreckungsgericht hatte, gestützt auf ein Sachverständigengutachten, die Wohnfläche des Gebäudes mit 240 m² angegeben, den Verkehrswert auf 250.000 € festgesetzt und beides ordnungsgemäß in der öffentlichen Bekanntmachung des Versteigerungstermins verlautbart. Zu Beginn des Termins gab das Vollstreckungsgericht bekannt, dass eine Grundschuld über 20.000 € bestehen bleibe. *E*, der erst später erschienen war, gab ein Gebot über 180.000 € ab, das vom Gericht zugelassen wurde, und verließ sogleich, weil sein Mobiltelefon klingelte, den Sitzungssaal. Als *E* bald darauf zurückkehrte, waren keine weiteren Gebote abgegeben worden. Er kam mit einem Zuschauer ins Gespräch, der das Grundstück kannte und von dem *E* erfuhr, dass das Grundstück mit einer zu übernehmenden Grundschuld belastet ist und das Gebäude tatsächlich nur 200 m² Wohnfläche hat. Eilig wandte sich *E* an das Gericht und erklärte, dass er sich zum Ersten hinsichtlich der Wohnfläche und zum Zweiten hinsichtlich der Grundschuld vertan habe. Wird das Gericht gleichwohl, wenn keine weiteren Gebote abgegeben werden, dem *E* den Zuschlag erteilen?

Lösung

I. Nach § 81 I ZVG wird dem *E*, der das sog. Höchst- bzw. Meistgebot abgegeben hat, der Zuschlag erteilt, wenn sein Gebot wirksam ist. Dies hat das mit der Versteigerung befasste Vollstreckungsgericht, also der Rechtspfleger (§ 3 Nr. 1 lit. i RPflG), von Amts wegen zu prüfen. Ein unwirksames Gebot ist gemäß § 71 I ZVG zurückzuweisen. An die bereits erfolgte Zulassung eines Gebots, das sich erst später, aber noch vor dem Zuschlag als unwirksam erweist, ist das Gericht nicht gebunden (§ 79 ZVG). Demgegenüber ist der Bieter so lange an sein Gebot gebunden, bis dieses gemäß § 72 ZVG erlischt.[1] Wer Gebot und Zuschlag als Abschluss eines kaufähnlichen öffentlich-rechtlichen Vertrags deutet (vgl. § 156),[2] kann die Bindung des Bieters mit § 145 begründen; wer hingegen das Gebot als Prozesshandlung (besser: Verfahrenshandlung) und den Zuschlag als öffentlich-rechtlichen Ho-

---

[1] Streitig ist allerdings der Beginn der Bindung. Überwiegend wird auf den Zugang des Gebots abgestellt; so etwa *Stöber* ZVG § 71 Rn. 2.4. Für Bindung erst ab Zulassung des Gebots durch das Gericht hingegen *Baur/Stürner/Bruns* ZVR Rn. 36.16.
[2] So etwa *Baur/Stürner/Bruns* ZVR Rn. 36.15.

heitsakt begreift,[3] wird die Bindung ohne weiteres aus den Besonderheiten des Versteigerungsverfahrens ableiten. Weil *E* sein bereits zugelassenes Gebot nach beiden Auffassungen nicht mehr frei widerrufen kann, bedarf es, wenn ihm der Zuschlag gleichwohl nicht erteilt werden soll, wegen § 81 I ZVG eines besonderen Unwirksamkeitsgrunds. Als solcher kommt hier in erster Linie § 142 I in Betracht, sofern *E* sein Gebot noch anfechten konnte. Dann wäre sein Gebot ohne weiteres nichtig (auf § 72 II ZVG käme es also nicht an). Die Erklärung des *E* gegenüber dem Vollstreckungsgericht lässt sich als Anfechtung deuten, und das Vollstreckungsgericht wäre auch richtiger Erklärungsadressat (§ 143 III 1);[4] die Anfechtung wäre zudem unverzüglich, also nach Maßgabe von § 121 I 1 fristgerecht erfolgt. Fraglich ist aber zum einen, ob die BGB-Anfechtungsregeln überhaupt anwendbar sind (dazu II) und bejahendenfalls zum anderen, ob ein Anfechtungsgrund gegeben ist (dazu III).

II. Nach einer Auffassung handelt es sich bei dem Gebot im Zwangsversteigerungsverfahren um eine Verfahrenshandlung, nicht um eine Willenserklärung i. S. des BGB; §§ 119 ff. seien weder unmittelbar noch analog anwendbar.[5] Während der BGH diese Streitfrage noch nicht entschieden hat,[6] lässt die wohl h. M. die Anfechtung grundsätzlich zu, sofern dem keine verfahrensrechtlichen Bedenken entgegenstehen.[7] So ist ohne weiteres einsichtig, dass die Anfechtungsregeln keine Anwendung mehr finden können, wenn der Zuschlag bereits in Rechtskraft erwachsen ist.[8] Bis zu diesem Zeitpunkt begründen die Besonderheiten des Zwangsversteigerungsverfahrens hingegen kein zwingendes Bedürfnis dafür, eine Anfechtung wegen Willensmängeln zu versagen; eher formal mag man zudem argumentieren, dass das ZVG, wie in § 56 S. 3, eben nur bestimmte Regeln des BGB für unanwendbar erklärt. Nicht wirklich von Belang ist sodann, ob man §§ 119 ff. unmittelbar oder – was näher liegt – nur analog heranzieht.[9]

III. Wer die Anfechtbarkeit befürwortet, muss schließlich klären, ob auch ein Anfechtungsgrund gegeben ist.

1. Was dabei zunächst die Fehlvorstellung hinsichtlich der Wohnfläche angeht, fehlen Anhaltspunkte für eine arglistige Täuschung i. S. von § 123 I, II 1, so dass nur ein Eigenschaftsirrtum gemäß § 119 II in Betracht kommt. Zwar handelt es sich bei der Wohnfläche um einen wertbildenden Faktor und damit um eine – zudem verkehrswesentliche – Eigenschaft des zu versteigernden Hausgrundstücks,[10] die das Bieterverhalten des *E* nach Lage der Dinge auch beeinflusst hat. Allerdings erweist sich die Abweichung der Ist- von der ausgeschriebenen Sollbeschaffenheit zugleich

---

3   So etwa *BGH* NJW-RR 2008, 222 (223).

4   Vgl. Dassler/Schiffhauer/*Hintzen* ZVG § 71 Rn. 17, unter Berufung auf *Stöber* ZVG § 71 Rn. 3.2, dieser unter Berufung auf *OLG Krefeld* (sic!) Rpfleger 1988, 166 (richtig: *LG Krefeld* Rpfleger 1989, 166).

5   *Gaul/Schilken/Becker-Eberhard,* Zwangsvollstreckungsrecht, 12. Aufl. 2010, § 65 Rn. 9; Dierck/Morvilius/Vollkommer/*Morvilius*, Handbuch des Zwangsvollstreckungsrechts, 2. Aufl. 2016, Kap. 4 Rn. 479.

6   Ausdrücklich unentschieden BGHZ 177, 62 (64 ff.) = JuS 2008, 1036. Die von demselben Senat kurz zuvor erlassene Entscheidung *BGH* NJW-RR 2008, 222 (223), stellt die Anfechtbarkeit hingegen nicht in Frage; so auch schon *BGH* NJW 1984, 1950 = JuS 1985, 58.

7   *Baur/Stürner/Bruns* ZVR Rn. 36.15; *Brox/Walker* ZVR Rn. 910; *Stöber* ZVG § 71 Rn. 3.1.

8   Klarstellend etwa *LG Neuruppin* Rpfleger 2002, 40.

9   Vgl. zu der hier interessierenden Anschlussfrage einer Haftung gemäß bzw. analog § 122 etwa *Lippross/Bittmann*, Zwangsvollstreckungsrecht, 12. Aufl. 2017, Rn. 589.

10 Gegenbeispiel: *OLG Hamm* Rpfleger 1998, 438: Bewirtschaftungskosten eines mit einem Mietshaus bebauten Grundstücks.

als Mangel i. S. von § 434 I. Hier eine Anfechtung zuzulassen, wäre mit § 56 S. 3 ZVG unvereinbar, der mängelbedingte Rechte des Erwerbers – namentlich also ein Lösungsrecht gemäß § 437 Nr. 2 Var. 1 – ausschließt: Stünde es dem Erwerber frei, sein Gebot unter Berufung auf einen Eigenschaftsirrtum zu beseitigen, so könnte er die Ersteigerung wegen eines Mangels rückgängig machen und damit § 56 S. 3 ZVG unterlaufen.[11] Die Wertung des § 56 S. 3 ZVG ist wegen der dargelegten Bindung des Bieters an sein Gebot auch schon beachtlich, bevor der Zuschlag erfolgt. Mit derselben Argumentation wird man dann dem *E*, selbst wenn man seine Erklärung entsprechend auslegen wollte, auch ein Rücktrittsrecht nach § 313 III 1 versagen müssen, so dass es wiederum nicht darauf ankommt, ob durch den Zuschlag auf das Meistgebot überhaupt ein schuldrechtlicher Vertrag geschlossen wird, auf den man § 313 anwenden kann.

2. Womöglich berechtigt aber der Irrtum über das Bestehenbleiben der Grundschuld den *E* zur Anfechtung.

a) Für einen Erklärungsirrtum (§ 119 I Var. 2) müsste das gesetzte Erklärungszeichen nicht dem Willen des Erklärenden entsprechen, wie das beim Versprechen oder Verschreiben der Fall ist.[12] *E* wollte aber im Versteigerungstermin ein Gebot über 180.000 € abgeben, wie er es getan hat.

b) Näher liegt hier ein Inhaltsirrtum: Dabei entspricht der äußere Tatbestand zwar dem Willen des Erklärenden, dieser irrt sich jedoch über die Bedeutung oder Tragweite seiner Erklärung. Abzugrenzen ist der Inhalts- vom Motivirrtum, also einer Fehlvorstellung in dem der Erklärung vorgelagerten Stadium der Willensbildung.[13] Während ein Motivirrtum nur in eigens geregelten Fällen wie §§ 119 II,[14] 123 I, 1949 I oder 2078 II zur Anfechtung berechtigt,[15] begründet der Inhaltsirrtum – Kausalität vorausgesetzt – nach Maßgabe von § 119 I Var. 1 grundsätzlich und ohne weiteres die Anfechtung. Auf der Grenze zwischen beiden Irrtümern liegen der Rechtsfolgen- und der Kalkulationsirrtum, welche regelmäßig als (unbeachtliche) Irrtümer im Motiv, in besonderen Konstellationen aber auch als (beachtliche) Inhaltsirrtümer einzuordnen sind. Zu prüfen bleibt, ob das eine oder das andere für den Irrtum des *E* hinsichtlich des Bestehenbleibens der Grundschuld gilt.

Die Antwort setzt voraus, dass man sich zunächst die rechtliche Konsequenz des Gebots im Rahmen der Zwangsversteigerung eines belasteten Grundstücks vergegenwärtigt. Wird aus einem niederrangigen Recht an einem Grundstück die Zwangsversteigerung betrieben, so bleiben die höherrangigen Rechte grundsätzlich bestehen (§§ 52 I, 44 I, 10 ZVG, sog. Übernahmeprinzip) und der Meistbietende ersteht ein belastetes Grundstück.[16] Zählen die bestehenden Rechte zum gerings-

---

[11] *BGH* NJW-RR 2008, 222 (223); zustimmend *Walker/Klopp*, LM 2008, 249996, und *Zipperer*, ZfIR 2008, 204; ebenso bereits *LG Neuruppin* Rpfleger 2002, 40. Beachte auch BGHZ 180, 205 = NJW 2009, 2120 (2121) = JuS 2009, 757 (758), dort zum Vorrang der kaufvertraglichen Gewährleistungsrechte gegenüber einem Anspruch des Käufers aus Verschulden bei Vertragsschluss.

[12] *Cziupka*, JuS 2009, 887 f.; *Medicus/Petersen* BGB AT Rn. 746.

[13] Statt vieler: *Köhler* BGB AT § 7 Rn. 17.

[14] Vgl. zu dessen umstrittener Einordnung als Motivirrtum etwa *Medicus/Petersen* BGB AT Rn. 767 f.

[15] *Flume* BGB AT II § 25; *Faust* BGB AT § 21 Rn. 8.

[16] Dazu und zum Folgenden etwa *Baur/Stürner/Bruns* ZVR Rn. 36.5; *Piekenbrock/Schmidt-Volkmar*, Jura 2009, 641.

ten Gebot (§ 44 I ZVG, sog. Deckungsprinzip), sind niedrigere Gebote als dieser Betrag mithin nicht zugelassen, muss der Ersteigerer vielmehr bei der Bemessung seines Bargebots (§ 49 ZVG) berücksichtigen, dass dieses zusammen mit dem Kapitalwert der bestehenden Rechte das geringste Gebot erreicht. Denn wie das Bargebot ist die Übernahme von (wertmindernden) Belastungen Teil des Aufwands, den der Erwerber für das Grundstück erbringen muss. Ob nun E, was seine juristische Bildung angeht, das Deckungs- und das Übernahmeprinzip gar nicht kannte oder nur im konkreten Fall außer Acht ließ, kann letztlich dahinstehen:[17]

aa) Weiß der Erwerber um den Deckungsgrundsatz, gibt aber – diesen irrtümlich außer Acht lassend – ein zu hohes Bargebot ab, etwa weil er von der Grundstücksbelastung nichts weiß, so unterliegt er einem Kalkulationsirrtum. Dieser wird als unbeachtlich bewertet, wenn es sich um einen sog. verdeckten Kalkulationsirrtum handelt, bei dem die Berechnung intern erfolgt ist und ihre Grundlage nicht zum Bestandteil der Willenserklärung gemacht wurde.[18] Das wäre hier der Fall: E hat die Grundlagen seiner Berechnung nicht offengelegt, sondern lediglich einen Betrag genannt; dieser deutete auch nicht auf einen Irrtum hin, weil er selbst bei Hinzurechnung der zu übernehmenden Belastung noch unterhalb des festgesetzten Verkehrswerts blieb.

bb) Anders verhält es sich, wenn der Erwerber ein Gebot abgibt, das sich letztlich als zu hoch herausstellt, weil er mangels einschlägiger Rechtskenntnisse (bzw. infolge mangelnder Aufmerksamkeit auf die Hinweise des Vollstreckungsgerichts zu Beginn der Versteigerung) nicht wusste, dass Teil seines Aufwands für den Grundstückserwerb die Übernahme der bestehen bleibenden Belastungen ist. In diesem Fall irrt er sich über die Rechtsfolge seiner Erklärung, wobei herkömmlich wiederum unterschieden wird: Bezieht sich der Irrtum auf Rechtsfolgen, die mit dem Rechtsgeschäft unmittelbar angestrebt werden, so kann ein Inhaltsirrtum i. S. von § 119 I Var. 1 vorliegen. Bezieht sich der Irrtum hingegen auf zusätzliche, nur mittelbare Rechtsfolgen, die zu den gewollten und eingetretenen Rechtsfolgen hinzutreten, so liegt kein beachtlicher Inhaltsirrtum vor, sondern ein unbeachtlicher Irrtum im Beweggrund.[19] Übertragen auf den vorliegenden Fall bedeutet dies: Der bei einer Versteigerung Bietende will unmittelbar, dass seine Erklärung die Voraussetzungen erfüllt, um den Zuschlag und damit letztlich das Eigentum am Grundstück zu erhalten. Der Übergang der bestehen bleibenden Rechte wird zwar vom Gesetz als Folge an die unmittelbar erstrebte Rechtsfolge angeknüpft, er wird vom Gebot als der maßgeblichen Erklärung aber nicht umfasst – er ist eben nur ein Aspekt der Willensbildung (bzw. sollte dies sein), nicht aber verlautbarter Teil der Erklärung.[20] Auch in dieser Hinsicht stellt der Irrtum des E also einen unbeachtlichen Motivirrtum dar.

---

[17] Ähnlich *K. Schmidt,* JuS 2008, 1036 (1037).

[18] *Brox/Walker* BGB AT Rn. 424a; *Grigoleit/Herresthal* BGB AT Rn. 176; *Köhler* BGB AT § 7 Rn. 25; *Kötz* VertragsR Rn. 318 ff.; *Wolf/Neuner* BGB AT § 41 Rn. 79. Daraus folgt im Gegenschluss allerdings nicht etwa, dass bei der Offenlegung der Kalkulation stets ein Inhaltsirrtum anzunehmen wäre, vgl. BGHZ 139, 177 (181) = JuS 1999, 79; *Flume* BGB AT II § 23 (4e); *Wolf/Neuner* BGB AT § 41 Rn. 81 ff.; *Medicus/Petersen* BGB AT Rn. 758 ff.; ferner *Cziupka,* JuS 2009, 887 (890 f.).

[19] *Wolf/Neuner* BGB AT § 41 Rn. 87 ff.; *Flume* BGB AT II § 23 (4d); *Köhler* BGB AT § 7 Rn. 24; *Cziupka,* JuS 2009, 887 (889). Kritisch zu dieser Unterscheidung mit beachtlichen Argumenten *Faust* BGB AT § 21 Rn. 17.

[20] BGHZ 177, 62 (68) = JuS 2008, 1036; *Walker/Findeisen,* WuB VI E § 71 ZVG 1.08; *Stöber* ZVG § 71 Rn. 3.1. Unklar Dassler/Schiffhauer/*Hintzen* ZVG § 71 Rn. 15.

IV. Im vorliegenden Fall sind auch keine besonderen Umstände ersichtlich, die es ausnahmsweise als treuwidrigen Verstoß gegen die aus § 241 II abzuleitende Pflicht zur Rücksichtnahme auf die Interessen des falsch Kalkulierenden erscheinen lassen, wenn dieser an seiner Willenserklärung festgehalten wird.[21]

V. Da sich das von *E* abgegebene (Meist-)Gebot nach alledem als wirksam erweist, ist dem *E* der Zuschlag zu erteilen.

---

[21] Vgl. zu einer solchen Ausnahmekonstellation *BGH* NJW 2015, 1513 = JuS 2015, 644 (*Riehm*): die Schwelle zum Pflichtenverstoß sei im Falle eines öffentlichen Vergabeverfahrens überschritten, wenn dem Bieter aus Sicht eines verständigen öffentlichen Auftraggebers bei wirtschaftlicher Betrachtung schlechterdings nicht mehr angesonnen werden kann, sich mit dem irrig kalkulierten Preis als einer auch nur annähernd äquivalenten Gegenleistung für die zu erbringende Bau-, Liefer- oder Dienstleistung zu begnügen. Beachte auch *OLG Düsseldorf* NJW-RR 2016, 1073 (1077 f.), dort zu einer ersichtlich fehlerhaften Preisauszeichnung in einem Online-Shop.

Fall 8. Die erzwungene Bürgschaft

Androhung von Nachteilen für Angehörige – Verhältnis von Anfechtung und culpa in contrahendo – Widerrufsrecht – Bürgschaft als entgeltliches Geschäft – Richtlinienvorgaben – Formanforderungen an Bürgschaft eines GmbH-Alleingesellschafters

Sachverhalt

Witwe *M* bezieht eine bescheidene Altersrente und verfügt über Grund- und Kapitalvermögen in Höhe von ca. 180.000 €. Ihr Sohn *S* veruntreute 300.000 € als Buchhalter im Betrieb des *G*. Nach Entdeckung des Schadens forderte *G* die ahnungslose *M* telefonisch auf, ihn unverzüglich in einer *S* betreffenden Angelegenheit in seinem Büro aufzusuchen. Dort verlangte *G*, in Anwesenheit seines Prokuristen, von *M* mit dem Hinweis, dass sie durch ihre Mitwirkung bei der Schadenswiedergutmachung die Strafanzeige gegen ihren Sohn verhindern könne, erfolgreich die sofortige Unterzeichnung einer vorbereiteten Urkunde: der Erklärung, für die Schadensersatzschuld des *S* bis zu einem Betrag von 150.000 € selbstschuldnerisch zu bürgen. Da der inzwischen fristlos entlassene *S* bislang nur Schadensersatz in Höhe von 100.000 € geleistet hat, nimmt *G* nunmehr *M* auf Zahlung von 150.000 € in Anspruch. Zu Recht?

Variante 1: Könnte sich *M* von dem Bürgschaftsvertrag lösen, wenn sie von *G* nicht zu sich in sein Büro, sondern in ein Café gebeten worden ist, wo er ihr die Angelegenheit wie im Grundfall dargelegt und sie zur Unterschrift bewegt hat?

Variante 2: *M* ist geschäftsführende Alleingesellschafterin der *M-GmbH*, einer Franchisenehmerin des *G*. Sie ist der telefonischen Aufforderung durch *G*, sich unverzüglich persönlich für die Schulden des *S* zu verbürgen, per Telefax nachgekommen. Wie ist die Bürgenhaftung zu beurteilen, wenn *G* seinem Verlangen mit der Ankündigung Nachdruck verliehen hat, im Weigerungsfall das Franchiseverhältnis umgehend zu beenden?

Lösung

A. Grundfall

M muss als Bürgin gemäß § 765 I den geforderten Betrag von 150.000 € zahlen, wenn zwischen *G* und ihr ein wirksamer Bürgschaftsvertrag zustande gekommen ist (I), *G* einen Schadensersatzanspruch gegen *S* in mindestens gleicher Höhe hat (II) und *M* ihrem Bürgschaftsversprechen die Wirksamkeit auch nicht mittels Anfechtung nehmen kann (III). Da sie sich selbstschuldnerisch verbürgt hat, haftet sie gegebenenfalls unmittelbar, nicht lediglich subsidiär nach erfolgloser Inanspruchnahme des Hauptschuldners, ihres Sohnes *S* (§ 773 I Nr. 1).

I. Der äußere Tatbestand eines Bürgschaftsvertrags zwischen *G* und *M* liegt vor. An der ursprünglichen Wirksamkeit des betreffenden Vertrags bestehen keine Zweifel: Das Formerfordernis des § 766 (Schriftlichkeit des Bürgschaftsversprechens) ist erfüllt. Der Umstand, dass das Bürgschaftsversprechen unter dem von *G* erzeugten

Druck nur zur Abwendung der Strafanzeige gegen *S* erfolgte, kann für sich allein keine Sittenwidrigkeit i. S. von § 138 I begründen; denn anderenfalls liefe die Wertung des § 123 leer, wonach es dem Bedrohten freisteht, am Vertrag festzuhalten.[1] Besondere Umstände, die im Zusammenspiel mit der Drucksituation das Sittenwidrigkeitsverdikt rechtfertigen könnten, sind nicht ersichtlich. Auch ein Fall der Sittenwidrigkeit wegen groben Missverhältnisses zwischen der übernommenen Zahlungsverpflichtung und der finanziellen Leistungsfähigkeit des Bürgen[2] liegt nicht vor, da *M* immerhin – wenn auch unter Aufbietung fast ihres gesamten Vermögens – in der Lage ist, einer eventuellen Verpflichtung nachzukommen.

II. Die Bürgschaftsschuld setzt als akzessorische Verbindlichkeit (§ 767) den Bestand der gesicherten Forderung, *in casu* also eine Schadensersatzforderung des *G* gegen *S* in zumindest gleicher Höhe voraus. Eine solche besteht: Die Untreue des *S* verletzt Schutzpflichten aus dem Arbeitsvertrag (§§ 280 I, 241 II, 611a I) und erfüllt den Tatbestand der unerlaubten Handlung nach § 823 II i. V. m. § 266 StGB, § 826. *S* schuldet *G* deshalb Ersatz des durch die Manipulation verursachten Schadens, mithin – nach abweichend von § 266 akzeptierter Teilleistung in Höhe von 100.000 € (§ 362 I) – noch 200.000 €.

III. Zu prüfen bleibt freilich, ob *M* die nach alledem zu bejahende Zahlungsverpflichtung durch Beseitigung ihres Bürgschaftsversprechens entfallen lassen kann. Nach Lage der Dinge ist kein Widerrufsrecht einschlägig, doch eine Anfechtung gegenüber *G* (§ 143 I) bleibt zu erwägen. Als Anfechtungsgrund kommt hier nur eine widerrechtliche Drohung i. S. von § 123 I Var. 2 in Betracht.

1. Drohung ist in diesem Zusammenhang die Ankündigung der Herbeiführung eines Nachteils für den Fall der Nichtabgabe der gewünschten Willenserklärung. Das angekündigte Übel muss den Bedrohten hierbei nicht in Person treffen: Es genügt eine Nachteilsandrohung in Bezug auf Dritte, wenn dadurch mittelbar eine subjektive Zwangslage beim Bedrohten ausgelöst wird.[3] Der Hinweis, man werde für den Fall des Nichteinstehens für die Schadensersatzschuld eines nahen Angehörigen gegen denselben Strafanzeige hinsichtlich der für den Schaden ursächlichen Tat stellen, erfüllt deshalb den Tatbestand einer Drohung.[4]

2. Die Widerrechtlichkeit einer Drohung i. S. von § 123 kann sich aus der Widerrechtlichkeit des Mittels, des Zwecks oder aus der Inadäquanz des Mittels in Beziehung zum verfolgten Zweck ergeben.[5] Hier kommt nur eine Widerrechtlichkeit angesichts der Zweck-Mittel-Relation in Betracht; insbesondere stellt sich der Umstand, dass der Drohende keinen Anspruch auf Abschluss des angestrebten Vertrags hat, richtigerweise nicht als Problem der Rechtmäßigkeit des Zwecks, sondern der Zweck-Mittel-Relation dar.[6] Davon ausgehend, ist die Widerrechtlichkeit nicht bereits dann zu bejahen, wenn der Drohende keinen Anspruch auf Abgabe der erstreb-

---

[1] Statt aller: *BGH* NJW 1988, 2599 (2601); NJW 2008, 982 (983); *Brehm* BGB AT Rn. 264; *Köhler* BGB AT § 7 Rn. 63; Palandt/*Ellenberger* § 138 Rn. 14.

[2] Grundlegend BVerfGE 89, 214 ff.; beachte hierzu etwa *Bitter/Röder* BGB AT § 6 Rn. 45 ff.; *Oechsler* Schuldverhältnisse Rn. 1374 ff.; *Rimmelspacher/Stürner* KreditsicherungsR § 2 Rn. 128 ff. Dazu, dass die Möglichkeit einer Restschuldbefreiung nach §§ 286 ff. InsO die Anwendung von § 138 BGB auf ruinöse Ehegattenbürgschaften nicht ausschließt, vgl. *BGH* NJW 2009, 2671 (2673 f.).

[3] Allg. M.; statt vieler RGZ 60, 373; Soergel/*Hefermehl* § 123 Rn. 41; *Köhler* BGB AT § 7 Rn. 50; *Brehm* BGB AT Rn. 252.

[4] Aus der Rspr.: BGHZ 25, 217 (219 ff.); *BGH* WM 1984, 1249 f.

[5] Statt aller: *Medicus/Petersen* BGB AT Rn. 815 ff.; *Köhler* BGB AT § 7 Rn. 54 ff.

[6] Vgl. etwa BGHZ 25, 217 (219 f.); *BGH* JZ 1963, 318. Zumindest missverständlich freilich *OLG Saarbrücken* NJW-RR 2001, 1633.

ten Willenserklärung hat; vielmehr kann je nach Interessenkonstellation auch eine Drohung zwecks Herbeiführung einer nicht geschuldeten Willenserklärung noch sozialadäquat sein.[7]

Streitig ist, wie die gegenüber Angehörigen des Täters und Schadensersatzschuldners ausgesprochene Drohung des Geschädigten, er werde nur bei Übernahme einer (selbstschuldnerischen) Bürgschaft durch den Angesprochenen von einer Strafanzeige absehen, vor diesem Hintergrund zu bewerten ist. Eine verbreitete Auffassung verneint zumindest im Grundsatz die Widerrechtlichkeit von Drohungen, bei denen familiäre Bindungen eines Dritten zum Täter zum eigenen Vorteil genutzt werden.[8] Die Gegenansicht beurteilt solche Drohungen generell als inadäquate Mittel der Sicherung von Schadenswiedergutmachung,[9] wobei eine Ausnahme allenfalls befürwortet wird, wenn der Angehörige, was die Tat und den Tatnutzen betrifft, mit dem Täter irgendwie „unter einer Decke" steckt (was im vorliegenden Fall nicht ersichtlich ist).[10]

Die erstgenannte Ansicht erscheint vorzugswürdig, weil sie die Freiheit der Willensentscheidung in den Vordergrund rückt: Der Geschädigte, der einen Angehörigen zur Bürgschaftsübernahme zwecks Abwendung der Strafanzeige auffordert, gibt dem an Meidung der Strafverfolgung interessierten Angehörigen immerhin eine Chance. Wer den Erhalt des „guten Rufs" des ihm nahestehenden Täters höher einschätzt als das ihm abverlangte Wiedergutmachungsopfer, wird das Bürgschaftsversprechen als das kleinere Übel einschätzen. Unverzichtbar erscheint dabei allerdings die Einräumung einer angemessenen Überlegungsfrist,[11] deren Dauer vor allem durch die Schwere des zu erbringenden Opfers bestimmt wird: Die Interessen des Geschädigten an zügiger Wiedergutmachung sind zu berücksichtigen, rechtfertigen aber keineswegs eine Fristverkürzung, die die Möglichkeit einer überlegten Entscheidung von vornherein zunichtemacht.[12]

Im vorliegenden Fall ist das der *M* angesonnene Opfer erheblich: Eine ältere Frau soll einen Großteil ihres Vermögens und damit das Fundament ihrer Alterssicherung verlieren. Angesichts dieser Opferschwere ist es geboten, dass ein gründliches Überdenken freigestellt wird. Das Verlangen einer sofortigen Entscheidung macht die Drohung unangemessen und damit widerrechtlich, und zwar trotz der an sich anzuerkennenden Schutzwürdigkeit des Gläubigerinteresses an rascher Sicherung des Schadensersatzes.

IV. *Ergebnis*: *M* steht ein Anfechtungsrecht aus § 123 I Var. 2 zu. Die Ausübung desselben beseitigt ihr Bürgschaftsversprechen (§ 142 I) und damit ihre Bürgenhaftung.

V. Wegen des Eingreifens von § 123 kann letztlich dahingestellt bleiben, ob sich die von *G* im Vorfeld des Vertragsschlusses ausgesprochene Drohung zugleich als *culpa in contrahendo* qualifizieren lässt und *G* demgemäß als Naturalrestitution i. S. von § 249 I die Mitwirkung an der Aufhebung des Bürgschaftsvertrags schuldet: Wenn-

---

[7] Heute ganz h. M.; s. etwa BGHZ 25, 217 (219 ff.); *Flume* BGB AT II § 28 (2b); *Hübner* BGB AT Rn. 840. A. A. noch *RG* JW 1905, 134; 1917, 459; *E. Wolf* BGB AT S. 504 f.

[8] *Flume* BGB AT II § 28 (2c); MüKoBGB/*Habersack* § 765 Rn. 39; Staudinger/*Horn* § 765 Rn. 173.

[9] Dezidiert vor allem *Enneccerus/Nipperdey* BGB AT II § 173 Fn. 22; ferner z.B. MüKoBGB/*Armbrüster* § 123 Rn. 110; Soergel/*Gröschler* § 765 Rn. 22; *Zweigert*, JZ 1958, 570.

[10] So BGHZ 25, 217 (219 ff.); MüKoBGB/*Armbrüster* § 123 Rn. 110 a. E. Kritisch gegenüber solcher Einschränkung: *Zweigert*, JZ 1958, 570.

[11] Zutreffende Betonung dieses Erfordernisses bei *Flume* BGB AT II § 28 (2c).

[12] Die Anforderungen an eine ausreichende Überlegungsfrist wohl zu niedrig ansetzend *BGH* NJW 1988, 2599 (2602), dort zu § 138.

gleich die *culpa in contrahendo* anlässlich der Schuldrechtsmodernisierung in §§ 311 II, 241 II verankert wurde und sich der Regierungsentwurf zu der Möglichkeit bekennt, sich auf diese Weise schadensersatzrechtlich von einem unerwünschten Vertrag zu lösen,[13] führt dieser ohnehin problematische Ansatz,[14] zumindest in Fällen wie dem vorliegenden, nicht zu abweichenden Ergebnissen, da der vorsätzlich Täuschende in jedem Fall nicht schutzwürdig ist.

B. Variante 1

I. Auch in der ersten Variante dürfte, wie im Grundfall, von einer Anfechtungsmöglichkeit der *M* gemäß § 123 I auszugehen sein. Insbesondere erscheint allein der Umstand, dass *G* das zum Vertragsschluss führende Gespräch nicht in seinem Büro, sondern in neutraler Umgebung (in einem Café) anberaumt hat, kaum geeignet, die Widerrechtlichkeit der Drohung zu beseitigen, wenn *G* der *M* wiederum keine Bedenkzeit eingeräumt hat.

II. Alternativ kommt hier ein Widerrufsrecht der *M* in Betracht, und zwar gemäß §§ 312g I, 312b I.

1. Situativ ist dafür, anders als nach früherem Recht, nicht mehr entscheidend, ob ein sog. Haustürgeschäft vorliegt, ob also der Unternehmer den Verbraucher in einer Privatwohnung zum Vertragsschluss gebracht hat.[15] Vielmehr lassen §§ 312g I, 312b I 1 Nr. 1, II für das Widerrufsrecht genügen, dass der Vertrag außerhalb eines Geschäftsraums zustande gekommen ist. Eine das Widerrufsrecht ausschließende Lokalität ist dabei nicht irgendein Geschäftsraum (etwa ein Café), sondern nur ein solcher, in dem der Unternehmer (bzw. sein Vertreter) seine Tätigkeit dauerhaft ausübt.

2. Keine besonderen Schwierigkeiten bereiten die subjektiven Anforderungen: Gefordert ist gemäß §§ 312 I, 310 III Nr. 1 ein Verbrauchergeschäft. Hier agiert *M* als Verbraucherin i. S. von § 13, *G* hingegen als Unternehmer i. S. von § 14. Es ist auch keine der in § 312 II–VI bzw. § 312g II und III vorgesehenen Bereichsausnahmen einschlägig.

3. Bedenken gegen das Widerrufsrecht rühren allerdings daher, dass §§ 312g I, 312b I laut § 312 I nur dann anzuwenden sind, wenn das fragliche Geschäft „eine entgeltliche Leistung des Unternehmers zum Gegenstand" hat. Dies erscheint hier in zweifacher Hinsicht problematisch: zum einen, weil eine Bürgschaft im Grundsatz ein einseitig verpflichtendes Geschäft ist, und zum anderen, weil die vertragscharakteristische Leistung nicht etwa dem Gläubiger (also dem Unternehmer), sondern dem Bürgen obliegt. Allerdings ist zu beachten, dass das in Rede stehende Widerrufsrecht auf europarechtliche Vorgaben zurückgeht,[16] die, wie der EuGH schon im

---

[13] Siehe BT-Drs. 14/6040, S. 162. Kritisch dazu *Weiler,* ZGS 2002, 249 ff.; *Krüger,* FS Kollhosser, 2004, Bd. II, S. 329 ff.

[14] Die Problemträchtigkeit zeigt sich in erster Linie bezüglich der Täuschungsvariante: Ist es zulässig, das Vorsatzerfordernis des § 123 leerlaufen zu lassen, indem man die Möglichkeit zur Abstandnahme vom unerwünschten Vertrag schon in Fällen lediglich fahrlässiger Fehlinformation mittels der schadensersatzrechtlichen Lösung eröffnet?

[15] Beachte § 312 I 1 in der bis 12.6.2014 geltenden Fassung: „Bei einem Vertrag zwischen einem Unternehmer und einem Verbraucher, der eine entgeltliche Leistung zum Gegenstand hat und zu dessen Abschluss der Verbraucher 1. durch mündliche Verhandlungen an seinem Arbeitsplatz oder im Bereich einer Privatwohnung (...) bestimmt worden ist (Haustürgeschäft), steht dem Verbraucher ein Widerrufsrecht gemäß § 355 zu."

[16] Maßgeblich sind nunmehr Art. 9 ff. der Verbraucherrechte-RL 2011/83/EU, ABl. 2011 L 304/64.

Hinblick auf die deutsche Vorgängervorschrift des heutigen § 312 I klargestellt hat, durchaus auch Bürgschaften betreffen.[17] Unterstellt man, dass sich der deutsche Gesetzgeber darüber bei der Neufassung von § 312 I nicht hinwegsetzen wollte, wird man die Möglichkeit eines Widerrufsrechts zugunsten eines Bürgen bejahen müssen.[18] Dabei erscheint eher zweitrangig, ob man dieses richtlinienkonforme Ergebnis durch ein untechnisch weites Verständnis der Entgeltlichkeit in § 312 I oder durch eine analoge Anwendung von §§ 312g I, 312b I erzielt.[19]

4. Unterstellt man ein Widerrufsrecht der M, so wäre dieses gemäß § 355 I 2 durch Erklärung gegenüber G auszuüben.[20] Die Frist hierfür beträgt 14 Tage (§ 355 II 1), wobei zum Fristbeginn § 356 II, III zu beachten ist. Im Falle eines fristgerechten Widerrufs wäre M gemäß § 355 I 1 nicht mehr an ihre Bürgschaftserklärung gebunden, das Zahlungsbegehren des G mithin unbegründet.

C. Variante 2

I. M haftet in der zweiten Variante als Bürgin, wenn sich ihre Telefax-Erklärung als formwirksames Bürgschaftsversprechen darstellt.

1. Fraglich ist, ob das Bürgschaftsversprechen eines Alleingesellschafter-Geschäftsführers mit der h. M.[21] dem Formerfordernis des § 766 S. 1 zu unterstellen ist oder ob Formfreiheit analog § 350 HGB besteht – sei es für jeden geschäftsführenden Gesellschafter,[22] sei es für den geschäftsführenden Allein- oder Mehrheitsgesellschafter,[23] sei es jedenfalls für den geschäftsführenden Einmann-Gesellschafter. M ist in ihrer Eigenschaft als geschäftsführende Alleingesellschafterin nicht Kauffrau; denn Unternehmensträgerin ist die GmbH. Damit ist jedoch nur die direkte Anwendung von § 350 HGB ausgeschlossen, und es bleibt zu prüfen,[24] ob das Formerfordernis des § 766 zurücktritt, weil eine analoge Anwendung des § 350 HGB geboten ist.

Einer Analogie steht nicht zwingend entgegen, dass § 350 HGB eine Ausnahmeregel darstellt: Auch enggefasste Prinzipien sind verallgemeinerungsfähig,[25] zumal § 350 HGB als Rückausnahme zur Ausnahmeregel des § 766 nur den allgemeinen Grundsatz der Formfreiheit wiederherstellt. Grund der Formfreiheit nach § 350 HGB ist anerkanntermaßen das Bedürfnis des Handelsverkehrs nach einfacher und schneller Geschäftsabwicklung sowie die geringere Schutzbedürftigkeit des Personenkreises,

---

[17] *EuGH* NJW 1998, 1295. Vgl. im Anschluss daran *BGH* NJW 1998, 2356. Anders noch BGHZ 113, 287 = NJW 1991, 975.

[18] Näher hierzu etwa *Hoffmann*, ZIP 2015, 1365; *Herresthal* in Langenbucher, Europäisches Privat- und Wirtschaftsrecht, 4. Aufl. 2017, § 2 Rn. 133; *Rimmelspacher/Stürner* KreditsicherungsR § 2 Rn. 109 ff.; alle m. w. N. zum neueren Diskussionsstand. Anders *von Loewenich*, WM 2015, 113; zweifelnd auch *Bülow/Artz* Rn. 224. Wiederum anders *Schinkels*, WM 2017, 113, der meint, dass schon die Verbraucherrechte-RL nicht auf Verbraucherbürgschaften anwendbar sei, aber für eine Analogie plädiert.

[19] Beachte allgemein zu Möglichkeiten und Grenzen einer richtlinienkonformen Auslegung mitgliedstaatlichen Gesetzesrechts etwa *Möllers* Methodenlehre § 8 Rn. 55 ff. (insbes. Rn. 76 ff.).

[20] Zu Auslegungsfragen (Deutung einer erklärten „Anfechtung" als Widerruf) beachte *BGH* NJW 2017, 2337 (2339).

[21] BGHZ 121, 224 (228); *BGH* WM 1986, 940; *OLG Köln* BB 1998, 13; *Reinicke/Tiedtke* BürgschaftsR Rn. 94; Heymann/*Horn* HGB § 350 Rn. 5; KKRM/*Roth* HGB § 350 Rn. 5.

[22] So vor allem *K. Schmidt*, ZIP 1986, 1515.

[23] So z. B. MüKoBGB/*Habersack* § 766 Rn. 3; *Canaris* HandelsR § 24 Rn. 13.

[24] Von *BGH* WM 1986, 940, gänzlich ausgeblendet.

[25] Heute allg. M.; s. etwa *Larenz/Canaris* Methodenlehre S. 176. Zur Kritik an dem gegenläufigen Satz *singularia non sunt extendenda* vgl. *Möllers* Methodenlehre § 6 Rn. 32 ff.; *Muscheler*, FS Kruse, 2001, S. 135 ff.; *Effer-Uhe*, FS Prütting, 2018, S. 15.

der angesichts seiner Geschäftserfahrung das Bürgschaftsrisiko typischerweise nicht unterschätzt.[26] Vereint sich beim Bürgschaftsversprechen des geschäftsführenden GmbH-Geschäftsführers das Moment der „Handelsbetriebszugehörigkeit" mit dem Moment minderer Schutzbedürftigkeit, so sollte sich, mittels Analogie zu § 350 HGB, auch hier das Bedürfnis nach einfacher und zügiger Geschäftsabwicklung durchsetzen. In beiden Konstellationen ist die Fähigkeit zu hinreichendem Eigenschutz gegeben:[27] Geschäftsführende Alleingesellschafter stehen, was ihre Schutzbedürftigkeit angeht, Einzelkaufleuten durchaus gleich. Problematisch und wohl zu verneinen ist aber die zweite Voraussetzung: Zumindest dann, wenn – wie im vorliegenden Fall – keine Gesellschaftsschuld gesichert wird, lässt sich ein die Haftung des Eigenvermögens begründendes Bürgschaftsversprechen schwerlich als handelsbetriebszugehörig i.S. von §§ 350, 343 HGB qualifizieren; vielmehr handelt es sich bei wirkungsbezogener Betrachtung um ein bloßes Privatgeschäft.[28]

2. Unterstellt man das Bürgschaftsversprechen der *M* mithin den Anforderungen des § 766, so fragt sich, ob diesen durch das Telefax genügt ist. Dies dürfte mit der Rspr.[29] und h. L.[30] entgegen vereinzelten Literaturstimmen[31] zu verneinen sein. Formal-konstruktiv mag man argumentieren, dass die unterschriebene, aber bei *M* verbliebene Originalerklärung schon mangels „Erteilung" für § 766 nicht ausreicht, die durch die Telekopie verkörperte und „erteilte" Erklärung als solche aber nicht unterschrieben ist und der Gesetzgeber die Wahrung der Textform i.S. von § 126b gerade nicht genügen lässt.[32] Der Sache nach dürfte zählen, dass § 766 in erster Linie Warnfunktion zukommt[33] und es psychologisch durchaus einen Unterschied macht, ob man die Originalurkunde aus der Hand gibt oder eine Kopie derselben übermittelt. Mithin bleibt es bei der gesetzlichen Regel des § 125 S. 1: Mangels Einhaltung des Schriftformerfordernisses nach §§ 766 S. 1, 126 I liegt keine wirksame Bürgschaft vor.

II. Nach alledem muss die Frage, ob *M* ihre formunwirksame Bürgschaftserklärung auch mittels Anfechtung gemäß § 123 I Var. 2 und/oder schadensersatzrechtlich unter Berufung auf *culpa in contrahendo* beseitigen kann, allenfalls noch hilfsweise erörtert werden. Bezüglich Letzterem ergeben sich im Vergleich zum Grundfall ohnehin keine Besonderheiten,[34] während bezüglich Ersterem zu klären wäre, inwieweit sich die Äußerung des *G* als eine sog. Drohung mit Vertragsbruch erweist und unter welchen Voraussetzungen eine solche unter dem Gesichtspunkt der Rechtswidrigkeit des Mittels bzw. erst der Zweck-Mittel-Relation ein Anfechtungsrecht begründet.[35]

---

[26] Statt aller: *Canaris* HandelsR § 24 Rn. 7.

[27] Insoweit durchaus richtig: *Canaris* HandelsR § 24 Rn. 13; *K. Schmidt*, ZIP 1986, 1515.

[28] Diesen Gesichtspunkt betont etwa Heymann/*Horn* HGB § 350 Rn. 6.

[29] BGHZ 121, 224 (229); *BGH* NJW 1996, 1467; *BGH* NJW 1997, 3169; *OLG Düsseldorf* NJW-RR 1995, 93.

[30] *Köhler* BGB AT § 12 Rn. 8; *Brehm* BGB AT Rn. 339; *Schack* BGB AT Rn. 320; Erman/*Zetzsche* § 766 Rn. 8; Palandt/*Sprau* § 766 Rn. 4; *Vollkommer/Gleußner*, JZ 1993, 1008; *Bülow*, ZEuP 1994, 499.

[31] *Rummel*, FS Ostheim, 1991, S. 219ff.; *Koziol*, EWiR 1993, 561f. Mit der Minderansicht zumindest sympathisierend: Staudinger/*Horn* § 766 Rn. 29.

[32] Letzteres gilt, obgleich der Wortlaut des § 766 S. 2 eigens nur die elektronische Form i.S. von § 126a ausschließt.

[33] Repräsentativ: *Bülow* KreditsicherungsR Rn. 893 ff.; MüKoBGB/*Habersack* § 766 Rn. 1; Jauernig/*Stadler* § 766 Rn. 1.

[34] Bedeutung erlangte die *c. i. c.*-Lösung indes, wollte man es der bedrohten *M* mittels § 254 zum Nachteil gereichen lassen, dass sie der Drohung womöglich keinen hinreichenden Widerstand entgegengesetzt hat. Beachte den problematischen Fall *BGH* NJW 2001, 3779.

[35] Näher zu solchen Fragen *Hau*, Vertragsanpassung und Anpassungsvertrag, 2003, S. 123 ff.

Fall 9. Sinkende Preise

Abhandengekommene Willenserklärung – Handeln in und unter fremdem Namen –
Zugang von Willenserklärungen – Rechtsscheinhaftung

Sachverhalt

Unternehmer *U* diktierte und unterzeichnete vor Antritt einer längeren Reise ein an den Brennstoffhändler *B* adressiertes Bestellschreiben über eine bestimmte Menge Heizöl zum Tagespreis. Da *U* mit einem Sinken der Marktpreise rechnete, ließ er das Schreiben nicht zur Post gehen, sondern übergab es seinem Handlungsbevollmächtigten *H* mit dem Hinweis, es nur nach telefonischer Rücksprache mit ihm an *B* abzusenden. Wie von *U* erwartet, gaben die Preise nach. An einem Montag glaubte *H*, dass ein weiteres Absinken ausgeschlossen, Zuwarten also schädlich sei. Als er *U* telefonisch nicht erreichte, erwog er zunächst, selbst im Namen des *U* die gewünschte Menge zu bestellen, entschied sich dann aber der Einfachheit halber, das Bestellschreiben des *U* eigenmächtig abzusenden. Jedoch widerrief *H*, nachdem ihm Bedenken gekommen waren, am frühen Dienstagmorgen telefonisch die Bestellung. Das Telefonat wurde von Raumpfleger *R*, der sich als solcher zu erkennen gab, mit dem Versprechen entgegengenommen, den Inhalt bei Geschäftsbeginn sogleich weiterzuvermitteln. Tatsächlich vergaß *R* die Angelegenheit zunächst und gab die Nachricht erst am Mittwoch weiter. *B* hatte am Dienstag nach Erhalt des Bestellschreibens mit der Morgenpost den „erteilten Auftrag" umgehend brieflich bestätigt. Entgegen der Annahme des *H* sind die Heizölpreise zwischenzeitlich noch weiter gefallen. *B* verlangt Abnahme zum in der Auftragsbestätigung genannten Tagespreis. Dies weist *U* von sich und distanziert sich von dem Handeln des *H*. Wer hat Recht?

Variante: Wie ist die Rechtslage, wenn *H* nicht über Handlungsvollmacht verfügt?

Lösung

A. Grundfall

Das Zahlungs- und Abnahmebegehren des *B* ist gemäß § 433 II begründet, wenn zwischen *B* und *U* ein Kaufvertrag zustande gekommen ist. Dies würde einen wirksamen, annahmefähigen Antrag seitens *U* voraussetzen, was zu klären bleibt, während bejahendenfalls kein Zweifel an der Wirksamkeit der Annahmeerklärung seitens *B* bestünde.

I. Zu denken ist zunächst an einen Vertragsantrag als Willenserklärung des *U*. Das von *H* weitergeleitete Schreiben des *U* erweist sich aus Sicht des Empfängers *B* als Antrag; insbesondere steht die Bezugnahme auf den „Tagespreis" in Einklang mit den Anforderungen in puncto hinreichender Bestimmbarkeit und damit Annahmefähigkeit. Ein Schriftstück, das sich seinem äußeren Erscheinungsbild nach als fertige Erklärung darstellt, kann indes Willenserklärung oder bloßer Entwurf einer solchen sein. Zur Willenserklärung wird die fixierte Willensäußerung erst mit der Abgabe i.S. von § 130 II, also mit Entäußerung des Schriftstücks in Regelungsabsicht:[1] Der Erklärende muss von sich aus alles unternommen haben, um den Zugang der Erklärung zu gewährleisten, sich mithin der Erklärung in Richtung auf den Empfänger in einer Weise entäußert haben, dass unter normalen Verhältnissen mit einem Zugang beim Empfänger zu rechnen ist.

Wendet man diese Grundsätze auf den vorliegenden Fall an, so ergibt sich, dass von der Abgabe einer Willenserklärung durch *U* nicht die Rede sein kann. *U* hat das ausformulierte „Vertragsangebot" zwar aus der Hand,[2] nicht aber in den Verkehr gegeben; denn er durfte davon ausgehen, dass *H* den Brief nicht weisungswidrig absendet. Da er das Schreiben keineswegs so auf den Weg gebracht hatte, dass mit der Weiterbeförderung zu rechnen war, er sich vielmehr die Letztentscheidung darüber ausdrücklich vorbehalten hatte, fehlte es an der Endgültigkeit der Willensäußerung. Eine annahmefähige Willenserklärung durch *U* selbst liegt deshalb nicht vor.[3]

II. Nach Lage der Dinge mag man zwar eine Haftung des *U* nach *c.i.c.*-Grundsätzen (§§ 280 I, 311 II, 241 II, 278) erwägen, doch wäre dieser Ansatz schon deshalb nicht zielführend, weil *U* dem *B* allenfalls dessen Vertrauensschaden zu ersetzen hätte: Denn vorzuwerfen wäre dem *U* höchstens, dass er nicht alles in seiner Macht Stehende getan hat, um den Zugang seiner Erklärung bei *B* abzuwenden.

III. Ob ausnahmsweise eine auf Ersatz des positiven Interesses gerichtete Rechtsscheinhaftung des *U* in Betracht kommt, kann dahingestellt bleiben, wenn sich erweist, dass ein Vertragsantrag als Willenserklärung des *H* mit Wirkung für und gegen *U* abgegeben worden ist.

1. *H* hat nicht etwa nur den „Entwurf" einer Willenserklärung des *U* an *B* gesandt. Es ging ihm nicht um die Schaffung des bloßen Scheins eines Antrags, sondern er hat das Schreiben des *U* in Regelungsabsicht zur Post gegeben: *U* sollte damit gegenüber *B* berechtigt und verpflichtet werden. Gegen eine Qualifikation der Weiterleitung des Schriftstücks als Willenserklärung, und zwar als eigene Willenserklärung des *H*, bestehen deshalb keine Bedenken.[4] Das eigenverantwortliche In-Geltung-Setzen des „Entwurfs" einer Willenserklärung des Vertretenen durch den Vertreter kann insoweit nicht anders klassifiziert werden als das Absenden eines gleich lautenden, vom Vertreter unterzeichneten Schreibens. Dass der Vertreter in einer solchen Situation den ersten statt den zweiten Weg wählt, erklärt sich typischerweise – und ausweislich des Sachverhalts auch im vorliegenden Fall – allein daraus, dass jener arbeitsrationeller ist.

---

[1] *BGH* WM 1983, 712; *OLG München* NJW-RR 2005, 1470; *Flume* BGB AT II § 14 (2); *Stadler* BGB AT § 17 Rn. 37; *Erman/Arnold* § 130 Rn. 4.

[2] Anders verhält es sich im klassischen Lehrbuchfall der abhandengekommenen Willenserklärung: Ein vom Verfasser bewusst noch nicht aus der Hand gegebenes Schreiben wird von einem Mitarbeiter oder Haushaltsangehörigen gefunden, als irrtümlich liegengeblieben erachtet und abgeschickt. Dann ist umstritten, ob von einer Abgabe auszugehen, die Erklärung indes (analog § 120) anfechtbar, mithin die verschuldensunabhängige Haftung gemäß § 122 gegeben ist (so etwa *Medicus/Petersen* BGB AT Rn. 266 f.; wiederum anders *Wolf/ Neuner* BGB AT § 32 Rn. 18: Haftung analog § 122 ohne Anfechtung), oder ob eine Annahme zu verneinen und allenfalls eine verschuldensabhängige Haftung auf das negative Interesse nach *c.i.c.*-Grundsätzen zu erwägen ist (so etwa *Bork* BGB AT Rn. 615; wohl auch *Musielak*, JuS 2004, 1081 (1083). Näher zum Streitstand *Meyer*, JuS 2017, 960.

[3] Vgl. auch *Wolf/Neuner* BGB AT § 32 Rn. 15 f.

[4] Auch darin unterscheidet sich der Fall vom klassischen Lehrbuchfall der abhandengekommenen Willenserklärung (o. Fn. 2).

2. Bei der Abgabe seiner Willenserklärung hat *H* nicht offen, d. h. *in fremdem Namen*, sondern verdeckt, mithin *unter fremdem Namen* gehandelt. Der Fall liegt also ähnlich, als hätte *H* telefonisch bei *B* bestellt und sich dabei, etwa um Verzögerungen infolge Rückfragen betreffend seine Vollmacht zu vermeiden, schlicht als *U* ausgegeben. Ob sich Handeln unter fremdem Namen als Stellvertreterhandeln oder als stellvertreterähnliches Handeln erweist, ist streitig und hängt von der Definition des Begriffs „Stellvertretung" ab: Wer dafür genügen lässt, dass sich aus der Erklärung des Vertreters ergibt, dass das Rechtsgeschäft ein solches des Vertretenen sein soll,[5] kann konsequenterweise keinen Unterschied zwischen Handeln unter fremdem Namen und in fremdem Namen anerkennen. Wer hingegen auch die Erkennbarkeit der Beteiligung zweier Personen als Charakteristikum der Stellvertretung betrachtet, muss die unmittelbare Anwendung der §§ 164 ff. mit der h. M.[6] verneinen. Auch diese wendet indes die §§ 164 ff. auf Fallgestaltungen, bei denen der „verkappte" Stellvertreter und der Erklärungsgegner die Rechtsfolge der Willenserklärung in der Person des Namensträgers eintreten lassen wollen, jedenfalls entsprechend an,[7] so dass die Streitfrage offenbleiben kann: Soweit die Erklärung des verdeckten Stellvertreters von der ihm erteilten Vollmacht (hier: Handlungsvollmacht) umschlossen ist, wirkt sie für und gegen den Namensträger – entweder unmittelbar nach § 164 I i. V. m. § 54 I HGB oder analog.

Als Handlungsbevollmächtigter handelte *H* bei der Weiterleitung des Schreibens mit Vertretungsmacht: Weisungen des Geschäftsherrn berühren bei der Handlungsvollmacht mangels Erkennbarkeit nach außen gemäß § 54 III HGB nur das rechtliche Dürfen, nicht das rechtliche Können.

3. Ein Vertragsantrag wurde daher zumindest abgegeben.

IV. Zu prüfen bleibt, ob dieses Angebot auch wirksam geworden ist. Zwar ist es gemäß § 130 I 1 dem *B* zugegangen, doch könnte dem Wirksamwerden und damit der Annahmefähigkeit des Angebots entgegenstehen, dass *H* das Angebot namens des *U*, d. h. mit Wirkung für diesen (§ 164 I 1), fernmündlich widerrufen hat: Nach § 130 I 2 wird eine Willenserklärung nicht wirksam, wenn dem Adressaten vorher oder gleichzeitig ein Widerruf zugeht. Entscheidend ist daher, wann das Bestellschreiben und wann der Widerruf zugegangen sind.

1. Eine Willenserklärung unter Abwesenden geht nach h. M. zu, sobald sie in den Bereich des Empfängers gelangt und von ihm unter normalen Umständen Kenntnisnahme erwartet werden kann.[8] Nach anderer Ansicht soll bereits bloßes In-den-Bereich-Gelangen genügen.[9] Welcher Meinung man auch folgt: Nach dieser wie jener ist das mit der Morgenpost, also während der Geschäftszeit zugestellte Bestellschreiben am Dienstag zugegangen.

2. Was den Zeitpunkt des Widerrufzugangs angeht, kommt es darauf an, ob eine in einem Geschäftsbetrieb tätige Hilfsperson (hier: ein Raumpfleger) nach der Verkehrsanschauung taugliche Empfangsperson ist. Wenn man dies bejaht, wäre die Widerrufserklärung bereits mit der Entgegennahme des Telefonats in den Adressatenbereich gelangt und die erforderliche abstrakte Kenntnisnahmemöglichkeit des

---

[5] So z. B. *Flume* BGB AT II § 44 IV.

[6] Vgl. z. B. *Enneccerus/Nipperdey* BGB AT II § 183 III; *Stadler* BGB AT § 30 Rn. 9; NK-BGB/*Stoffels* § 164 Rn. 70 f., 73 f.

[7] *BGH* NJW 2013, 1946 (Rn. 7) = JuS 2014, 265 (*Schwab*). Speziell zu Rechtsfragen des Handelns unter fremdem Namen im Internet vgl. *Heyers*, JR 2014, 227.

[8] RGZ 142, 407; *Medicus/Petersen* BürgerlR Rn. 46; *Köhler* BGB AT § 6 Rn. 13.

[9] Vgl. vor allem *Flume* BGB AT II § 14 (3b).

Adressaten üblicherweise mit Geschäftsbeginn zu erwarten gewesen. So betrachtet, wäre der Widerruf dem *B* schon vor dem Bestellschreiben zugegangen. Indes stellt der Verkehr bei nicht verkörperten Erklärungen strenge Anforderungen an die Empfangsboteneignung;[10] demgemäß soll die bloße Betriebszugehörigkeit als solche noch keine Empfangszuständigkeit schaffen. Zum Kreis der Zuständigen zählen zwar neben dem Sachbearbeiter und den Angehörigen des allgemeinen Telefondienstes auch alle sonstigen kaufmännischen Angestellten,[11] nicht aber das Reinigungspersonal.[12] Wer sich als Raumpfleger zu erkennen gibt, ist deshalb nicht etwa Empfangsbote seines Arbeitgebers, sondern Übermittlungsorgan des Erklärenden.[13] Das hat zur Folge, dass eine verspätete Übermittlung zu dessen Lasten geht: Der Zugang tritt erst mit Übermittlung an den Adressaten ein, was bezogen auf den Entscheidungsfall bedeutet, dass der Widerruf erst am Mittwoch mit Weiterleitung durch *R* und damit eindeutig nach dem Bestellschreiben zugegangen ist. Der Widerruf hat das Wirksamwerden des Vertragsangebots mithin nicht gehindert.

V. *B* hat nach alledem einen annahmefähigen, den *U* bindenden Kaufantrag des *H* angenommen. Er kann von *U* gemäß § 433 II Zahlung und Abnahme verlangen.

B. Variante

I. Auch in der Variante des Falls ist ein rechtsgeschäftliches Handeln des *H* unter fremdem Namen anzunehmen: Wer ohne Vertretungsmacht für Geschäfte dieser Art weisungswidrig einen „Vertragsantrag" seines Geschäftsherrn an den „Adressaten" absendet, weil er weiteres Zuwarten als geschäftlich schädlich erachtet, will den Kaufvertrag zwischen seinem Geschäftsherrn und dem Dritten herbeiführen. Den Mangel seiner Vertretungsmacht sieht er als heilbar an, denn er rechnet mit der nachträglichen Zustimmung. Das bedeutet, dass das Kaufangebot und damit der Vertrag nach *Rechtsgeschäftsgrundsätzen* zunächst schwebend unwirksam wäre, und zwar entweder gemäß oder zumindest analog § 177 (vgl. oben A. III.2). *U* hätte es aber noch in der Hand, das Geschäft durch Verweigerung der Genehmigung definitiv unwirksam zu machen.

II. Es fragt sich jedoch, ob *U* dergestalt nach *Rechtsscheingrundsätzen* haftet, dass *B* auch im Falle einer Zustimmungsverweigerung einen Anspruch auf Zahlung und Abnahme gemäß § 433 II hat.

1. Neben die Haftung aus Rechtsgeschäft kann unter bestimmten Voraussetzungen ergänzend die „positive" Vertrauenshaftung treten: Dem Vertrauen auf den Eintritt einer rechtsgeschäftlichen Bindung wird dadurch entsprochen, dass der qua Vertrauensschutz Begünstigte so gestellt wird, wie es der von ihm angenommenen Lage entspricht. Allerdings vermag nicht jede Rechtsscheinschaffung Grundlage einer „positiven" Vertrauenshaftung zu sein. Vielmehr löst enttäuschtes Vertrauen in einer Reihe von Tatbestandsgruppen allenfalls einen Anspruch auf das negative Interesse aus. In Fortbildung der Grundsätze zur Scheinvollmacht (§ 172) und zum Blankettmissbrauch[14] wird für Konstellationen wie der hier zu beurteilenden eine rechts-

---

[10] Vgl. *Medicus/Petersen* BGB AT Rn. 286; *Stadler* BGB AT § 17 Rn. 46.
[11] Soergel/*Hefermehl* § 130 Rn. 22; Palandt/*Ellenberger* § 130 Rn. 9.
[12] Explizit: *Medicus/Petersen* BGB AT Rn. 286.
[13] Statt aller: MüKoBGB/*Einsele* § 130 Rn. 26; *Hübner* BGB AT Rn. 733.
[14] Hierzu, statt vieler, *Köhler* BGB AT § 7 Rn. 28; *Oechsler,* AcP 208 (2008), 565 (569); Erman/*Maier-Reimer* § 172 Rn. 16.

geschäftsgleiche Bindung als möglich erachtet:[15] Durch die Aushändigung des ausgefertigten „Vertragsangebots" schaffe der Aushändigende angesichts des Missbrauchsrisikos eine Gefahrenquelle, die über die unvermeidlichen Risiken hinausgehe, die der Teilnahme am rechtsgeschäftlichen Verkehr ohnehin immanent sind. Ebenso wie bei der Scheinvollmacht oder beim Blankett sei es deshalb sachgerecht, den wissentlich eine Scheinlegitimation Schaffenden das entsprechende Risiko tragen zu lassen. Folgt man dem, wäre eine Bindung des *U* zu bejahen, eine etwaige Verweigerung der Genehmigung im Ergebnis also unbeachtlich, wenn zudem die Voraussetzungen „positiver" Vertrauenshaftung auf Seiten des Vertrauenden erfüllt sind. Davon wäre auszugehen: *B* hatte keinen Anlass, das Bestellschreiben nicht als Willenserklärung des *U* anzusehen, war also redlich.[16] Eine besondere „Vertrauensinvestition" seitens des Vertrauenden wäre – hier wie bei der Scheinvollmacht oder dem Blankettmissbrauch – nicht erforderlich.[17] *B* könnte deshalb auch hier Zahlung und Abnahme verlangen.

2. Vorzugswürdig erscheint freilich, schon hinsichtlich der zuvor als wertungsmäßig vergleichbar benannten Konstellationen der Scheinvollmacht und des Blankettmissbrauchs entweder nur eine Haftung auf das negative Interesse als sachgerecht zu erachten oder sich dort zwar zu einer positiven Rechtsscheinhaftung zu bekennen, darin aber eng begrenzte und kaum analogiefähige Ausnahmegestaltungen zu sehen. Dann wäre dem Erfüllungsanspruch des *B* kein Erfolg beschieden.

---

[15] Eingehend *Canaris* Vertrauenshaftung S. 69/482 f. Zu den besonderen Voraussetzungen der Rechtsscheinhaftung bei Handeln unter fremdem Namen im Internet vgl. *Oechsler,* AcP 208 (2008), 565 (579 f.); *Sonnentag,* WM 2012, 1614; zur Rechtsscheinhaftung beim Online-Banking vgl. *Herresthal,* JZ 2017, 28.
[16] Näher zum Redlichkeitserfordernis *Canaris* Vertrauenshaftung S. 505 f.
[17] *Canaris* Vertrauenshaftung S. 512.

Fall 10. Kündigung mit Hindernissen

Handeln im eigenen und im fremden Namen – Zugang bei Einschaltung von Mittelspersonen – Relevanz urlaubsbedingter Abwesenheit des Erklärungsempfängers – Zugang bei Einwurf- und Übergabeeinschreiben – Umdeutung verspäteter Kündigung

Sachverhalt

F hat an M und deren Bruder N ein gewerblich genutztes Grundstück vermietet. Der Mietvertrag sieht Kündbarkeit zum Jahresende mit halbjähriger Kündigungsfrist vor. Da M im neu erschlossenen Gewerbegebiet ein Grundstück erwerben konnte, kündigte N mit Einverständnis der M das Mietverhältnis mit Schreiben vom 26. Juni zum Jahresende; er verwendete dabei den Briefkopf der M und unterzeichnete „i. A." mit seinem Namen. Der Brief wurde am 27. Juni vom Briefträger auf der Straße der in der Nachbarschaft wohnenden Schwiegertochter S des F ausgehändigt, die ihn versehentlich erst eine Woche später an F weiterleitete. F erbittet ein Gutachten zum Bestand des Mietverhältnisses.

Variante 1: N kündigte per Einwurf-Einschreiben, das am 27. Juni in den Briefkasten des urlaubsabwesenden F eingelegt und von diesem erst nach Rückkehr eine Woche später vorgefunden wurde. Die Abwesenheit des F war N bekannt.

Variante 2: N kündigte per Übergabe-Einschreiben. Da der Zustellungsversuch am 27. Juni wegen Urlaubsabwesenheit des F scheiterte, hinterließ der Briefträger im Briefkasten nicht den eingeschriebenen Brief, sondern nur einen Benachrichtigungsschein. Mit fruchtlosem Ablauf der Wochenfrist zur Abholung bei der benannten Poststelle ging der Brief mit aufgestempeltem Datum des Zustellungsversuchs und dem Vermerk „Empfänger benachrichtigt, da nicht abgeholt nach Ablauf der Lagerfrist zurück" an M. Diese ließ die Sache wegen zwischenzeitlicher Unsicherheit einer termingerechten Fertigstellung ihres Neubaus zunächst auf sich bewenden, um sodann Ende September das Kündigungsschreiben nebst Kopie des Postvermerks dem F per Boten zuzustellen.

Lösung

A. Grundfall

I. Das Mietverhältnis endet zum Jahresende, wenn gegenüber F wirksam und fristgerecht gekündigt wurde. Es besteht – jedenfalls über das Jahresende hinaus – fort, wenn die Kündigung zu diesem Termin als verspätet zu erachten ist.

1. Zunächst müssten beide Mieter die Kündigung erklärt haben, damit sie wirksam ist. Das Kündigungsrecht kann von mehreren Mietern nämlich nur gemeinsam ausgeübt werden; aus § 425 ergibt sich nichts anderes, da dessen Absatz 2 nicht etwa die Beendigungskündigung, sondern nur die Fälligkeitskündigung (vgl. §§ 488 III,

608) meint.[1] Fraglich ist hier, ob die Kündigung nicht nur – wie es aus Briefkopf und dem Zusatz „i. A." deutlich wird – auf *M*, sondern auch auf *N* selbst zu beziehen ist. Daran könnte man Zweifel haben, da nach dem Gesamteindruck des Kündigungsschreibens *N* nur als Vertreter der *M* aufgetreten ist, ohne dass *N* die Kündigungserklärung ausdrücklich auch im eigenen Namen abgegeben hat. Jedoch ist ein Handeln zugleich im fremden und im eigenen Namen ohne weiteres rechtlich möglich.[2] Da die Kündigung eine Willenserklärung und als solche ausgehend vom objektiven Empfängerhorizont auszulegen ist (§§ 133, 157), kommt es dabei aber nicht auf den Willen des *N* an. Erforderlich ist vielmehr, dass der Wille des *N*, auch im eigenen Namen zu handeln, in der Kündigung zum Ausdruck gekommen ist.[3] Das ist indes der Fall, weil erkennbar war, dass *N* die Kündigung als eigene hat mittragen wollen: Da *N* und *M* als Geschwisterpaar den Mietvertrag zu einem gemeinsamen unternehmerischen Zweck abgeschlossen haben, hätte *F* einen anderen als den gemeinsamen Kündigungswillen nur bei einer ausdrücklichen Klarstellung annehmen können.

2. Maßgebliche Kündigungsfrist ist die vertraglich bestimmte Frist; die gesetzliche Kündigungsfrist nach § 580a I ist dispositiver Natur (arg.: Umkehrschluss zu § 573c IV). Eine wirksame Kündigung zum Jahresende liegt deshalb nur vor, wenn die Kündigung spätestens am 30. Juni erfolgt oder als erfolgt anzusehen ist. Da die postalische Kündigung als Willenserklärung unter Abwesenden mit ihrem Zugang Wirksamkeit erlangt (§ 130 I 1), kommt es entscheidend darauf an, ob das Kündigungsschreiben bereits vor der Weiterleitung durch *S* an *F* demselben zugegangen ist oder als zugegangen gilt.

3. Eine Willenserklärung geht i. S. von § 130 I 1 zu, wenn sie derart in den Bereich des Empfängers gelangt, dass bei Annahme gewöhnlicher Verhältnisse damit zu rechnen ist, er könne von ihr Kenntnis nehmen.[4] Wird sie einem *Empfangsvertreter* ausgehändigt, bewirkt die Aushändigung als solche, also die Erlangung der unmittelbaren Kenntnisnahmemöglichkeit durch den Vertreter den Zugang (§ 164 III).[5] Hingegen bringt das Aushändigen an einen bloßen *Empfangsboten*[6] die Erklärung zwar in den Bereich des Adressaten, doch ist zeitlich auf den Punkt abzustellen, zu dem die Weiterleitung unter normalen Umständen zu erwarten ist;[7] mithin trägt der Adressat zumindest das Risiko verspäteter Weiterleitung. Bedient sich umgekehrt der Erklärende eines Boten, geht das Verspätungsrisiko zu seinen Lasten: Die Erklärung geht erst mit der Weiterleitung an den Adressaten demselben zu.[8]

a) Im Entscheidungsfall ist die Kündigung jedenfalls nicht schon mit der Aushändigung des Briefs an *S* zugegangen: Für eine Bevollmächtigung derselben durch *F* fehlt jeder Anhaltspunkt.

---

[1] Bamberger/Roth/*Gehrlein* § 425 Rn. 3; *Medicus/Lorenz* SchuldR AT Rn. 895; MüKoBGB/ *Bydlinski* § 425 Rn. 4; Staudinger/*Looschelders* § 425 Rn. 10 ff.

[2] BGH NJW 2009, 3506; Bamberger/Roth/*Valentin* § 164 Rn. 23.

[3] Vgl. *Köhler* BGB AT § 11 Rn. 19. Ein Ausdruck im Schreiben selbst ist nicht zwingend erforderlich, da das Schriftformerfordernis des § 568 I nur für die Vermietung von Wohnraum gilt, arg. e contr. § 578. Anders im Fall des *BGH* NJW 2009, 3506, bei dem die Kündigung Wohnraum betraf.

[4] BGHZ 67, 275; *BGH* NJW 1998, 977; NJW 2004, 1320; *Wolf/Neuner* BGB AT § 33 Rn. 12; *Brox/Walker* BGB AT Rn. 149; *Köhler* BGB AT § 6 Rn. 13.

[5] Klarstellend: *BGH* NJW-RR 1989, 758; *BGH* NJW 2002, 1042; Jauernig/*Mansel* § 130 Rn. 8.

[6] Zur Abgrenzung vom Empfangsvertreter beachte *BGH* NJW 2002, 1041 f.

[7] *BGH* NJW-RR 1989, 759; *Hübner* BGB AT Rn. 732; *Köhler* BGB AT § 6 Rn. 16; *Leipold* BGB I § 12 Rn. 14 f.; Palandt/*Ellenberger* § 130 Rn. 9.

[8] *Brox/Walker* BGB AT Rn. 153; *Köhler* BGB AT § 6 Rn. 15.

b) Auch für eine – ausdrückliche oder konkludente – Bestimmung der S zur Empfangsbotin gibt der Sachverhalt nichts her. In Betracht kommt allenfalls eine Empfangsbotenstellung kraft Verkehrsanschauung, die an das persönliche Näheverhältnis zum Adressaten anknüpft. Aber selbst wenn man eine Empfangsboteneignung kraft Verkehrsanschauung in Parallele zu § 178 ZPO grundsätzlich bejaht,[9] dürfte es zu weit gehen, nahe Angehörige, die außerhalb der Hausgemeinschaft leben, als Empfangsboten anzusehen.[10] Nach der Verkehrsanschauung begründet Verwandtschaft bzw. Schwägerschaft als solche – also ohne Haushaltszugehörigkeit – wohl keine Empfangsbotenstellung.[11]

c) Hatte S nach alledem nur den Status einer (Unter-)Erklärungsbotin des N, so ist die Kündigung erst mit Weiterleitung des Briefs an F und damit nach dem 30. Juni zugegangen. Die Kündigung zum Jahresende ist verspätet erfolgt. Ob sich der Briefträger als Erfüllungsgehilfe des von N beauftragten Beförderungsunternehmens pflichtwidrig verhalten hat, kann hier dahingestellt bleiben, da dies jedenfalls dem Adressaten F nicht zur Last zu fallen vermag.

4. Allerdings hat F offenbar davon abgesehen, M bzw. N auf die diesen nicht erkennbare Verzögerung der Weitergabe hinzuweisen. Es bleibt daher zu klären, ob dieser Umstand die Berufung des F auf die Verspätung als mit Treu und Glauben (§ 242) unvereinbar erscheinen lässt. Richtigerweise ist dies indes zu verneinen. Namentlich aus § 149 lässt sich keineswegs der allgemeine Grundsatz entwickeln, dass Erklärungen, die im Falle regelmäßiger Beförderung rechtzeitig zugegangen wären, bei Unterlassen einer unverzüglichen Anzeige durch den Adressaten als nicht verspätet zu gelten hätten.[12] Aus dem Mietverhältnis als Dauerschuldverhältnis mag zwar eine entsprechende Hinweispflicht folgen, doch wäre deren Nichteinhaltung allenfalls unter dem Gesichtspunkt einer haftungsauslösenden Pflichtverletzung relevant.

5. *Zwischenergebnis*: Das Mietverhältnis besteht über das Jahresende hinaus fort.

II. Dass die Kündigung zum Jahresende verspätungsbedingt unwirksam ist, heißt freilich nicht notwendig, dass sie gänzlich wirkungslos bleibt. Es fragt sich, ob sie im Wege der Umdeutung (§ 140) als Kündigung zum nächstzulässigen Termin, d. h. zum folgenden Jahresende, aufrechtzuerhalten ist. Die Umdeutung verlangt objektiv inhaltliche Kongruenz derart, dass das Ersatzgeschäft in seinen Wirkungen nicht weiter reicht als das nichtige.[13] Diese Voraussetzung ist erfüllt: Die Vertragsbeendigung zu einem späteren Zeitpunkt als vom Kündigenden intendiert stellt, von der Rechtsfolge her betrachtet, ein *minus* dar. Gerade deshalb dürfte auch dem sub-

---

[9] So *BAG* NJW 1993, 1094; *BGH* NJW 2002, 1566; Soergel/*Hefermehl* § 130 Rn. 9; Palandt/*Ellenberger* § 130 Rn. 9. Kritisch etwa *Köhler* BGB AT § 6 Rn. 16: die Verkehrsanschauung könne das Vorliegen einer Empfangsermächtigung bestenfalls indizieren.

[10] Deutlich etwa *Wertenbruch* BGB AT § 8 Rn. 41. Davon zu unterscheiden ist die Frage nach der Empfangsbotenstellung, wenn die Willenserklärung einem haushaltsangehörigen Verwandten außerhalb der Wohnung übergeben wird. Dies bejahend, allerdings bedenklich weitgehend, *BAG* NJW 2011, 2604 = JuS 2012, 68 (*Faust*) = JA 2012, 67 (*Schwarze*).

[11] Ebenso, also Familien- und Hauszugehörigkeit fordernd, z. B. Palandt/*Ellenberger* § 130 Rn. 9, *Bork* BGB AT Rn. 1353 und *Kötz* VertragsR Rn. 96. Offenbar großzügiger in der Bejahung der Empfangsboteneignung bei Familienangehörigen aber etwa Soergel/*Hefermehl* § 130 Rn. 9.

[12] Manche sprechen § 149 bereits eine einleuchtende Ratio ab; vgl. etwa *Canaris* Vertrauenshaftung S. 326 ff.; *Häsemeyer*, FS Jayme, 2004, S. 1444.

[13] Statt vieler: *Boemke/Ulrici* BGB AT § 14 Rn. 32; *Medicus/Petersen* BGB AT Rn. 519; *Musielak/Hau* GK BGB Rn. 303; Staudinger/*Roth* § 140 Rn. 22.

jektiven Erfordernis, dem des einschlägigen hypothetischen Parteiwillens,[14] Genüge getan sein: Der Kündigende, dem die Vertragsbeendigung zum an sich gewünschten Termin misslingt, ist typischerweise – und der Gegenseite erkennbar – an einer Beendigung zum nächstmöglichen Folgetermin interessiert.[15] Mithin besteht das Mietverhältnis zwar über das Jahresende hinaus fort, endigt indes mangels Hinweisen auf einen gegenteiligen Parteiwillen zum Ende des Folgejahres.

III. Von der ihm durch § 174 S. 1 eröffneten Möglichkeit, die Kündigung unverzüglich zurückzuweisen, weil *N* bei der Kündigung seine Vertretungsmacht nicht urkundlich belegt hat, hat *F* keinen Gebrauch gemacht.[16]

B. Variante 1

I. Ob es zu Abweichungen gegenüber der Grundfallgestaltung kommt, hängt von der Beantwortung der Zugangsfrage ab.

1. Die Kündigung seitens *M* und *N* ist mit dem Einwurf des Einschreibens[17] in den Briefkasten des *F* jedenfalls in dessen Machtbereich gelangt.

2. Zu prüfen bleibt, wie es sich auf die Zugangsfrage auswirkt, dass *F* infolge Urlaubsabwesenheit von der Erklärung zunächst keine Kenntnis nehmen konnte.

Eine verbreitete,[18] früher auch höchstrichterlich[19] vertretene Meinung bejaht Zugangsvollendung im Falle einer dem Kündigenden *bekannten* Urlaubsabwesenheit erst mit Rückkehr des Adressaten. Entscheidend sei der Zeitpunkt, in dem aus Sicht des Erklärenden unter normalen Umständen mit Kenntnisnahme zu rechnen sei. Ein dem Erklärenden bekanntes Kenntnisnahmehindernis wirke gewissermaßen zugangsretardierend. Die h. M[20] spricht der Urlaubsabwesenheit umgekehrt jede Relevanz ab: Maßgebend sei nicht der individuelle Erwartungshorizont des Absenders, vielmehr sei die Formel von der Maßgeblichkeit des Zeitpunkts, in dem unter „gewöhnlichen Verhältnissen" mit der Kenntnisnahme des Adressaten zu rechnen sei, zu „objektivieren" und die Urlaubsabwesenheit als ungewöhnlicher Umstand zu werten. Einzelne Autoren[21] schließlich folgen der h. M. zwar im Ansatz, argumentieren hingegen gerade umgekehrt: Da Urlaubsreisen heute nichts Ungewöhnliches seien,[22] gehe die Kündigung dem urlaubsbedingt Abwesenden auch und gerade bei einer von den Verhältnissen der konkreten Rechtsbeziehung abstrahierenden Betrachtung (unabhängig davon, ob der Kündigende um die Urlaubsabsenz weiß oder nicht) grundsätzlich erst mit Rückkehr zu.

Behält man im Blick, dass die Entscheidung des Gesetzgebers für die Zugangstheorie (und gegen die Vernehmungstheorie) eine Entscheidung zugunsten einer Abgren-

---

[14] Näher hierzu MüKoBGB/*Busche* § 140 Rn. 19 ff. m. w. N.

[15] Für Umdeutung als Regellösung z. B. *OLG Hamm* MDR 1994, 56; Staudinger/*Roth* § 140 Rn. 46.

[16] Beachte zu § 174 und zu dessen Zusammenspiel mit § 180 etwa *Bork* BGB AT Rn. 1530 f.; *Musielak/Hau* GK BGB Rn. 1176, 1214. Vgl. auch *Payrhuber*, JuS 2018, 222, dort zur Genehmigungsfähigkeit vollmachtlos erklärter Kündigungen.

[17] Instruktiv zum Unterschied zwischen Einwurf- und Übergabe-Einschreiben *Faust* BGB AT § 2 Rn. 40.

[18] Vgl. z. B. Soergel/*Hefermehl* § 130 Rn. 26.

[19] *BAGE* 34, 308 = NJW 1981, 1470.

[20] *BAG* NZA 1988, 876 f.; *BAG* NZA 2004, 1330 (1331); *Brehm* BGB AT Rn. 166; *Wertenbruch* BGB AT § 8 Rn. 34; Erman/*Arnold* § 130 Rn. 11; Palandt/*Ellenberger* § 130 Rn. 5.

[21] *Popp*, DB 1989, 1135; *Nippe*, JuS 1991, 290 (zur arbeitsrechtlichen Kündigung, aber durchaus verallgemeinerungsfähig).

[22] Bezeichnend, wenngleich in anderem Zusammenhang: BGHZ 141, 153 (158).

zung nach Risikosphären bedeutet,[23] spricht alles dafür, der h. M. zumindest im Ergebnis zu folgen: Kündigungsberechtigte Parteien eines Dauerschuldverhältnisses sind nicht nur in ihrem Vertrauen dahin schutzwürdig, dass die Rechtzeitigkeit der Kündigung nicht an ihnen unbekannten atypischen Hemmnissen scheitert. Sie haben auch ein legitimes Interesse, unbeschadet etwaigen Wissens um einen vorübergehenden Kenntnisnahmehinderungsgrund termingerecht kündigen zu können.[24] Da die urlaubsbedingte Abwesenheit als Folge der konkreten Planungsentscheidung des Adressaten allein dessen Sphäre zuzurechnen ist, heißt dies: Die in den Machtbereich des Adressaten gelangte Kündigungserklärung ist bereits in dem Zeitpunkt zugegangen, in dem im Falle unterstellter Anwesenheit mit Kenntnisnahme zu rechnen wäre.

3. Für den Entscheidungsfall bedeutet dies, dass die Kündigung am Einwurftag (27. Juni) und damit unter Wahrung der halbjährigen Kündigungsfrist zum Jahresende zugegangen ist.

II. In Abweichung zur Grundfallgestaltung ist das Mietverhältnis mithin zum Jahresende beendet.

C. Variante 2

I. Auch hier gilt, dass Abweichungen gegenüber der Grundfallgestaltung nur mit Blick auf die Zugangsfrage in Betracht kommen.

1. Zu erwägen ist zunächst, ob das Kündigungsschreiben mit Abholbarkeit bei der im Benachrichtigungsschein benannten Poststelle zugegangen ist bzw. als zugegangen gilt.

a) In der Literatur wird in der Tat vertreten, bei Hinterlassung eines Benachrichtigungszettels nach erfolglosem Versuch der Einschreibenszustellung gehe die Erklärung in dem Zeitpunkt zu, in dem das Schreiben vom Adressaten abgeholt werden kann und dies unter der Annahme normaler Umstände auch zu erwarten ist.[25] Dagegen spricht indessen, dass die Erklärung sich auch zu diesem Zeitpunkt keineswegs im Machtbereich des Empfängers befindet:[26] Durch die Abholmöglichkeit wird der Empfänger lediglich in die Lage versetzt, das Schreiben in seinen Machtbereich zu bringen; bis zur Aushändigung an ihn (oder einen Beauftragten) verbleibt der Einschreibebrief im Machtbereich der Post.

b) Eine andere Frage ist, ob sich *F* nach Treu und Glauben (§ 242) so behandeln lassen muss, als wäre ihm die Kündigung mit Abholbarkeit bei der Poststelle zugegangen. Allerdings erscheint die These, das Nichtabholen einer Einschreibesendung sei im Rahmen einer bestehenden oder angebahnten rechtlichen Beziehung in aller Regel als Zugangsvereitelung durch Unterlassen zu erachten,[27] bereits bei einem der Abholung fähigen Adressaten bedenklich.[28] Auf keinen Fall aber geht es an, den Vorwurf rechtsmissbräuchlichen Verhaltens ohne weiteres auf den (beispielsweise urlaubsbedingt) ortsabwesenden Adressaten zu erstrecken. Wer ohne Bestellung

---

[23] Statt aller *Hübner* BGB AT Rn. 731; *Medicus/Petersen* BGB AT Rn. 273.
[24] Zutreffend *v. Olshausen*, JZ 1981, 633 f.
[25] So, unter Berufung auf die angeblich vergleichbare Wertung des § 181 I 4 ZPO, *Wolf/Neuner* BGB AT § 33 Rn. 16; ferner *Pawlowski* BGB AT Rn. 374a; AK-BGB/*Hart* § 130 Rn. 4; *Behn*, AcP 178 (1978), 505 ff.; *Singer*, LM BGB § 130 Nr. 27.
[26] Ausdrücklich klarstellend etwa *BAG* NJW 1997, 147; *BGH* NJW 1998, 976 (977); *Köhler* BGB AT § 6 Rn. 14; *Schwarz*, NJW 1994, 892.
[27] So tendenziell BGHZ 67, 275; *Schwarz*, NJW 1994, 892.
[28] Eindeutig gegen eine einschlägige Regelaussage auch *BGH* NJW 1998, 977; *BAG* BB 2003, 1178 (1181); ferner: *Köhler* BGB AT § 6 Rn. 30; *Brehm* BGB AT Rn. 166; *Schack* BGB AT Rn. 188; Palandt/*Ellenberger* § 130 Rn. 18.

einer Empfangsperson in den Urlaub fährt, obwohl abstrakt-generell mit der Möglichkeit rechtserheblicher Erklärungen in der Form von Einschreibesendungen zu rechnen war, setzt für derartige Erklärungen zwar ein ihm zuzurechnendes Empfangshindernis, er macht sich aber nicht ohne weiteres einer arglistigen Zugangsvereitelung schuldig. Schlichte Zugangshindernisse entbinden den Erklärenden, der das Ausbleiben des Zugangs bemerkt, anerkanntermaßen nicht von der Vornahme eines erneuten Zustellungsversuchs.[29]

c) Auf den Entscheidungsfall bezogen heißt dies: Der Erstzustellungsversuch für sich allein äußert keine Zugangswirkung.

2. Die Zustellung des Kündigungsschreibens per Boten (sei es durch Aushändigung, sei es durch Einlegen in den Hausbriefkasten) bewirkt zwar Zugang i.S. von § 130 I 1, ist indes, jedenfalls isoliert betrachtet, als Kündigung zum Jahresende verfristet.

3. Zu prüfen bleibt allerdings, ob dem Umstand, dass der Hinderungsgrund für den Zugang des Einschreibens der Sphäre des *F* zuzurechnen ist, im Zusammenspiel mit der Zustellung des Kündigungsschreibens durch den Boten Relevanz zukommt.

a) Erlangt der Erklärende Kenntnis vom Nichtzugang, so hat er sich nach Kräften darum zu bemühen, dass die Erklärung noch in den Machtbereich des Adressaten gelangt. Genügt er jedoch dieser Obliegenheit, so gilt es seine Position zu stärken: Hat er nach erkanntem Scheitern des ersten Zustellungsversuchs alles ihm Zumutbare und nach der Sachlage Erforderliche getan, kann sich der Adressat nach schließlich erfolgtem Zugang der Erklärung nicht auf die von ihm verursachte und zu verantwortende Verspätung berufen.[30]

b) Vorliegend hat *M* den Zugang noch bewirkt. Bedenken bestehen allerdings dahin, ob der – erfolgreiche – zweite Zustellungsversuch zeitgerecht erfolgte. Die h.M. versteht die Formel, der Erklärende müsse alles ihm Zumutbare und nach der Sachlage Erforderliche unternehmen, zu Recht auch zeitbezogen: Der Erklärende ist beim Scheitern des ersten Zustellungsversuchs zwar frei, es bei der Wirkungslosigkeit seiner Erklärung zu belassen, darf aber nicht zuwartend auf Kosten der Gegenseite spekulieren. Will er, dass seine Erklärung wirksam wird und die Gegenseite sich nicht auf den an sich verspäteten Zugang berufen darf, so muss er so schnell wie möglich handeln.[31] Vorliegend ist dem Erfordernis der Unverzüglichkeit eindeutig nicht Genüge getan, nachdem *M* mehrere Wochen mit der Zweitzustellung gewartet hat.

4. Es bleibt deshalb dabei: Der erste Kündigungsversuch ist am Zugangserfordernis gescheitert, die erfolgte Kündigung im zweiten Anlauf ist als Kündigung zum Jahresende verspätet.

II. *Ergebnis:* Das Mietverhältnis dauert über das Jahresende hinaus fort, findet sein Ende – wie in der Grundfallgestaltung – freilich mit Ablauf des Folgejahres.

---

[29] Allgemein, statt vieler: *BGH* NJW 1998, 977; *Heinrich* ZivilR Fall 2; *Hübner* BGB AT Rn. 740; *Köhler* BGB AT § 6 Rn. 30.
[30] *BGH* NJW 1998, 976; *Hübner* BGB AT Rn. 740; Palandt/*Ellenberger* § 130 Rn. 18; Jauernig/*Mansel* § 130 Rn. 15.
[31] *BGH* NJW 1998, 976; *Brox/Walker* BGB AT Rn. 159; Palandt/*Ellenberger* § 130 Rn. 18.

Fall 11. Bürge unverbindlich

Angebot „freibleibend" und invitatio ad offerendum – Antrag mit Widerrufs- oder Rücktrittsvorbehalt – Widerruf des Widerrufs bei formbedürftigen Geschäften – Auflösung juristischer Personen

Sachverhalt

Kunde *K* will der in finanzielle Turbulenzen geratenen *A-GmbH (A)* einen wichtigen Auftrag nur dann erteilen, wenn der vermögende *B*, ein Freund des Alleingesellschafters der *A*, persönlich für die Erfüllung einsteht. Da *B* zwar *A* helfen, andererseits ihre Finanzlage noch eingehend prüfen möchte, übersendet er *K* am 1. Dezember ein Schreiben, in dem er „freibleibend" die Übernahme einer Erfüllungsbürgschaft bezüglich des fraglichen Geschäfts anbietet. Am 3. Dezember teilt *K* dem *B* mit, dass er nur deshalb, weil sich *B* zur Übernahme der Bürgschaft habe durchringen können, der *A* soeben den Auftrag erteilt habe. Erst am 4. Dezember kann *B* die Prüfung der Geschäftsbücher der *A* abschließen und gibt, erschrocken über die desolate Lage, sogleich ein Schreiben an *K* zur Post, worin er mitteilt, doch von der Übernahme einer Bürgschaft Abstand nehmen zu müssen. Aber noch am selben Abend fasst *B* neuen Mut, ruft den *K* an und erklärt, dieser solle sich um das ihn am nächsten Tag erreichende Schreiben nicht kümmern. Als *A* später wegen völliger Vermögenslosigkeit alle Geschäftstätigkeiten einstellt, die Eröffnung eines Insolvenzverfahrens mangels Masse abgelehnt und die Auflösung der *A* in das Handelsregister eingetragen wird, will *K* den *B* als Bürgen in Anspruch nehmen. Zu Recht?

Lösung

Ein Vorgehen des *K* gegen *B* gemäß § 765 I setzt voraus, dass ein wirksamer Bürgschaftsvertrag zustande gekommen (dazu I) und der Anspruch durchsetzbar ist (dazu II).

I. 1. Das Zustandekommen des Bürgschaftsvertrags hängt in erster Linie davon ab, wie es zu verstehen ist, dass *B* am 1. Dezember „freibleibend" die Übernahme einer Bürgschaft angeboten hat.

a) Es bieten sich verschiedene Deutungsmöglichkeiten des Angebots „freibleibend" (auch: „sine obligo" oder „unverbindlich") an.

(1) In Betracht kommt erstens die Meidung jeglicher Eigenbindung: Der Vorbehalt soll der Erklärung, der er beigefügt ist, bereits den Angebotscharakter nehmen; das „Angebot" wird dann nur als Aufforderung zur Abgabe eines Angebots gedeutet, also als bloße *invitatio ad offerendum*.[1] Die Entscheidungsfreiheit über die Annahme eines sodann vom Adressaten ausgehenden Angebots bleibt beim freibleibend Offerierenden, wobei dieser freilich zu erkennen gibt, einem so veranlassten Angebot unverzüg-

---

[1] So etwa *Wertenbruch* BGB AT § 6 Rn. 25.

lich zu widersprechen, wenn er dieses *nicht* annehmen will.[2] Mit der Formulierung „freibleibend" wird also klargestellt, dass Schweigen auf das provozierte Angebot des Adressaten als Annahme gewertet werden dürfe. Für den vorliegenden Fall bedeutete diese Interpretation: Ein Angebot des *B* auf Abschluss eines Bürgschaftsvertrages erfolgte mit dem Schreiben vom 1. Dezember noch nicht. Vielmehr wäre erst die Erklärung des *K* vom 3. Dezember als Angebot zu verstehen. Ob *B* diesem so rechtzeitig widersprochen hat, dass die Annahmefiktion nicht eingreift, kann freilich schon deshalb dahinstehen, weil das Schweigen des *B* als konkludente Annahme ohnehin nicht der Form des § 766 S. 1 genügen würde, also schon gemäß § 125 S. 1 unbeachtlich wäre.[3] Anders ließe sich nur entscheiden, wenn man darauf verweisen könnte, dass bereits die *invitatio ad offerendum* schriftlich verfasst war. Dies lässt sich jedoch kaum vertreten: Die Auslegung der freibleibend-Erklärung als bloße *invitatio* beruht gerade auf der Erwägung, dass dem Anbietenden der Rechtsbindungswille für ein vollgültiges Angebot fehlt. Folglich kann der mit dem Schriftformgebot einhergehende Übereilungsschutz auf dieser Ebene noch nicht erreicht werden, vielmehr erst greifen, wenn der verbindliche Entschluss gefasst werden soll.

(2) Zweitens kann man ein „freibleibendes" Angebot auch als vollwirksame Offerte auslegen, wobei sich der Anbietende indes vorbehält, seine Erklärung bis zur Annahme[4] oder spätestens unverzüglich nach deren Zugang zu widerrufen.[5] Diese Möglichkeit erkennt § 145 an, und zwar grundsätzlich auch über den Zeitpunkt des Zugangs der Annahmeerklärung hinaus.[6] Dann hätte *B* am 1. Dezember seine Bürgschaftserklärung wirksam in der Form des § 766 S. 1 abgegeben und zugleich „erteilt".[7] Dieses Angebot des *B* hätte *K* sodann am 3. Dezember angenommen, und es bliebe zu klären, welche Wirkung zum einen dem Schreiben des *B* vom 4. Dezember und zum anderen dem Anruf vom selben Tag beizumessen ist.

(3) Drittens kann man ein „freibleibendes" Angebot als vollwirksames Angebot auslegen, allerdings gerichtet auf Abschluss eines Vertrags, der für die antragende Partei ein vertragliches Rücktrittsrecht i. S. von § 346 I Var. 1 begründet.[8] Folgt man dem, so kam wiederum mit der Antwort des *K* vom 3. Dezember jedenfalls zunächst ein (form-)wirksamer Bürgschaftsvertrag zustande.

b) Mithin kommt es darauf an, ob und wie weit sich *B* mit seinem Schreiben vom 1. Dezember binden wollte. Die Frage nach der rechtlichen Bedeutung eines freibleibenden Angebotes ist ein Auslegungsproblem und als solches nach Maßgabe von §§ 133, 157 ausgehend vom objektiven Empfängerhorizont zu klären. Hätte *B* einen vertraglich vorgesehenen Rücktrittsvorbehalt gewollt, also ein unbefristetes einseitiges Lösungsrecht von der Bürgschaftsverpflichtung, so wäre damit der Wert der

---

[2] So als Auslegungsregel für Zweifelsfälle *v. Tuhr* BGB AT II/1 § 62 III; *Enneccerus/Nipperdey* BGB AT II § 161 III 1b; *Lindacher,* DB 1992, 1813 f.; beachte aus der Rechtsprechung *BGH* NJW 1996, 919 f.

[3] Nichts deutet im Fall auf die Einschlägigkeit von § 350 HGB hin.

[4] So *Planck/Flad* § 145 Anm. 5.

[5] So für Zweifelsfälle *Wolf/Neuner* BGB AT § 37 Rn. 15; *MüKoBGB/Busche* § 145 Rn. 8; *Flume* BGB AT II § 35 I 3c; *Staudinger/Bork* § 145 Rn. 31; *Bork* BGB AT Rn. 724; *Medicus/Petersen* BGB AT Rn. 366.

[6] Statt mancher: *Soergel/Wolf* § 145 Rn. 11; *Medicus/Petersen* BGB AT Rn. 366. Einschränkend aber etwa *Bork* BGB AT Rn. 725; *Staudinger/Bork* § 145 Rn. 27. Dezidiert anders *Jauernig/Mansel* § 145 Rn. 5; *Häsemeyer,* FS Jayme, 2004, S. 1444. Zur Disponibilität des § 145 vgl. allgemein *BGH* NJW-RR 2004, 952.

[7] Vgl. zu diesem Tatbestandsmerkmal etwa *Emmerich* SchuldR BT § 14 Rn. 12; *MüKoBGB/Habersack* § 766 Rn. 24.

[8] Den Unterschied zum Widerrufsmodell betont etwa *Soergel/Wolf* § 145 Rn. 11 und 14.

Bürgschaft letztlich aufgehoben, trotz der mit einigen Unwägbarkeiten verbundenen Möglichkeit, gemäß § 350 eine Frist für die Ausübung des Rücktritts zu setzen. Ein derart starker Vorbehalt muss hinreichend deutlich zum Ausdruck kommen;[9] mit ihm musste *K* bei dieser Formulierung nicht rechnen. Zu prüfen bleibt, ob *B* mit seinem Schreiben aus Sicht des *K* bereits den Geltungsgrund einer Bürgschaftsverpflichtung setzen oder sich selbst dies noch überlegen wollte: Nur im ersten Fall läge bereits ein wirksames Angebot, im zweiten hingegen eine *invitatio ad offerendum* vor. Da es für diese Auslegungsfrage auf den objektivierten Empfängerhorizont ankommt, kann zugunsten des Ersteren nicht ohne weiteres sprechen, dass sich *K* auf die bereits erfolgte Übernahme einer Bürgschaft verlassen hat, indem er den Auftrag erteilt hat. Für eine *invitatio ad offerendum* streitet die richtigerweise h. M. hinsichtlich nicht formbedürftiger Austauschverträge,[10] für ein wirksames Angebot hingegen gerade im Hinblick auf den Abschluss formbedürftiger Geschäfte die allgemeine Auslegungsregel, dass Erklärungen im Zweifel dergestalt zu deuten sind, dass ihnen rechtliche Wirksamkeit statt formmangelbedingter Unwirksamkeit beigemessen werden kann.[11] Ein verständiger Adressat der schriftlichen Erklärung des *B* wird diese kaum so verstehen dürfen, dass zwar erst das Schweigen des *B* auf eine so provozierte Erklärung des Adressaten als Annahme zu werten sei, allerdings nur als eine formungültige, die gerade nicht in der Lage wäre, den beiderseits ins Auge gefassten Bürgschaftsvertrag zu perfektionieren. Vor allem aber kann dem ersichtlichen Anliegen des *B,* sich vor Abschluss der Buchprüfung noch nicht endgültig zu binden, auch auf andere Weise – eben mittels der Widerrufsvorbehalts-Konstruktion – Rechnung getragen werden. Ein zusätzliches, letztlich aber eher schwaches Indiz gegen die *invitatio*-Konstruktion mag man darin sehen, dass der fraglichen Erklärung ihrerseits eine *invitatio* vorausgegangen ist;[12] so verhält es sich hier, da zunächst *K* das Stellen einer Sicherheit durch *B* gefordert hatte.

2. Folgt man der hier vertretenen Ansicht und legt die Widerrufsvorbehalts-Konstruktion zugrunde, so kommt es für das Zustandekommen des Bürgschaftsvertrags darauf an, ob *B* seine Bürgschaftserklärung mit dem Schreiben vom 4. Dezember wirksam widerrufen hat. Der Widerruf, den sich *B* vorbehalten hatte, erfolgte zwar erst nach Zugang der Annahmeerklärung des *K* und damit erst nach Vertragsschluss, aber unverzüglich nach Abschluss der Buchprüfung, mithin noch rechtzeitig.

3. Allerdings hat *B* den schriftlichen Widerruf noch vor dessen Zugang bei *K* seinerseits durch den Anruf vom selben Tag widerrufen (§ 130 I 2). Zu klären bleibt, ob ein solcher Widerruf des Widerrufs durch *B* der Form des § 766 S. 1 zu unterstellen ist. Das wäre der Fall, wenn es sich um die (Neu-)Begründung der Bürgschaftsverbindlichkeit des *B* handelte.[13] So liegt es aber nicht: Die Bürgschaftsverpflichtung des *B* ist mit dem ursprünglichen Vertragsschluss entstanden und nicht wieder erloschen, der Widerruf des Widerrufs begründet keine (neue) Verbindlichkeit des *B*. Auch gebietet die Interessenlage keine entsprechende Anwendung des § 766. Im Ergebnis hat der Widerruf des Widerrufs zwar das gleiche Gewicht wie die erstmals

---

[9]   Treffend Soergel/*Wolf* § 145 Rn. 14.

[10] Vgl. *BGH* NJW 1996, 919 f.; *Enneccerus/Nipperdey* BGB AT II § 152 III 1; *v. Tuhr* BGB AT II/1 § 62 III; *K. Schmidt* HandelsR § Rn. 29; Jauernig/*Mansel* § 145 Rn. 5; *Kramer,* Jura 1984, 248; *Lindacher,* DB 1992, 1813 f.

[11] Vgl. *Bork* BGB AT Rn. 556 m. w. N., zugleich aber auch zu Ausnahmen.

[12] So etwa Staudinger/*Bork* § 145 Rn. 31. Jedenfalls kann keine Rede davon sein, dass die Antwort auf eine *invitatio* nicht ihrerseits eine solche sein „kann"; näher *Lindacher,* DB 1992, 1814, gegen *BGH* NJW 1984, 1885 f.

[13] Zu § 311b I argumentiert so *BGH* NJW-RR 2004, 952. Beachte auch das Parallelproblem des Widerrufs eines Widerrufstestaments (§ 2257).

verpflichtende Bürgschaftserklärung, doch ist die psychologische Situation eine andere und damit die Schutzbedürftigkeit nicht in gleichem Maße gegeben: Im Fall des § 766 ist die Entscheidung über die Übernahme der Verpflichtung vor Abgabe der Bürgschaftserklärung noch nicht gefallen, hier dagegen schon und es steht nur der Rückzug aus der Verbindlichkeit in Frage. Demnach ist das Bedürfnis des Bürgen nach Schutz durch die Warnfunktion des Schriftformerfordernisses geringer, mithin eine Anwendung des § 766 nicht geboten.

II. Misst man der telefonischen Erklärung des *B* die Bedeutung bei, das (form-) wirksame Zustandekommen des Bürgschaftsvertrags gesichert zu haben, so ist weiter zu fragen, wie es sich auf die Bürgenhaftung auswirkt, dass die Eröffnung des Insolvenzverfahrens mangels Masse abgelehnt wurde: Kam es zum Erlöschen der Rechtssubjektivität der GmbH, so ist womöglich auch die gegen sie gerichtete Hauptforderung des *K* und mit ihr die gemäß § 767 I akzessorisch ausgestaltete Bürgschaftsverpflichtung des *B* erloschen.

Weist das Insolvenzgericht den Antrag auf Eröffnung des Insolvenzverfahrens gemäß § 26 I InsO mangels die Verfahrenskosten deckender Masse ab, wird gemäß §§ 60 I Nr. 5, 65 I GmbHG die GmbH aufgelöst und die Auflösung in das Handelsregister eingetragen. Die GmbH geht allerdings nicht schon mit der Eintragung ihrer Auflösung als Rechtssubjekt unter: Juristische Personen bestehen auch nach Auflösung in ihrer Liquidationsform fort, solange sie Vermögen haben, das liquidiert und an die Gläubiger verteilt werden kann.[14] Da dies hier nicht der Fall, die *A-GmbH* vielmehr vollständig vermögenslos ist, mag man – jedenfalls ab Löschung (§ 394 FamFG)[15] – vom Erlöschen ihrer Rechtssubjektivität ausgehen.[16]

Davon zu trennen ist die Frage, ob der Untergang der GmbH zum Erlöschen der gegen sie gerichteten Forderung führt. Entfällt der Schuldner einer Forderung, so wird die Forderung zwar faktisch undurchsetzbar, doch daraus folgt keineswegs zwingend, dass die Forderung rechtlich inexistent wird. Vielmehr spricht gegen diese Annahme die Sicherungsfunktion der Bürgschaft: Gerade dann, wenn die Vermögenslosigkeit des Hauptschuldners zum Fortfall seiner Existenz führt, wird die Sicherung relevant – und gerade für diesen Fall wird die Sicherheit auch vereinbart. Nähme die Vermögenslosigkeit des Schuldners dem Gläubiger mit der Durchsetzbarkeit der Forderung auch die Möglichkeit des Zugriffs auf den Bürgen, so wäre er gerade im Sicherungsfall schutzlos. Die einmal entstandene Forderung muss daher das Erlöschen des Schuldners überdauern, so dass auch die Bürgschaftsverpflichtung hier fortbesteht.[17]

III. Im Ergebnis kann *K* also *B* als Bürgen in Anspruch nehmen.

---

[14] Vgl. §§ 47 ff. BGB, §§ 145 ff. HGB, §§ 264 ff. AktG, §§ 66 ff. GmbHG, §§ 83 ff. GenG. Beachte *K. Schmidt* GesR § 11 V 6; MüKoInsO/*Haarmeyer* § 26 Rn. 46 ff.; *LG Meiningen* ZIP 1999, 453 f.

[15] Darauf abstellend: MüKoZPO/*Lindacher* § 50 Rn. 14.

[16] Im Falle eines fortbestehenden Abwicklungsbedarfs wird hingegen diskutiert, ob eine teilrechtsfähige Nachgesellschaft erhalten bleibt; dafür *Lindacher*, FS Henckel, 1995, S. 549 (553 ff.); vgl. auch *K. Schmidt*, JuS 2009, 1055 (1056).

[17] BGHZ 153, 337 (339) = JuS 2003, 712, geht kompliziertere Wege, um dieses Ergebnis zu erreichen: Das Gericht lässt dahinstehen, ob die wegen Vermögenslosigkeit im Handelsregister gelöschte Gesellschaft untergegangen ist, meint aber, dass in diesem Fall die gesicherte Hauptforderung untergegangen wäre. Dann aber solle sich die Bürgschaftsforderung aus ihrer Akzessorietät lösen und von der Hauptschuld verselbständigen, freilich nur im Bestand, nicht in Inhalt (Verjährung, § 768 I 1) und Umfang. Ebenso, insbesondere zur Verjährung: *OLGR Saarbrücken* 2007, 533 (juris Rn. 17 ff.). A. A. *Klose*, WM 2009, 300: Fiktion des Fortbestehens der weggefallenen Hauptschuld.

Fall 12. Insolvenz des Installateurs

Sittenwidrige Kreditsicherungsformen – konstitutive Wirkung des kaufmännischen Bestätigungsschreibens – Zurechnung des Wissens eines Vertreters – Bestätigungsschreiben und Irrtumsanfechtung

Sachverhalt

L ist Inhaber eines Unternehmens, das Heizkessel herstellt. In seinem Namen verkaufte sein Handlungsbevollmächtigter V dem Fachhändler und Installateur H telefonisch einen Heizkessel für 4.000 €, Zahlungsziel drei Monate. Tags darauf bestätigte L schriftlich den Vertragsabschluss. Das Schreiben schließt mit dem Passus: „Sämtliche Lieferungen erfolgen unter Eigentumsvorbehalt. Der Käufer ist berechtigt, über die unter Eigentumsvorbehalt gelieferte Ware im ordnungsgemäßen Geschäftsverkehr zu verfügen. Veräußert der Käufer Ware oder baut er sie ein, so tritt er hiermit schon jetzt die ihm aus der Veräußerung bzw. dem Einbau entstehenden Forderungen ab." Kurz vor Ablauf der Zahlungsfrist ist über das Vermögen des H das Insolvenzverfahren eröffnet worden. Der Insolvenzverwalter lehnte auf Anfrage die Erfüllung des Vertrages ab. Gleichzeitig berief er sich vorsorglich auf Nichtgeltung des im Bestätigungsschreiben enthaltenen Eigentumsvorbehalts: H habe ihn aus Flüchtigkeit nicht gelesen und nur deshalb dem Bestätigungsschreiben nicht widersprochen. Der gelieferte Heizkessel wurde von H in das Haus des A eingebaut; die entsprechende Forderung über 5.000 € steht noch offen. L erbittet die Erstellung eines Rechtsgutachtens.

Variante: V und H hatten bei den Vertragsverhandlungen über die Frage der Kreditsicherung gesprochen: Ein Eigentumsvorbehalt bis zur Zahlung des Kaufpreises für den Heizkessel sowie die Vorausabtretung einer etwaigen Kundenforderung aus Weiterveräußerung bzw. Einbau der Vorbehaltsware wurde von H akzeptiert, ein sog. erweiterter Eigentumsvorbehalt (Sicherung aller Forderungen aus laufender Geschäftsverbindung) hingegen abgelehnt. Trotzdem behauptete V gegenüber L, dass sich H auch mit einem erweiterten Eigentumsvorbehalt einverstanden erklärt habe. Daraufhin bestätigte L das Ergebnis der Vertragsverhandlungen in diesem Punkt wie folgt: „Eigentum bis zur Zahlung aller Forderungen aus laufender Geschäftsverbindung vorbehalten. Für den Fall der Weiterveräußerung bzw. des Einbaus tritt der Käufer bereits jetzt die ihm aus der Veräußerung bzw. dem Einbau entstehenden Forderungen ab." Der Kaufpreis für den – nach wie vor in der Masse vorhandenen – Heizkessel wurde von H noch vor Insolvenzeröffnung gezahlt. Noch offen ist dagegen eine später, aber ebenfalls noch vor Insolvenzeröffnung entstandene Forderung des L gegen H. Ist L insolvenzfest gesichert?

Lösung

A. Ausgangsfall

Nachdem der Insolvenzverwalter gemäß § 103 I InsO die Erfüllung des Kaufvertrags abgelehnt hat, stellt sich aus Sicht des L die Frage, ob ihm kraft verlängerten

Eigentumsvorbehalts ein Absonderungsrecht i. S. von § 51 Nr. 1 InsO an der Forderung zusteht, die *H* gegen *A* begründet hat.

I. Gegen die Wirksamkeit eines verlängerten Eigentumsvorbehalts in der Form der Vorausabtretung der Forderungen aus Weiterveräußerung bzw. Einbau bestehen keine durchgreifenden Bedenken. Das Institut mag rechtspolitisch zur Kritik herausfordern, hat sich jedoch zum anerkannten, dem Rechtsanwender vorgegebenen Rechtsinstitut entwickelt: Nach höchstrichterlich gebilligter und zu Gewohnheitsrecht verfestigter Praxis können auch künftige Forderungen abgetreten werden, sofern Forderung und Schuldner durch die Umschreibung des für die Forderungsentstehung maßgeblichen Lebenssachverhalts jedenfalls im Entstehungszeitpunkt bestimmbar sind.[1]

II. Eine Vorausabtretung wäre auch nicht etwa wegen Übersicherung nach § 138 I nichtig: Eine nominelle Übersicherung von 25 % ist bei gebotener wirtschaftlicher, das Risiko der Sicherheitsrealisierung berücksichtigender Betrachtungsweise noch keine Übersicherung. Die neuere Rechtsprechung akzeptiert in Orientierung an § 237 S. 1 abstrakt-generalisierend einen Zuschlag von bis zu 50 %.[2]

III. Stellt sich somit die Frage, ob hier überhaupt ein wirksamer verlängerter Eigentumsvorbehalt vorliegt, so gilt es zunächst zu beachten, dass ein solcher nach überwiegend vertretener, zutreffender Auffassung selbst im Falle seiner Branchenüblichkeit nicht etwa kraft Handelsbrauchs – und erst recht nicht ohne weiteres – als stillschweigend vereinbart anzusehen ist.[3] Zu klären bleibt indes, ob die Vorausabtretungsklausel kraft des Bestätigungsschreibens Vertragsinhalt geworden und geblieben ist.

1. Nach allgemein anerkanntem, zu Gewohnheitsrecht verdichtetem Handelsbrauch besteht im kaufmännischen Verkehr unter bestimmten Voraussetzungen für den Empfänger eines „kaufmännischen Bestätigungsschreibens" die Obliegenheit, bei Divergenz von Vereinbartem und Inhalt des Bestätigungsschreibens diesem alsbald zu widersprechen; Schweigen gilt mithin als Zustimmung.[4] Allerdings kann das widerspruchslos hingenommene Bestätigungsschreiben nicht ohne weiteres maßgeblich sein, wenn es nicht lediglich den Inhalt des mündlich geschlossenen Vertrags feststellt, sondern den Vertragsinhalt – wie hier – konkretisieren und in Nebenpunkten ergänzen soll:[5] Dann ist neben einem typischerweise durch die Art des Vertragsschlusses begründeten besonderen Konkretisierungs- und Ergän-

---

[1]   BGHZ 7, 365 (367); *Nörr/Scheyhing/Pöggeler* Sukzessionen § 9 VIII; MüKoBGB/*Roth/
      Kieninger* § 398 Rn. 78 ff.; *Rimmelspacher/Stürner* KreditsicherungsR § 7 Rn. 91 ff.; *Lüke*
      SachenR Rn. 587 ff. Anders noch *Schwerdtner*, NJW 1974, 1788 f.
[2]   BGHZ *(GS)* 137, 212 ff. = JuS 1999, 740; vgl. dazu *Rimmelspacher/Stürner* Kreditsiche-
      rungsR § 10 Rn. 40 ff.; *Lüke* SachenR Rn. 600 ff.
[3]   Beachte, jeweils zum einfachen Eigentumsvorbehalt, wie hier etwa Staudinger/*Beckmann*
      § 449 Rn. 17; *Vieweg/Werner* SachenR § 11 Rn. 7; *Leible/Sosnitza,* JuS 2001, 246; groß-
      zügiger *Wellenhofer* SachenR § 14 Rn. 2. Zum konkludent vereinbarten Eigentumsvor-
      behalt bei Zurückhalt des KFZ-Briefs vgl. *BGH* NJW 2006, 3488 (3489) = JuS 2007,
      286.
[4]   Beachte zur Geltung der Grundsätze des kaufmännischen Bestätigungsschreibens aus neue-
      rer Zeit etwa *BGH* NJW 2007, 987 (988) = JuS 2007, 779; *BGH* NJW 2011, 1965 (1966);
      Leenen BGB AT § 8 Rn. 204 f.
[5]   Zur Eigenständigkeit des inhaltskonkretisierenden und -ergänzenden Bestätigungsschrei-
      bens gegenüber dem inhaltsfeststellenden Bestätigungsschreiben: *Canaris* HandelsR
      § 23 Rn. 26 f.; *Lindacher*, WM 1981, 703.

zungsinteresse auch objektive Konsensfähigkeit der Ergänzungsregelung erforderlich.[6]

a) Der Brief des *L* ist ein Bestätigungsschreiben i. e. S.:[7] Er ist seinem Erscheinungsbild nach auf verbindliche Festlegung des Inhalts eines geschlossenen Vertrags angelegt und schließt sich auch zeitlich unmittelbar an die Vertragsverhandlungen an.

b) Es kann offen bleiben, ob die Grundsätze über die Maßgeblichkeit des unwidersprochen gebliebenen Bestätigungsschreibens bereits dann greifen, wenn lediglich der Empfänger Kaufmann ist bzw. ähnlich wie ein Kaufmann am Geschäftsleben teilnimmt,[8] oder ob die Zugehörigkeit beider Teile zu jenem Personenkreis erforderlich ist.[9] Sowohl *H* als auch *L* sind Kaufleute nach § 1 I, II HGB; Anhaltspunkte dahingehend, dass ausnahmsweise ein in kaufmännischer Weise eingerichteter Gewerbebetrieb nicht erforderlich ist, sind nicht ersichtlich.

c) Auch das Erfordernis des besonderen Konkretisierungs- und Ergänzungsbedürfnisses ist erfüllt: Der telefonische Vertragsschluss stellt eine Vertragsschlussmodalität dar, bei der typischerweise Anlass zur Vertragsinhaltsausfüllung und -auffüllung besteht.[10]

d) Schließlich kommt eine potentielle Billigung der Ergänzungsregelung durch den Adressaten in Betracht: Nicht nur der einfache, sondern auch der verlängerte Eigentumsvorbehalt dürfte angesichts seines evidenten Gerechtigkeitsgehalts als konsensfähig zu erachten sein.[11]

e) Mangels Widerspruchs muss deshalb *H* (und damit auch der Insolvenzverwalter) den Inhalt des Bestätigungsschreibens zunächst gegen sich gelten lassen.

2. Allerdings könnte die Maßgeblichkeit des Bestätigungsschreibens für den Vertragsinhalt dadurch beseitigt worden sein, dass der Insolvenzverwalter gegenüber *L* geltend macht, *H* habe den Eigentumsvorbehalt-Passus aus Flüchtigkeit nicht gelesen. In der betreffenden Äußerung ist eine vom Insolvenzverwalter im Rahmen seiner Befugnis nach § 80 I InsO abgegebene Anfechtungserklärung i. S. von § 143 I zu sehen.

a) Eine Anfechtung ist im Fall eines kaufmännischen Bestätigungsschreibens nicht etwa bereits begrifflich ausgeschlossen. Qualifiziert man das Schweigen bzw. jedenfalls das bewusste Schweigen auf ein Bestätigungsschreiben als Willenserklärung,[12] wäre nach allgemeinem Zivilrecht die Anfechtbarkeit in unmittelbarer Anwendung des § 119 I Var. 1 zu bejahen: Wer wegen flüchtigen Lesens über den Inhalt des Bestätigungsschreibens irrt, ist auch über den Inhalt seines beredten Schweigens, d. h. seiner Willenserklärung, im Irrtum. Aber auch wenn man dem Schweigen auf ein Bestätigungsschreiben die Qualität einer Willenserklärung abspricht, da Schwei-

---

[6] *K. Schmidt* HandelsR § 19 Rn. 93; *Lindacher,* WM 1981, 705 f.

[7] Näher zu den Begriffsmerkmalen des kaufmännischen Bestätigungsschreibens etwa Erman/ *Armbrüster* § 147 Rn. 5 ff.; *Lettl,* JuS 2008, 849; *Musielak/Hau* EK BGB Rn. 54 f. Zur Fallbearbeitung vgl. *Leenen* BGB AT § 8 Rn. 214 ff.

[8] So beachtlich: *Flume* BGB AT II § 36 (2); *Canaris* HandelsR § 23 Rn. 45; *Weller/Prütting* HandelsR Rn. 873.

[9] So *BGH* NJW 1975, 1358; *OLG Koblenz* NJW-RR 2007, 813 (814); *K. Schmidt* HandelsR § 19 Rn. 80; Palandt/*Ellenberger* § 147 Rn. 10.

[10] *Lindacher,* WM 1981, 702 (704 f.).

[11] Näher *Lindacher,* WM 1981, 702 (705).

[12] Im ersten Sinne etwa *Kellmann,* JuS 1971, 616, im zweiten Sinne etwa *Larenz* BGB AT, 7. Aufl. 1989, § 33 IV, sowie *Canaris* Vertrauenshaftung S. 207 f.

gen keine Erklärung, sondern ein Nicht-Erklären sei,[13] ist damit nur die Möglichkeit einer unmittelbaren Anwendung der §§ 119 ff. verneint. Jedenfalls bei bewusstem Schweigen stellt sich dann aber die Frage analoger Anwendung: Wer als Empfänger des Schreibens geschwiegen hat, weil er den Inhalt desselben gelten lassen wollte, darf nicht schlechter stehen als derjenige, der die Zustimmung ausdrücklich erklärt hat.[14]

b) Zu prüfen bleibt freilich, ob Sonderregeln des kaufmännischen Geschäftsverkehrs und/oder die Funktion des kaufmännischen Bestätigungsschreibens eine Einschränkung der nach allgemeinem Zivilrecht gegebenen Anfechtbarkeit für beide Fallgestaltungen (die ausdrückliche Zustimmung und das Schweigen) gebieten. Bisweilen will man dem Kaufmann die Berufung auf einen durch sorgfältiges Lesen vermeidbaren Irrtum ganz allgemein verwehren.[15] Andere lehnen zwar die Geltung eines Rechtssatzes dieses Inhalts als zu weitgehend ab, befürworten indes eine Beschränkung der Beachtlichkeit des Irrtums überall dort, wo vom Kaufmann eine unverzügliche Antwort verlangt wird. In diesem Bereich berechtige ein schuldhafter Irrtum weder bei einem ausdrücklichen „Ja" noch bei Schweigen zur Anfechtung.[16] Da der Widerspruch auf ein kaufmännisches Bestätigungsschreiben unstreitig unverzüglich zu erfolgen hat,[17] wäre hiernach Anfechtung wegen eines durch flüchtiges Lesen des Bestätigungsschreibens bedingten Inhaltsirrtums gleichfalls ausgeschlossen.[18]

Ob dieser oder jener Ansicht in ihrer Allgemeinheit zu folgen ist, mag dahinstehen. Jedenfalls sollte unzweifelhaft sein, dass fehlende Sorgfalt bei der Lektüre von Bestätigungsschreiben dem Kaufmann die Berufung auf einen hierdurch verursachten Irrtum abschneidet: Weil der Widerspruch gegen ein Bestätigungsschreiben bei Inkongruenz von Vereinbartem und Bestätigtem faktisch Kenntnis vom Schreibensinhalt voraussetzt, geht die Obliegenheit zu unverzüglichem Widerspruch bei Kenntnis des Inhalts mit der Obliegenheit zu sorgfältiger Lektüre des Schreibens einher. Diesbezügliche Sorgfaltswidrigkeit kann bei wertender Betrachtung kaum leichter veranschlagt werden als fehlende Sorgfalt bezüglich des Widerspruchs: Vermag ein objektiv verspäteter Widerspruch zumindest dann die Maßgeblichkeit des Bestätigungsschreibens nicht mehr zu beseitigen, wenn den Adressaten ein „Verschulden gegen sich selbst" trifft, so muss es dem Empfänger des Schreibens auch verwehrt sein, die durch sein Schweigen eingetretene Rechtswirkung durch Anfechtung zu beseitigen, wenn und soweit er den Irrtum bei sorgfältigem Lesen vermieden hätte.[19]

IV. Aus § 51 Nr. 1 InsO folgt, dass die – nach alledem wirksame – Vorausabtretung der Forderungen aus erlaubter Weiterveräußerung dem Vorbehaltsverkäufer (hier:

---

13 So insbes. *Flume* BGB AT II § 36 (5).
14 So zu Recht etwa *Wolf/Neuner* BGB AT § 37 Rn. 56; *Heinrich* ZivilR Fall 2.
15 So z. B. *Flume* BGB AT II § 21 (9c); MüKoBGB/*Armbrüster* § 119 Rn. 66 ff.
16 So z. B. *Medicus/Petersen* BürgerlR Rn. 58.
17 Kontrovers ist lediglich, ob der Empfänger den Inhalt des Bestätigungsschreibens im Verzögerungsfall generell oder nur bezüglich bestimmter Fallgruppen sogar verschuldensunabhängig gegen sich gelten lassen muss.
18 Konsequent: *Medicus/Petersen* BürgerlR Rn. 65.
19 Im Ergebnis h. M., statt vieler: *K. Schmidt* HandelsR § 19 Rn. 136; *Weller/Prütting* HandelsR Rn. 871. Anders freilich explizit *Canaris* HandelsR § 23 Rn. 38; *Diederichsen*, JuS 1966, 136 f. Vermittelnd Erman/*Armbrüster* § 147 Rn. 14: Anfechtung nur bei bewusstem Schweigen, sonst keine Kausalität zwischen Irrtum und Erklärung.

L) im Insolvenzfall des Vorbehaltskäufers (hier: *H*) kein Aussonderungs-, sondern nur ein Absonderungsrecht begründet.[20]

V. Sollte sich die Sicherheit aus dem Weiterveräußerungsgeschäft als nicht realisierbar erweisen, so wäre *L* aus der Nichterfüllung des Kaufvertrages ein Schaden erwachsen, den er gemäß § 103 II 1 InsO nur als Insolvenzgläubiger i. S. von § 38 InsO ersetzt verlangen könnte (nicht Masse-, sondern nur Insolvenzforderung).[21]

B. Variante

Als insolvenzfeste Sicherung der offenen Kaufpreisforderung aus späterer Lieferung kommt nur ein erweiterter Eigentumsvorbehalt an dem noch in der Masse befindlichen Kessel in Betracht, der gegebenenfalls ein Absonderungsrecht (§ 50 InsO) an demselben begründen würde: Der erweiterte Eigentumsvorbehalt steht in funktioneller Verwandtschaft zum Sicherungseigentum, das gemäß § 51 Nr. 1 InsO gleichfalls kein Aussonderungs-, sondern lediglich ein Absonderungsrecht gewährt.[22] Das ohne Widerspruch gebliebene Bestätigungsschreiben statuiert in der Tat einen solchen Vorbehalt. Bedenken ergeben sich insoweit freilich in zweifacher Hinsicht:

I. Zweifelhaft mag bereits erscheinen, ob ein erweiterter Eigentumsvorbehalt der *in casu* verwandten Art (Sicherung aller Forderungen aus laufender Geschäftsverbindung, d. h. nicht nur bereits bestehender, sondern auch erst noch entstehender Forderungen) nicht schon generell unzulässig ist. Zwar billigen Rechtsprechung[23] und herrschende Lehre[24] auch diese Form des Eigentumsvorbehalts. Andererseits wird der umfassende „Kontokorrentvorbehalt" in der Literatur bekämpft,[25] wobei insbesondere der mangelnde innere Zusammenhang zwischen Sicherungsmittel und zu sichernder Forderung sowie das übermäßige zeitliche Hinausschieben des Eigentumsübergangs gerügt werden. Man konnte deshalb entgegen verschiedentlich verlautbarter Ansicht[26] kaum von einer Verfestigung der Praxis zu Gewohnheitsrecht sprechen, wird freilich andererseits schwerlich umhin kommen, aus der Einfügung des § 455 II a. F. (nunmehr: § 449 III) durch Art. 33 Nr. 17 EGInsO auf eine legislatorische Billigung der h. M. zu schließen:[27] Die Beschränkung des Nichtigkeitsverdikts auf die Erweiterungsform des Konzernvorbehalts kann wohl nur dahin verstanden werden, dass der Gesetzgeber die Bedenken gegen die Zulässigkeit des Kontokorrentvorbehalts nicht teilt.

II. Selbst bei Bejahung der Zulässigkeit eines umfassenden Kontokorrentvorbehalts bleibt zu prüfen, ob der Vertrag zwischen *L* und *H* überhaupt nach Maßgabe des Inhalts des Bestätigungsschreibens gilt oder ob es mit dem zuvor mündlich Vereinbarten sein Bewenden hat.

1. Das Bestätigungsschreiben des *L* war nach dessen Intention ein lediglich inhaltsfeststellendes Bestätigungsschreiben, sollte also nur das – vermeintlich – Vereinbarte fixieren und wiedergeben. Auch insoweit gilt, dass Schweigen des Adressaten unter

[20] Näher zu dieser Unterscheidung etwa *Foerste* InsR Rn. 85 ff., 344 ff.; *Reischl* InsR Rn. 281 ff.
[21] Näher zu dieser Unterscheidung wiederum *Foerste* InsR Rn. 57 ff.; *Reischl* InsR Rn. 364 ff.
[22] Vgl. *BGH* NJW 2008, 1803 (1805); Staudinger/*Beckmann* § 449 Rn. 112 f.; *Wellenhofer* SachenR § 14 Rn. 85.
[23] BGHZ 94, 105 (112); *BGH* NJW 1994, 1154 f.
[24] Vgl. z. B. *Wieling* SachenR § 17 V 2; *Müller/Gruber* SachenR Rn. 1547; *Prütting* SachenR § 33 Rn. 408; *Bülow* KreditsicherungsR Rn. 1501.
[25] S. vor allem *Larenz* SchuldR II § 43 I 4; ferner: *Reinicke/Tiedtke* KaufR Rn. 1344 ff.
[26] S. etwa *Serick* EV V § 56 III.
[27] So auch Jauernig/*Berger* § 929 Rn. 31.

bestimmten Voraussetzungen ein Verschweigen bedeutet und der Vertrag nach Maßgabe des Bestätigungsschreibens wirkt.[28]

a) Wie in der Grundfallgestaltung erfüllt das Schreiben den Tatbestand eines kaufmännischen Bestätigungsschreibens im technischen Sinn. Zudem bestand, da der Vertragsschluss mündlich erfolgte, grundsätzlich ein Bestätigungsgrund.

b) Selbst dann, wenn nach der Art des Vertragsschlusses die Möglichkeit verständlicher subjektiver Ungewissheit grundsätzlich anzuerkennen ist, kann es freilich deshalb am erforderlichen Bestätigungsgrund fehlen, weil nach dem konkreten Verhandlungsgeschehen vernünftige Zweifel eines sorgfältigen Bestätigenden über die Regelung bzw. Nichtregelung eines bestimmten Punktes ausscheiden. Dies wiederum ist insbesondere dann der Fall, wenn eine Regelung „bestätigt" wird, die vom Adressaten der anderen Seite gegenüber explizit abgelehnt wurde.[29]

Hätte *L* selbst die Verhandlungen geführt und damit in Kenntnis der Abweichung etwas anderes „bestätigt" als abgesprochen war, so wäre deshalb die Verbindlichkeit des erweiterten Eigentumsvorbehalts zu verneinen. Vorliegend war indes *L* selbst gutgläubig. Die eigene Redlichkeit nutzt ihm freilich nichts, weil er sich analog § 166 I das Wissen seines Vertreters *V* zurechnen lassen muss:[30] Es kann keinen Unterschied machen, ob der bösgläubige Vertreter in Vollmacht des Geschäftsherrn die angebliche Vereinbarung „bestätigt" (dann unmittelbare Anwendung des § 166 I) oder ob er seinen arglosen Geschäftsherrn durch eine unrichtige Mitteilung zur Bestätigung veranlasst. Hier wie dort muss grundsätzlich gelten: Wer sich im rechtsgeschäftlichen Verkehr fremder Hilfe bedient und die Wirkung fremden Handelns für sich in Anspruch nimmt, hat auch die Nachteile daraus in Kauf zu nehmen und darf sich nicht sauberer Hände rühmen, wenn andere sie sich für ihn schmutzig gemacht haben.

2. Aber auch bei Umdeutung des vertragsinhaltsfeststellenden in ein vertragsinhaltsergänzendes Bestätigungsschreiben wird der erweiterte Eigentumsvorbehalt im vorliegenden Fall nicht zum Vertragsinhalt: War der konkrete Regelungspunkt, wenn auch mit dem negativen Ergebnis der Nichtakzeptanz, bereits Gegenstand der vorgängigen Vertragsverhandlungen, so mangelt es bereits am erforderlichen Ergänzungsgrund; und im Übrigen erweist sich ein Kontokorrentvorbehalt angesichts seiner zumindest rechtspolitischen Fragwürdigkeit wohl kaum als objektiv konsensfähig.[31]

III. *L* ist daher hinsichtlich seiner Kaufpreisforderung aus der Zweitlieferung nicht insolvenzfest gesichert.

---

[28] Ganz h.M., statt vieler: *K. Schmidt* HandelsR § 19 Rn. 87 ff.; *Köhler* BGB AT § 8 Rn. 30 ff.; MüKoBGB/*Busche* § 147 Rn. 9; *Lindacher*, WM 1981, 702 ff. A. A. – die materielle Bindungswirkung leugnend und dem unwidersprochenen inhaltsfeststellenden Bestätigungsschreiben nur eine Beweisfunktion zusprechend – vor allem *F. Bydlinski*, FS Flume I, 1978, S. 335 ff.

[29] Näher *Lindacher*, WM 1981, 704. Zumindest im Ergebnis übereinstimmend (vorrangig freilich auf den – im Bereich des vertragsinhaltsfeststellenden Bestätigungsschreibens indes wohl deplatzierten – Topos der fehlenden Genehmigungsfähigkeit abstellend): *K. Schmidt* HandelsR § 19 Rn. 111; *Canaris* HandelsR § 23 Rn. 25.

[30] Vgl. BGHZ 40, 42 (45 ff.); BGHZ 93, 338 (343); *Canaris* HandelsR § 23 Rn. 40; Heymann/ *Horn* HGB § 346 Rn. 60.

[31] Näher *Lindacher*, WM 1981, 704 f.

Fall 13. „Battle of Forms"

Vertragsschlussprobleme bei Inbezugnahme divergierender AGB – Abgrenzung Bestätigungsschreiben/Auftragsbestätigung – Partieller Dissens – Selbstinterpretation durch späteres Verhalten

Sachverhalt

A ist Inhaber eines auf Herstellung und Erstellung von Entgiftungs- und Kläranlagen gerichteten Unternehmens. B betreibt eine elektrotechnische Fabrik. Die Firmen beider Unternehmen sind im Handelsregister eingetragen. Nach entsprechenden Vorverhandlungen bestellte B bei A eine näher gekennzeichnete Filteranlage zum Gesamtpreis (einschließlich Montage) von 550.000 €, Abnahmetermin 30. Juni. Der Gesamtpreis setzt sich rechnerisch aus einem Betrag in Höhe von 400.000 € für die vorgefertigten Anlageteile und einem Betrag von 150.000 € für den Einbau der Anlage zusammen. Im Bestellschreiben war einleitend formularmäßig auf die beigefügten eigenen allgemeinen Einkaufsbedingungen verwiesen und die Geltung anders lautender Bedingungen des Lieferers unter den Vorbehalt schriftlicher Anerkennung gestellt. Die Einkaufsbedingungen enthalten u. a. eine Klausel dahin, dass der „Auftraggeber" vom „Auftragnehmer" unbeschadet des Nachweises und der Geltendmachung eines höheren Schadens für jeden Kalendertag Verspätung 0,2 %, insgesamt jedoch höchstens 5 % der Auftragssumme als Vertragsstrafe verlangen kann, sofern der „Auftragnehmer" die Verspätung zu vertreten hat. Das entsprechende Recht erwachse dem „Auftraggeber" – so die AGB – auch ohne Vorbehalt bei der Leistungsannahme. Der mit „Bestellungsannahme" überschriebene Antwortbrief des A enthält zunächst eine korrespondierende Leistungsbeschreibung und Terminangabe. Sodann folgt – abgesetzt – der Satz: „Im Übrigen gelten unsere allgemeinen Verkaufs- und Lieferbedingungen." Das Schreiben schließt mit der Formel: „Wir danken Ihnen für die Erteilung des geschätzten Auftrags." Die beigefügten Verkaufs- und Lieferbedingungen des A beinhalten u. a. die Klausel: „Schadensersatzansprüche wegen verspäteter Lieferung oder Montage sind ausgeschlossen, soweit sie ihren Grund nicht in grober Fahrlässigkeit haben."

B hatte vor dem vereinbarten Abnahmetermin pünktliche Lieferung und Montage angemahnt, A – noch vor dem 30. Juni – repliziert, man werde alles tun, um den Termin einzuhalten. Tatsächlich wurde die Anlage infolge einer Fehldisposition in der betrieblichen Fertigungsplanung jedoch mit einer Verspätung von 20 Tagen erstellt. B, der durch die Verzögerung einen nachweisbaren Schaden in Höhe von 20.000 € erlitten hat, hat unter Hinweis auf den nicht termingerechten Einbau 22.000 € (entsprechend 20 Kalendertagen à 0,2 % der Auftragssumme) einbehalten und deshalb nur 528.000 € gezahlt.

Kann A Zahlung der Restvergütung verlangen?

Lösung

Das Zahlungsverlangen ist nach § 631 I begründet, wenn zwischen *A* und *B* ein Vertrag zustande gekommen und der Restvergütungsanspruch nicht durch Aufrechnung erloschen ist.

I. Am Zustandekommen eines Vertrags ist im Ergebnis nicht zu zweifeln: Spätestens aus den beiderseitigen Leistungshandlungen lässt sich auf einen entsprechenden Vertragswillen schließen. Der Konsens umfasst mindestens die *essentialia negotii* unter Einschluss der Höhe der Vergütung.[1]

II. Der Restvergütungsanspruch könnte indes – ganz oder teilweise – durch Aufrechnung erloschen sein: Die Aufrechnung muss anerkanntermaßen nicht ausdrücklich erklärt werden.[2] In der Zahlungsverweigerung des *B* unter Hinweis auf die Lieferterminüberschreitung ist eine konkludente Aufrechnungserklärung (§ 388) zu sehen.

1. Als zur Aufrechnung gestellte Forderung kommt zunächst ein Vertragsstrafeanspruch nach § 339 S. 1 (in Höhe des Restvertragsentgelts) in Betracht: Der Betrag von 22.000 € entspricht genau der Strafsumme, die bei einer Strafklausel „0,2 % der Auftragssumme je Kalendertag Verspätung" bei 20 Tagen Terminüberschreitung aufgelaufen wäre.

a) Pönalklauseln, die eine nach dem Maß der Sachleistungsverspätung wachsende Strafe statuieren, verstoßen – jedenfalls im Unternehmensverkehr (§ 310 I) – nicht gegen § 307,[3] wenn die Strafe nicht unabhängig von dem Verschulden des Verwendungsgegners verwirkt wird,[4] ein Gesamthöchstbetrag ausgeworfen ist und die Strafe in Relation zum möglichen Schaden steht.[5]

In casu ist die Verwendergegenseite, also *A*, Kaufmann nach § 1 HGB, jedenfalls nach § 2 HGB, und es handelt sich nicht um ein Privat-, sondern um ein Handelsgeschäft (§ 343 HGB). Auch gegen die konkrete Ausgestaltung (also 0,2 % pro Verspätungstag, insgesamt jedoch höchstens 5 % der Auftragssumme) bestehen keine Bedenken, denn sowohl der Tagessatz als auch die Strafsummenobergrenze bewegen sich im Rahmen des noch Tolerablen.[6]

b) Fraglich ist freilich, ob es überhaupt zum Vertragsschluss unter Einbeziehung der AGB des *B* gekommen ist. Der Antrag des *B* schließt zwar dessen AGB ein. Die vertragliche Einigung unter Geltung der AGB des *B* wäre aber nur dann zu bejahen, wenn die „Auftragsbestätigung" des *A* trotz der Bezugnahme auf die eigenen AGB als *vorbehaltlose* Annahme des Angebots des *B* zu qualifizieren wäre.

---

[1] Vgl. dazu, dass ein Vertrag in Fallgestaltungen vorliegender Art jedenfalls zustande kommen soll, einstweilen *Stoffels* AGB-R Rn. 320; Bamberger/Roth/*Becker* § 305 Rn. 82.

[2] Statt vieler: *OLG Jena* NJW 2017, 177; Jauernig/*Stürner* § 388 Rn. 1.

[3] Vgl. zu einer fast schulmäßigen, an § 307 gemessenen Inhaltskontrolle von zahlreichen Klauseln in den Einkaufsbedingungen eines Baumarktes BGHZ 164, 196 = NJW 2006, 47.

[4] Vgl. *BGH* NJW-RR 2008, 615 (616): eine Bauvertragsstrafenklausel in Höhe von 0,3 % der Auftragssumme pro Werktag des Verzugs und einem Gesamthöchstbetrag von 10 % der Schlussrechnungssumme ist unwirksam, wenn die Strafe verschuldensunabhängig verwirkt werden kann (außerdem verstieß die Klausel gegen das Transparenzgebot).

[5] Statt vieler: Soergel/*Lindacher* Vorb. § 339 Rn. 15 m. w. N.; Palandt/*Grüneberg* § 339 Rn. 12.

[6] Zum Tagessatz (0,2–0,3 % der Auftragssumme): *BGH* NJW 1999, 1108 f., bestätigt durch *BGH* NJW-RR 2008, 615 (616); zur Strafsummenobergrenze (max. 5 % der Auftragssumme): *BGH* NJW 2003, 1805 (1808). Dazu, ob auch die 10 %-Obergrenze im Fall *BGH* NJW-RR 2008, 615 noch angemessen war, hat der *BGH* dort nicht Stellung genommen.

Eine ältere *BGH*-Entscheidung[7] hat in einer vergleichbaren Fallgestaltung die Annahme in der Tat als unbeschränkt gewertet: Der Empfänger eines Angebots müsse
Abweichungen bei einer „Auftragsbestätigung" klar und unzweideutig zum Ausdruck bringen. Hieran fehle es aber, wenn das Schreiben in großem, auffälligem
Druck die Überschrift „Bestellungsannahme" trägt, mit dem Satz „Wir danken für
die Erteilung des geschätzten Auftrags" schließt und nur im Text auf die eigenen
Lieferbedingungen verwiesen wird. Man wird jedoch, selbst wenn man das „Un-
zweideutigkeitspostulat" als solches akzeptiert, hier keinen Verstoß dagegen annehmen können: *A* hat sehr wohl in unmissverständlicher und durchaus nicht unauffäl-
liger Weise die Geltung seiner AGB verlangt. Die Überschrift und der Schlusssatz
dispensierten *B* keineswegs von der Lektüre der individuell gehaltenen „Auftragsbestätigung"; denn im kaufmännischen Verkehr ist es alles andere als selten, dass
Bestellungen zu den AGB des Bestellers vom Lieferanten unter Verweis auf die
eigenen AGB „bestätigt" werden. Ob die Bezugnahme auf die eigenen AGB am
Anfang, in der Mitte oder am Schluss der Bestellannahme steht, kann deshalb nicht
entscheidend sein.[8]

Zu erwägen bleibt deshalb allenfalls, ob der Umstand, dass *B* in seinem Schreiben
formularmäßig die Geltung anderer AGB ausdrücklich zurückgewiesen, *A* hingegen
mit „schlichter" Bezugnahme auf seine AGB bestätigt hatte, die „Auftragsbestätigung" als vorbehaltlose Annahme erscheinen lässt.[9] Bei wertender Betrachtung kann
man indes schwerlich sagen, dass der „einfache" Hinweis auf die eigenen AGB der
„Auftragsbestätigung" hier nur „beiläufig" angefügt sei.[10] Der Sache nach besteht
kein Unterschied zwischen der Formulierung „Es gelten ausschließlich unsere AGB,
anders lautende Bedingungen des Lieferers binden uns nur, wenn sie von uns
schriftlich anerkannt sind" und dem der Feststellung der Vertragsessentialien folgenden Satz „Im Übrigen gelten unsere AGB". Hier wie dort wird bei Inkompatibilität
der beiderseitigen AGB versucht, die eigenen – und nur die eigenen – AGB in
Geltung zu setzen.[11]

c) Als Zwischenergebnis ist deshalb festzuhalten: Mangels vorbehaltloser Annahme des Angebots des *B* durch *A* ist der Vertrag jedenfalls nicht zu den AGB des
B geschlossen worden. Ein Vertragsstrafeanspruch als zur Aufrechnung gestellte
Gegenforderung scheidet schon aus diesem Grunde aus. Ob dem Vertragsstrafe-
verlangen auch entgegenstünde, dass *B* die Spätleistung vorbehaltlos angenommen
hat (Problem der formularmäßigen Abdingbarkeit des § 341 III), kann letztlich
offenbleiben: Wer hier mit der h. M.[12] – auch im unternehmerischen Verkehr[13] –
formularmäßig nur eine Modifikation dahingehend zulässt, dass der Vorbehalt
spätestens bei der Schlusszahlung zu erklären ist, wer also dem formularmäßig
vorgegebenen vollständigen Verzicht auf den Vorbehalt durch den Klauselgegner
die Wirksamkeit abspricht, gewinnt nur ein weiteres Argument gegen die Straf-
forderung.

---

[7]   *BGH* LM § 150 Nr. 2 = BB 1952, 238 = NJW 1952, 499; so auch *BGH* WM 1983, 313 (314).
[8]   So zu Recht *Flume* BGB AT II § 37 (3).
[9]   In diesem Sinne in der Tat *Grasmann*, DB 1971, 561 (562 f.); im Ergebnis ebenso wohl auch
      das *obiter dictum* in *BGH* JZ 1977, 602 (603) mit insoweit abl. Anm. *Lindacher*.
[10] So aber *Grasmann*, DB 1971, 561 (562 f.).
[11] Gegen die Unterscheidung nach „einfachen" und „qualifizierten" Klauseln auch *Schlech-
      triem*, FS Wahl, 1973, S. 77 Fn. 45; Wolf/Lindacher/Pfeiffer/*Pfeiffer* § 305 Rn. 141.
[12] BGHZ 85, 305 (310 f.) = NJW 1983, 385 (386 f.); MüKoBGB/*Gottwald* § 341 Rn. 17;
      Soergel/*Lindacher* § 341 Rn. 16; Palandt/*Grüneberg* § 341 Rn. 5.
[13] A. A. insoweit Staudinger/*Rieble* § 341 Rn. 15.

2. Zu prüfen bleibt indes, ob *B* nicht wenigstens ein aufrechenbarer Schadensersatzanspruch aus Verzug (§§ 280 I, II, 286) erwachsen ist.

a) Ein solcher Anspruch setzt zunächst zweierlei voraus: positiv den Bestand und
die Fälligkeit des Lieferanspruchs *vor* Leistungserbringung durch den Schuldner
(hier: *A*) sowie eine Mahnung, sofern diese nicht ausnahmsweise entbehrlich ist
(§ 286 II), negativ das Nichtgreifen des formularmäßigen Haftungsausschlusses,
sei es, dass der Vertrag ohne Einbeziehung der den Ausschluss beinhaltenden
AGB des *A* geschlossen wurde, sei es, dass ein formularmäßiger Haftungsausschluss der hier thematisierten Art als inhaltlich unbillig i. S. von § 307 unwirksam
ist.

aa) Auf der Basis der auf § 150 II gestützten – früher auch vom *BGH*[14] vertretenen –
„Theorie des letzten Worts"[15] wäre die den Geltungsanspruch der eigenen AGB
erhebende „Auftragsbestätigung" des *A* als Ablehnung des ursprünglichen Antrags
und als neuer eigener Antrag zu qualifizieren. Der Vertrag wäre zwar unter Einschluss der AGB des *A*, aber erst mit der widerspruchslosen Abnahme der Lieferung
(und nicht etwa bereits durch Nichtwiderspruch gegen das neue Angebot[16]) zustande gekommen. Ein Schadensersatzanspruch aus Verzug würde bereits im Hinblick
auf den Zeitpunkt des Vertragsschlusses scheitern: Wer (noch) nicht zur Lieferung
verpflichtet ist, kann nicht in Verzug geraten.

bb) Richtigerweise wird man die Lehre von der Maßgeblichkeit des „letzten
Worts"[17] mit der ganz h. L.[17] und verschiedenen Obergerichten[18] indes – selbst
dann, wenn der Vorbehalt des Lieferanten, nur zu seinen AGB zu liefern, individuell erfolgt[19] – bereits im Ansatz verwerfen. Allemal aber sollte man mit der
neueren *BGH*-Judikatur[20] in der vorbehaltlosen Leistungsannahme durch den
Besteller dann keine Annahme des Angebots auf Abschluss zu den Bedingungen
des Lieferanten sehen, wenn die Bestellung eine Abwehrklausel der hier verwendeten Art enthält:[21] Es ist nämlich kein Grund ersichtlich, weshalb dem Hinweis des
Bestellers auf seine AGB (erst recht bei zusätzlicher Verwendung einer „Abwehrklausel") jede Bedeutung allein deshalb genommen sein soll, weil die Gegenseite
nach jenem auf ihre AGB verwiesen hat. Man wird vielmehr in *beiden* Hinweisen
einen Vorbehalt i. S. von § 154 I zu sehen haben, so dass die dort niedergelegte
Auslegungsregel zur Anwendung kommt: Nichteinigung über offene Punkte bedeutet im Zweifel, dass es (noch) nicht zum Vertragsschluss gekommen ist. Zwar
würde die Vermutung wohl noch nicht dadurch widerlegt, dass (möglicherweise)
Besteller und Lieferanten mehrheitlich den Geschäftsabschluss unabhängig von der
AGB-Geltungsfrage wollen; denn § 154 I 1 ist schwerlich als bloße Vertypung
eines Wahrscheinlichkeitsurteils zu verstehen (so dass bereits einschlägige Atypizi-

---

[14] *BGH* LM § 150 Nr. 3 = MDR 1954, 733 sowie *BGH* NJW 1963, 1248.
[15] Aus dem Schrifttum: *Tengelmann,* DB 1968, 205 (207); *Ebel,* NJW 1978, 1033 f.
[16] S. insoweit BGHZ 61, 283 (285 f.) = NJW 1973, 2106.
[17] Statt vieler: *Flume* BGB AT II § 37 (3); *Medicus/Petersen* BürgerlR Rn. 75; *Stoffels* AGB-R
   Rn. 319 ff.; *Köhler* BGB AT § 16 Rn. 18; Bamberger/Roth/*Becker* § 305 Rn. 81 f.; Staudin-
   ger/*Schlosser* § 305 Rn. 206; Ulmer/Brandner/Hensen/*Ulmer/Habersack* § 305 Rn. 188.
[18] *OLG Köln* BB 1980, 1237 (1238 ff.); *OLG Koblenz* BB 1984, 1319.
[19] A. A. insoweit *Köhler* BGB AT § 16 Rn. 19.
[20] *BGH* BB 1974, 1136 (1137); NJW 1991, 1604 (1606); NJW 1995, 1671 (1672). Zustimmend
   u. a. Wolf/Lindacher/Pfeiffer/*Pfeiffer* § 305 Rn. 140; wohl eher kritisch *Stoffels* AGB-R
   Rn. 319 ff.
[21] Zum Folgenden bereits *Lindacher,* JZ 1977, 604 f.

tät eine Ausnahme von der Regel zu konstituieren vermöchte),[22] vielmehr wohl als eine *normative* Regel: als Ausfluss des Gedankens negativer Abschlussfreiheit, d. h. als Auslegungsregel, die verhindern soll, dass jemand gegen seinen erklärten Willen in eine vertragliche Pflichtenlage gerät, unabhängig davon, ob dieser Wille typisch ist oder nicht. Aus dem *späteren* Verhalten der Beteiligten kann sich indes der Schluss ergeben, dass abweichend von der Regel des § 154 I sehr wohl von Anfang an eine vertragliche Bindung gewollt war, zumindest aber *ex nunc* akzeptiert wird.[23]

Und genau dies ist vorliegend zu bejahen: Die Würdigung des beiderseitigen Gesamtverhaltens ergibt, dass die Frage, wessen Bedingungen gelten, gerade deshalb nicht ausgetragen wurde, um daran den Vertrag nicht scheitern zu lassen. Fraglich ist wohl nur, ob man ein In-Geltung-Setzen des Vertrags *ex nunc* oder *ex tunc* anzunehmen hat. Stellte man lediglich auf die Erfüllungshandlungen ab, käme mangels Möglichkeit eines stringenten Schlusses auf den ursprünglichen Vertragsbindungswillen wohl nur Ersteres in Betracht: Die Leistungserbringung wäre als neues Angebot unter Verzicht auf das Geltungsmonopol der eigenen AGB, die widerspruchslose Entgegennahme der Leistung als Annahme desselben zu qualifizieren. Berücksichtigt man jedoch richtigerweise auch die Leistungsanmahnung durch *B* und die Leistungsankündigung durch *A*, wird man durchaus Von-Anfang-an-Wirksamkeit des Liefer- und Montagevertrags annehmen können: Das beiderseitige Gesamtverhalten erlaubt den Schluss, dass sich die Beteiligten trotz Dissenses in der AGB-Frage vertraglich gebunden sahen; die Unwirksamkeitsvermutung des § 154 I 1 ist ex post als widerlegt zu erachten (sog. Selbstinterpretation durch späteres Verhalten). In einer solchen Konstellation gelten das individuell Vereinbarte, aus den nicht global einbezogenen Klauselwerken hingegen nur die übereinstimmenden sowie diejenigen Bedingungen, welche die Gegenpartei lediglich begünstigen.[24] Lücken sind nach allgemeinen Grundsätzen, nämlich durch Rekurs auf das dispositive Recht (§ 306 II), und wo dieses fehlt oder mit Blick auf das Gebot eines angemessenen Interessenausgleichs nicht passt, im Wege ergänzender Vertragsauslegung zu schließen.[25]

Ursprüngliche Geltung des individuell Vereinbarten heißt für den Entscheidungsfall, dass der Liefertermin 30. Juni maßgeblich und infolgedessen eine verzugsauslösende Mahnung nach § 286 II Nr. 1 entbehrlich war. Die Haftungsausschlussklausel ist demgegenüber nicht Vertragsinhalt geworden. Daher kann die Streitfrage offenbleiben, ob die Freizeichnung von der Haftung für leicht fahrlässig herbeigeführte Verzögerungsschäden unterhalb der Fixgeschäftsschwelle im unternehmerischen Geschäftsverkehr zulässig oder aber der Verzugsschadensersatzanspruch nach § 307

---

[22] A. A. freilich etwa *Ulmer/Habersack* in Ulmer/Brandner/Hensen § 305 Rn. 188: „Die Lösung ist (...) durch Umkehrung der Auslegungsregel des § 154 I für den Fall kollidierender AGB zu gewinnen. Angesichts der großen Verbreitung der AGB-Verwendung im Handelsverkehr und der Häufigkeit der dabei auftretenden Kollisionen kann im Zweifel davon ausgegangen werden, dass die Parteien den Vertrag trotz fehlender Einigung über die in den jeweiligen AGB fixierte Rahmenordnung schließen wollten."

[23] Wie hier: *Medicus/Petersen* BGB AT Rn. 435 ff.; MüKoBGB/*Busche* § 154 Rn. 6.

[24] *Flume* BGB AT II § 37 (3); *Köhler* BGB AT § 16 Rn. 18; Staudinger/*Schlosser* § 305 Rn. 209; Wolf/Lindacher/Pfeiffer/*Pfeiffer* § 305 Rn. 137, 141 ff.; *Stoffels* AGB-R Rn. 321 f.; *Grigoleit/Herresthal* BGB AT Rn. 449.

[25] *Köhler* BGB AT § 16 Rn. 18.

generell freizeichnungsfest ist (und die Haftungsausschlussklausel mithin auch aus diesem Grund unwirksam wäre).[26]

b) Vor diesem Hintergrund steht der Anspruch auf Ersatz des Verzugsschadens außer Frage: Eigenes oder fremdes Organisationsverschulden hat *A* nach § 276 I bzw. § 278 zu vertreten. Er befand sich, da der Lieferzeitpunkt kalendermäßig bestimmt war, mithin auch ohne Mahnung im Verzug (§ 286 I, II Nr. 1). Er hat deshalb dem *B* den aus der Spätlieferung erwachsenen Schaden in Höhe von 20.000 € zu ersetzen (§§ 280 I, II, 286).

III. Das auf 22.000 € zu beziffernde Restzahlungsverlangen des *A* ist mithin nur in Höhe von 2.000 € begründet. Im Übrigen ist der Vergütungsanspruch durch Aufrechnung erloschen (§ 389).

---

[26] Jedenfalls eine umfassende Freizeichnung auch für Körper- und Gesundheitsschäden (§ 309 Nr. 7a) und für sonstige Schäden selbst bei grobem Verschulden (§ 309 Nr. 7b) ist auch im Geschäftsverkehr zwischen Unternehmern wegen unangemessener Benachteiligung des Vertragspartners des Verwenders unwirksam: dazu BGHZ 174, 1 (5 f.) = NJW 2007, 3774 (3775).

Fall 14. Fohlen unter dem Hammer

Allgemeine Versteigerungsbedingungen – AGB-Kontrolle im Verbrauchsgüterkaufrecht – Verjährungs- und Ausschlussfristen – Tiere als Sachen – Voraussetzungen des Verbrauchsgüterkaufs

Sachverhalt

K hat am 26. Oktober 2016 von Pferdezüchter V im Rahmen einer öffentlich durchgeführten, privat organisierten Pferdeversteigerung ein sechs Monate altes Hengstfohlen zu privaten Zwecken gekauft, das sich noch nicht von der Mutterstute „abgesetzt" hatte, also noch gesäugt wird. In den allgemeinen Auktionsbedingungen (AAB) des V heißt es unter anderem:

(1) ¹Das Tier wird als gebrauchte Sache im Rechtssinne verkauft. ²Die Vorschriften des Verbrauchsgüterkaufs (§§ 474 ff. BGB) finden keine Anwendung.

(2) ¹Das Tier wird wie besichtigt verkauft und weist zum Zeitpunkt des Gefahrübergangs folgende Beschaffenheitsmerkmale auf: (…). ³Das Tier ist klinisch untersucht und ein tierärztliches Untersuchungsprotokoll erstellt worden.

(3) ¹Die Haftung beschränkt sich auf die Einhaltung der Beschaffenheitsvereinbarung mit der Einschränkung, dass Ansprüche auf Nacherfüllung oder Minderung ausgeschlossen sind. ²Im Übrigen wird das Tier verkauft wie besichtigt unter Ausschluss jeglicher Haftung/Gewährleistung. ³Ansprüche aus Mängeln sind innerhalb einer Ausschlussfrist von sechs Wochen, gerechnet vom Zeitpunkt des Kaufs, schriftlich geltend zu machen. ⁴Die Gewährleistungsrechte verjähren innerhalb von zwölf Monaten nach Gefahrübergang.

Da das Fohlen, entgegen dem Untersuchungsprotokoll, unter einem angeborenen Herzfehler leidet, erklärte K mit Schreiben vom 12. Oktober 2018, das V am selben Tag zuging, den Rücktritt vom Kauf. V lehnte eine Rückabwicklung u. a. deshalb ab, weil K mit seinem Begehren viel zu spät komme. Mit der am 23. November 2018 zugestellten Klage fordert K Rückzahlung des Kaufpreises Zug um Zug gegen Rückgabe und Rückübereignung des Fohlens sowie Kostenersatz für die bisherige Aufzucht und Tierarztkosten. Zu Recht?

Lösung

A. K hat am 12. Oktober 2018 den Rücktritt vom Kaufvertrag erklärt. Er kann Rückzahlung des Kaufpreises verlangen, wenn ein Rücktrittsgrund gegeben, der Rücktritt wirksam und der daraus abgeleitete Rückzahlungsanspruch durchsetzbar ist.

I. Als Rücktrittsgrund kommt hier nur §§ 437 Nr. 2 Var. 1, 326 V, 323 I Var. 2 in Betracht. Zwischen dem Unternehmer V (§ 14) und dem Verbraucher K (§ 13) ist ein wirksamer (Verbrauchsgüter-)Kaufvertrag i. S. von § 474 I über das Fohlen zustande gekommen, das wegen § 90a S. 3 als bewegliche Sache i. S. von §§ 433 ff. zu behandeln ist. Ein Sachmangel liegt gemäß § 434 I 1 insbesondere dann vor, wenn die Sache nicht die vereinbarte Beschaffenheit aufweist. Klausel (2) der AAB ist so zu verstehen, dass das Fohlen zum Zeitpunkt des Gefahrübergangs allenfalls solche gesundheitlichen Probleme aufweisen darf, wie sie im tierärztlichen Untersuchungsprotokoll festgehalten worden sind. Weil das Fohlen an einem dort nicht erwähnten angeborenen Herzfehler leidet, weist es nicht die vertragsgemäße Beschaffenheit auf. Dieser – unbehebbare – Mangel lag bereits im Zeitpunkt des Gefahrübergangs bei Übergabe des Fohlens vor (vgl. § 446), so dass *K* gemäß § 437 Nr. 2 Var. 1 unter den Voraussetzungen der §§ 323, 326 vom Vertrag zurücktreten kann. Da dem *V* eine Nacherfüllung in beiden Varianten unmöglich ist,[1] erweist sich eine Fristsetzung vor dem Rücktritt gemäß § 326 V als entbehrlich.

Zudem ist § 323 II Nr. 1 einschlägig, weil *V* in Klausel (3) einen Nacherfüllungsanspruch des *K* gänzlich ausgeschlossen hat: Zwar könnte sich *V* auf eine solche Abweichung von § 439 zum Nachteil des Verbrauchers schon wegen § 476 I 1 nicht berufen,[2] doch zu seinen eigenen Gunsten kann *V* die Unwirksamkeit der von ihm verwendeten Regelung nicht geltend machen; dies folgt aus Sinn und Zweck der AGB-Kontrollvorschriften.[3] *V* ist demnach zu behandeln, als hätte er eine Nacherfüllung ernsthaft und endgültig verweigert.

II. Sodann stellt sich die Frage, ob ein Rücktritt des *K* möglicherweise ausgeschlossen ist. Die in § 326 V in Bezug genommenen gesetzlichen Ausschlussgründe des § 323 V, VI sind hier nicht einschlägig, und *K* hatte bei Vertragsschluss auch keine Kenntnis von dem Mangel (vgl. § 442 I). Allerdings wäre der Rücktritt gemäß §§ 218 I 1, 2, 438 IV unwirksam, wenn der (hypothetische[4]) Nacherfüllungsanspruch verjährt ist und sich *V* als Schuldner darauf beruft. Für Letzteres genügt es, dass *V* eine Rückabwicklung abgelehnt hat, weil *K* „viel zu spät“ komme.

1. Gemäß § 438 I Nr. 3, II verjährt der Nacherfüllungsanspruch in zwei Jahren nach Gefahrübergang. Weil die Frist am 27. Oktober 2016 (0.00 Uhr, § 187 I) zu laufen begonnen hat und erst am 26. Oktober 2018 (24.00 Uhr, § 188 II) endete, der Rücktritt aber bereits am 12. Oktober 2018 erklärt wurde, ist nach den gesetzlichen Regeln noch keine Verjährung eingetreten.

2. Zu klären bleibt die Relevanz von Klausel (3) S. 4: Ist die dort vorgesehene Fristverkürzung wirksam, ist der Rücktritt nach § 218 I 1, 2 unwirksam.

a) Ein Umkehrschluss aus § 202 I ergibt, dass Verjährungsfristen grundsätzlich einvernehmlich verkürzt werden können. Einer AGB-rechtlichen Verkürzung kann indes § 476 II entgegenstehen. Die Anwendbarkeit dieser Vorschrift scheitert nicht

---

[1] Eine Nachbesserung scheidet bei einem unbehebbaren Mangel aus, und eine Nacherfüllung durch Lieferung einer gleichartigen und gleichwertigen Ersatzsache wird von den Parteien eines Tierkaufs (Stückschuld) aufgrund der individuellen Charakterzüge jedes Lebewesens wohl schon generell, jedenfalls aber bei vorausgegangener Besichtigung nicht gewollt sein; vgl. zur (Un-)Möglichkeit der Nacherfüllung beim Stückkauf BGHZ 168, 64 (72 ff.) = NJW 2006, 2839 ff.

[2] Die in § 806 ZPO und § 56 S. 3 ZVG vorgesehenen gesetzlichen Gewährleistungsausschlüsse erklären sich (allenfalls) mit den Besonderheiten von Zwangsversteigerungen; näher *Hergenröder*, DGVZ 2017, 185. Sie enthalten aber keine Rechtsgedanken, die sich auf private Auktionen erstrecken lassen und einen Gewährleistungsausschluss auch hier zulässig machten.

[3] *BGH* NJW 2006, 2115 m. w. N.; BGHZ 170, 31 (46 f.) = NJW 2007, 674 (678).

[4] Ein Nacherfüllungsanspruch ist hier wegen Unmöglichkeit beider Arten der Nacherfüllung nach § 275 I ausgeschlossen.

bereits an Klausel (1) S. 2; denn es darf nicht zur Disposition des Verkäufers stehen, ob ein Verbrauchsgüterkauf vorliegt.

Eher mag man daran denken, dass es hier um einen Fall des letzten Halbsatzes von § 476 II geht, also um den Verkauf einer gebrauchten Sache in einer öffentlichen Versteigerung (i. S. des § 383 III), an der der Verbraucher persönlich teilnehmen konnte. Im vorliegenden Fall ist ersichtlich eine solche Versteigerung erfolgt. Allerdings ist neuerdings fraglich geworden, ob die durch § 476 II eröffnete Möglichkeit einer Verkürzung der Verjährung bei gebrauchten Sachen auf ein Jahr mit den Vorgaben der Verbrauchsgüterkauf-RL[5] in Einklang steht.[6] Das wiederum kann dahingestellt bleiben, wenn es sich bei einem sechs Monate alten Fohlen ohnehin nicht um eine „gebrauchte Sache" handelt.

aa) Teilweise wird im Schrifttum vertreten, dass Tiere stets als gebrauchte Sachen i. S. des § 476 II anzusehen seien; denn angesichts vielfältiger Arten und Verwendungsformen sei eine am Verwendungszweck anknüpfende Abgrenzung nach den Kriterien „neu" oder „gebraucht" sachlich unangemessen und praktisch kaum handhabbar.[7] Dem ist zuzugeben, dass Lebewesen infolge normaler Umwelteinwirkungen bereits ab ihrer Geburt mit einem gewissen Sachmängelrisiko (z. B. durch Krankheitserreger oder sonstige Verletzungen, die einer bestimmungsgemäßen Verwendung entgegenstehen können) behaftet sind.[8] Gleichwohl steht der erwähnten Lehre entgegen, dass sie mit der gesetzlichen Regelung unvereinbar ist: Die früheren Sonderregelungen zum Viehkauf (§§ 481 bis 491 BGB a. F.) sind abgeschafft, und gemäß § 90a S. 3 bleibt es bei der Maßgeblichkeit der für Sachen geltenden Vorschriften. Ausweislich der Materialien zur Schuldrechtsmodernisierung wurde das neue Kaufrecht auch für den Tierkauf als angemessen erachtet,[9] so dass Tiere kauf- und verjährungsrechtlich nicht stets als „gebraucht" behandelt werden können.[10]

bb) Letztlich ist für die Frage, unter welchen Voraussetzungen Tiere als „neu" bzw. „gebraucht" zu behandeln sind, eine Einzelfallbetrachtung geboten,[11] die sich an der Art des Tieres sowie dem vorgesehenen Verwendungszweck orientieren muss. Abzulehnen ist deshalb jedenfalls die Ansicht, dass ein Jungtier stets bereits unmittelbar nach der Geburt – mit der ersten Nahrungsaufnahme oder den ersten Bewegungen im Freien – zu einer „gebrauchten" Sache würde.[12] Auch der Zeitablauf kann nur dann als Kriterium herangezogen werden, wenn er sich nach der Verkehrsanschauung nachteilig auf die Beschaffenheit auswirkt, indem sich das durch den bestimmungsgemäßen Gebrauch bedingte bzw. altersbedingte Sachmängelrisiko erhöht.[13]

---

[5] Richtlinie 1999/44/EG vom 25.5.1999 zu bestimmten Aspekten des Verbrauchsgüterkaufs und der Garantien für Verbrauchsgüter, ABl. 1999 L 171/12.

[6] Beachte dazu im Hinblick auf die belgischen Umsetzungsvorschriften *EuGH* JZ 2018, 298. Zur Übertragbarkeit auf das deutsche Recht beachte *Leenen,* JZ 2018, 284; *Köhler,* GPR 2018, 37.

[7] NK-BGB/*Büdenbender* § 474 Rn. 18; *Brückner/Böhme,* MDR 2002, 1406 (1408 f.); *Eichelberger,* ZGS 2007, 98 (100 f.); Bamberger/Roth/*Faust* § 474 Rn. 27; Erman/*Grunewald* § 474 Rn. 9. A. A. noch *Haas* in Haas/Medicus/Rolland/Schäfer/Wendtland, Das neue Schuldrecht, 2002, Kap. 5 Rn. 523 (Tiere seien generell als neu anzusehen).

[8] In diesem Sinne auch BGHZ 170, 31 (40) = NJW 2007, 674 (676).

[9] BT-Drs. 14/6040, S. 205 ff. (207).

[10] BT-Drs. 14/6040, S. 245.

[11] So bereits im Zusammenhang mit der Frage, ob die Vermutung des § 477 mit der Art des Mangels des Tieres unvereinbar ist, *BGH* NJW 2006, 2250 (2252), dort noch zu § 476 a. F.

[12] So die Revisionsbegründung im Fall BGHZ 170, 31 (41 f.) = NJW 2007, 674 (676).

[13] Ähnlich MüKoBGB/*Lorenz* § 474 Rn. 14; *Reinicke/Tiedtke* KaufR Rn. 728; noch zu § 475 a. F. Staudinger/*Matusche-Beckmann* § 475 Rn. 103 ff. Offengelassen bei BGHZ 170, 31 (42) = NJW 2007, 674 (676 f.).

Hier war das Fohlen im Zeitpunkt des Verkaufs erst sechs Monate alt und hatte sich überdies noch nicht von der Mutterstute abgesetzt, so dass es sich nach der Verkehrsanschauung um ein Jungtier handelt, das weder ein gebrauchs- noch altersbedingt erhöhtes Sachmängelrisiko aufweist.[14]

cc) Das Fohlen erweist sich auch nicht deshalb als gebraucht im Rechtssinne, weil es als solches gemäß Klausel (1) S. 1 der AAB verkauft wurde. Die kauf- und verjährungsrelevante Frage, ob die Kaufsache gebraucht ist, muss anhand objektiver Maßstäbe beurteilt werden,[15] und eine objektiv neue Sache kann nicht mit der vereinbarten Beschaffenheit „gebraucht" verkauft werden, um dadurch eine Abkürzung der Verjährungsfristen zum Nachteil des Verbrauchers zu erreichen.[16] Dies folgt nicht zuletzt aus Sinn und Zweck der §§ 474 II 2, 476 II.[17]

dd) Nach alledem handelte es sich bei dem Fohlen nicht um eine gebrauchte Sache i. S. von § 476 II. Unabhängig von der Frage der Richtlinienkonformität von § 476 II kann daher festgehalten werden, dass die Verkürzung der Verjährung unter zwei Jahre ausgeschlossen war.

b) Die Unwirksamkeit der Verjährungsverkürzung folgt im Übrigen auch aus § 309 Nr. 7 lit. a und b, wonach die Verschuldenshaftung für Schäden durch die Verletzung von Leben, Körper und Gesundheit gar nicht, für sonstige Schäden nur für den Fall einfacher Fahrlässigkeit ausgeschlossen oder begrenzt werden kann. Diese Norm erfasst – entgegen der Ansicht des BAG[18] – auch die zeitliche Begrenzung der Durchsetzbarkeit entsprechender Schadensersatzansprüche durch Abkürzung der gesetzlichen Verjährungsfristen.[19] Hiergegen verstößt Klausel (3) S. 4,[20] und die zu weit gefasste Klausel ist folglich nach dem AGB-rechtlichen Verbot geltungserhaltender Reduktion[21] insgesamt unwirksam. Es bleibt daher gemäß § 306 II bei der gesetzlichen Verjährungsfrist des § 438 I Nr. 3, II.

3. Der Rücktritt des *K* ist nicht nach §§ 218 I 1, 2, 438 IV unwirksam, weil im Zeitpunkt der Rücktrittserklärung die gesetzliche Verjährungsfrist für die (hypothetischen) Gewährleistungsrechte noch nicht abgelaufen war.

III. Allerdings könnte der Durchsetzbarkeit des Kaufpreisrückzahlungsanspruchs aus § 346 I entgegenstehen, dass dieser Anspruch verjährt oder sein Geltendmachen aus anderen Gründen ausgeschlossen ist.

---

[14] So im Ergebnis auch BGHZ 170, 31 (42) = NJW 2007, 674 (677); ähnlich schon *LG Aschaffenburg* NJW 1990, 915 (neun Wochen alter Hundewelpe ist als „neu hergestellte Sache" zu qualifizieren).

[15] Noch zu § 475 a. F. MüKoBGB/*Lorenz* § 474 Rn. 15, § 475 Rn. 20; Jauernig/*Berger* § 474 Rn. 7; *Reinicke/Tiedke* KaufR Rn. 727; *Reuter*, ZGS 2005, 88 (90). A. A. Staudinger/*Matusche-Beckmann* § 474 Rn. 54 für den Fall des § 474 I 2; noch zu § 475 a. F. Bamberger/Roth/*Faust* § 474 Rn. 25, § 475 Rn. 8 ff.

[16] Noch zu § 475 a. F.: MüKoBGB/*Lorenz* § 475 Rn. 22; Staudinger/*Matusche-Beckmann* § 475 Rn. 89.

[17] BGHZ 170, 31 (42 f.) = NJW 2007, 674 (677).

[18] *BAG* NJW 2005, 3305 (3306); NJW 2006, 795 (797).

[19] *BGH* NJW 2013, 2584; *BGH* NJW 2014, 211 (213). Vgl. auch BT-Drs. 14/6040, S. 156; Wolf/Lindacher/Pfeiffer/*Dammann* § 309 Nr. 7 Rn. 54 ff.; Ulmer/Brandner/Hensen/*Christensen* § 309 Nr. 7 Rn. 28; Palandt/*Grüneberg* § 309 Nr. 45; MüKoBGB/*Wurmnest* § 309 Nr. 7 Rn. 23.

[20] So auch BGHZ 170, 31 (37 f.) = NJW 2007, 674 (675).

[21] Wolf/Lindacher/Pfeiffer/*Lindacher/Hau* § 306 Rn. 26 ff.; Bamberger/Roth/*H. Schmidt* § 306 Rn. 15; *Stoffels* AGB-R Rn. 592 ff.; *Wertenbruch* BGB AT § 11 Rn. 33 f. Ausführliche Begründung auch bei BGHZ 170, 31 (38) = NJW 2007, 674 (675).

1. Im Schrifttum wird vertreten, dass § 438 in einer Konstellation wie der vorliegenden analog angewendet werden müsse mit der Folge, dass der Kaufpreisrückzahlungsanspruch innerhalb von zwei Jahren nach Übergabe geltend zu machen sei. Dann wäre hier der Rückzahlungsanspruch bereits verjährt, da es erst am 25. November 2018 zur Verjährungshemmung gekommen ist (§ 204 I Nr. 1, § 253 I ZPO). Für diese Ansicht wird angeführt, dass der Verkäufer den Rücktrittsfolgen nicht länger ausgesetzt sein solle als den übrigen Gewährleistungsfolgen; dies ergebe sich aus einer ergänzenden Auslegung des § 218, dessen Wertung über § 438 IV in das Kaufrecht zu übernehmen sei. Die Anwendung der §§ 195, 199 führe zu einer unbilligen Besserstellung des Rücktrittsrechts, wenn durch eine private Gestaltungserklärung die Verjährungsfrist hinsichtlich des Anspruchs aus erklärtem Rücktritt um drei Jahre – zuzüglich der bis zum Schluss des Jahres aufgelaufenen Frist (§ 199 I) – verlängert werden könnte.[22] Diese Kritik ist rechtspolitisch durchaus beachtlich. *De lege lata* ist sie gleichwohl nicht zielführend; denn der Anspruch aus dem Rückgewährschuldverhältnis entsteht eben erst mit der Rücktrittserklärung und wird von § 438, der nur die Rechte aus § 437 in Bezug nimmt, nicht erfasst. Nach zutreffender Ansicht verjährt der Anspruch aus § 346 I also in der dreijährigen Jahresendfrist nach §§ 195, 199.[23] Demnach ist der Rückzahlungsanspruch noch nicht verjährt.

2. Schließlich steht der Durchsetzbarkeit des Kaufpreisrückzahlungsanspruchs auch nicht die in Klausel (3) S. 3 der AAB bestimmte Ausschlussfrist entgegen: Die Klausel scheitert bereits an § 476 II; sie verstößt zudem gegen § 309, und zwar dort sowohl gegen Nr. 7 als auch gegen Nr. 8 lit. b (ee).[24]

IV. *K* kann folglich nach § 346 I Rückzahlung des Kaufpreises, Zug um Zug gegen Rückgabe und Rückübereignung des Fohlens (§ 348), verlangen.

B. Des Weiteren steht *K* ein Anspruch auf Verwendungsersatz nach § 347 II zu: Die Ersatzpflicht wegen notwendiger Verwendungen erfasst auch die gewöhnlichen Erhaltungskosten,[25] bei Tieren also insbesondere die Futterkosten sowie die Aufwendungen für tierärztliche Behandlungen.[26] Weil der Anspruch erst mit der Rückgabe der Sache entsteht,[27] ist er noch nicht nach §§ 195, 199 verjährt.

C. Ein Schadensersatzanspruch wegen anfänglicher Unmöglichkeit der Nacherfüllung gemäß §§ 437 Nr. 3, 311a II bzw. ein Aufwendungsersatzanspruch nach §§ 437 Nr. 3, 284, der auch im Falle des Rücktritts grundsätzlich nicht verdrängt wird,[28] sind hingegen bereits verjährt; denn diesbezüglich bleibt es bei der Zweijahresfrist des § 438 I Nr. 3, II. Da *K* diese Ansprüche erst mit der am 23. November 2018 zugestellten Klageschrift geltend gemacht hat, war die – wie dargelegt – bis 26. Oktober 2018 laufende zweijährige Verjährungsfrist bereits abgelaufen.

---

[22] *Wagner*, ZIP 2002, 789 (790 ff.); *Mansel/Budzikiewicz*, Jura 2003, 1 (8 f.); Staudinger/*Peters/ Jacoby* § 218 Rn. 6.

[23] Staudinger/*Matusche-Beckmann* § 438 Rn. 34; MüKoBGB/*Grothe* § 218 Rn. 4; MüKoBGB/*Westermann* § 438 Rn. 4; Palandt/*Ellenberger* § 218 Rn. 7; Palandt/*Weidenkaff* § 438 Rn. 2, 20; Bamberger/Roth/*Faust* § 438 Rn. 49; *Reinking*, ZGS 2002, 140 (141); Ulmer/Brandner/Hensen/*Christensen* § 309 Nr. 8 Rn. 100.

[24] Vgl. dazu BGHZ 170, 31 (45) = NJW 2007, 674 (677).

[25] BT-Drs. 14/6040, S. 197; Palandt/*Grüneberg* § 347 Rn. 3.

[26] BGHZ 170, 31 (46) = NJW 2007, 674 (678); MüKoBGB/*Gaier* § 347 Rn. 19 m. w. N.; Staudinger/*Kaiser* § 347 Rn. 27.

[27] Staudinger/*Kaiser* § 347 Rn. 45, 64; MüKoBGB/*Gaier* § 347 Rn. 17.

[28] BGHZ 163, 381 (385) = NJW 2005, 2848 (2849 f.).

Fall 15. Kauf eines Unfallwagens

Abgrenzung Verbraucher/Unternehmer bei dual-use-Geschäften – Gewährleistungs-ausschluss im Gebrauchtwagenhandel – Unklarheitenregel – Verbot geltungserhaltender Reduktion – Vorrang der Individualvereinbarung – Schriftformklausel – Konkurrenz von Sachmängelrecht und Anfechtungsrecht des Käufers

Sachverhalt

K hat beim Gebrauchtwagenhändler *H* einen Kleintransporter als Geschäftswagen für seine kleine Werbeagentur, aber auch zur gelegentlichen privaten Nutzung, zu einem Preis von 23.500 € erworben. Das von *H* verwandte Vertragsformular enthält im Fließtext u. a. eine Schriftform- und eine Gewährleistungsausschlussklausel. Erstere lautet: „Mündliche Abreden bedürfen zu ihrer Wirksamkeit der schriftlichen Bestätigung." Letztere lautet: „Gekauft wie besichtigt unter Ausschluss jeder Gewährleistung." Die Frage des *K*, ob der Wagen unfallfrei sei, hatte *H* im Vertrauen auf eine dahingehende schriftliche Versicherung des Voreigentümers, seines Verkäufers, vorbehaltlos bejaht. *K* war seines Erwerbs nicht lange froh: Bereits nach wenigen Tagen musste er erfahren, dass der Gebrauchtwagen sehr wohl einen Unfall gehabt hatte – ein Umstand, der zwar nicht für einen Laien, wohl aber für einen Fachmann bei einfacher Untersuchung ohne weiteres erkennbar war. Der Wagen wäre nach Alter, Ausstattung, Laufleistung und allgemeinem Erhaltungszustand ohne Unfallschaden ca. 25.000 € wert gewesen. *K* möchte gegen Rückgabe des PKW zumindest den Kaufpreis zurückhaben, nach Möglichkeit mehr. Wie sind die Erfolgsaussichten dieses Begehrens, wenn *K* hinsichtlich der Äußerung des *H* zur Unfallfreiheit des Wagens erforderlichenfalls einen Zeugen aufbieten kann?

Variante: Wie zuvor, nur dass Verhandlungen und Kaufabschluss verkäuferseitig durch den Verkaufsangestellten *A* erfolgten.

Lösung

A. Grundfallgestaltung

I. In Betracht kommt zunächst unter dem Gesichtspunkt der Sachmängelhaftung ein Anspruch auf Rückzahlung des Kaufpreises Zug um Zug gegen Rückgabe des PKW gemäß §§ 437 Nr. 2 Var. 1, 434, 326 V, 323, 346 ff. nach einem gem. § 349 zu erklärendem Rücktritt. Der Anspruch setzt im Einzelnen voraus: das Vorliegen eines Mangels i. S. von § 434 I, die Unanwendbarkeit oder Unwirksamkeit des formularmäßigen Gewährleistungsausschlusses, schließlich das Vorliegen der sonstigen Rücktrittsvoraussetzungen.

1. Dass der gekaufte PKW einen nicht unerheblichen Unfall gehabt hat, stellt eine wertmindernde Abweichung von der vertraglichen Sollbeschaffenheit, also einen Mangel i. S. von § 434 I 1 dar: Ohne gegenteiligen Hinweis kann der Käufer eines

Gebrauchtwagens grundsätzlich von dessen Unfallfreiheit ausgehen. Eine Enttäuschung dieser Erwartung tangiert den Wert der Kaufsache, weil Unfallwagen, die
mehr als nur einen Bagatellschaden erlitten haben,[1] wegen der Möglichkeit verdeckter Schäden mit einem gewissen Preisabschlag gehandelt werden.[2]

2. Der Gewährleistungsausschluss stünde dem Anspruch auf Kaufpreisrückzahlung
von vornherein nicht entgegen, wenn er dahin zu interpretieren wäre, dass lediglich
dem Käufer erkennbare Mängel erfasst sein sollen: Für *K* als Laien war der Vorunfall
gerade nicht erkennbar. Vereinzelt hat man Klauseln hier thematisierter Art unter
Berufung auf § 305c in der Tat im benannten Sinn verstanden: Der Widerspruch
zwischen den Klauselsatzteilen „gekauft wie besichtigt" einerseits, „unter Ausschluss jeder Gewährleistung" andererseits sei zugunsten des Kunden aufzulösen.[3]
Richtigerweise kann von einer Mehrdeutigkeit aber keine Rede sein: Obwohl der
Passus „gekauft wie besichtigt" für sich allein sehr wohl dahin auszulegen wäre, dass
die Gewährleistung nur hinsichtlich der bei Besichtigung erkennbaren Mängel ausgeschlossen ist, konkretisiert der Zusatz „unter Ausschluss jeder Gewährleistung"
den auslegungsfähigen und -bedürftigen vorangestellten Klauselteil in seinem Sinn
und macht die Klausel damit insgesamt eindeutig.[4]

3. Ist die zu beurteilende Klausel ihrem Erklärungssinn nach also einschlägig, stellt
sich auf nächster Stufe die Geltungsfrage.

a) Der Klausel ist richtigerweise nicht schon wegen Verstoßes gegen zwingendes
Recht die Wirksamkeit abzusprechen, weil das Fahrzeug gelegentlich auch privat
genutzt werden sollte: § 476 I 1 statuiert zwar für den Verbrauchsgüterkauf ein
allgemeines, d. h. Individualabreden wie AGB-Bestimmungen gleichermaßen erfassendes Verbot des Abbedingens von Gewährleistungsrechten. *Dual-use*-Geschäfte
sind ausweislich des neugefassten Wortlauts von § 13[5] nur dann Verbrauchergeschäfte, wenn die private Verwendung der Kaufsache die geschäftliche überwiegt;
für *K* gilt daher nicht § 13, sondern § 14.

b) Erhebliche Bedenken gegen die Klausel bestehen hingegen unter AGB-rechtlichen Gesichtspunkten, und zwar bereits dann, wenn der Aspekt der Garantieübernahme einstweilen ausgeklammert bleibt: Seit der Schuldrechtsmodernisierung
schuldet der Verkäufer die Verschaffung einer mängelfreien Sache, § 433 I 2. Die
Verpflichtung des Verkäufers, sich von der Mangelfreiheit zu vergewissern, ist nicht
länger „Nebenpflicht" jenseits der Sachmängelhaftung, sondern ist die Leistungspflicht in dem Sinn „vorgelagert", dass sie die Leistung selbst (das Interesse an
fehlerfreier Leistung) schützt. Soweit den Verkäufer eine Untersuchungspflicht oder
sonstige „Schutzpflicht" trifft, führt deren Verletzung zum Entfall der Entlastungsmöglichkeit im Rahmen der Schadensersatzhaftung wegen Lieferung einer mängel-

---

[1] Zur Abgrenzung zwischen einem unerheblichen „Bagatellschaden" und einem Sachmangel
     i. S. des § 434 I 2 Nr. 2 vgl. *BGH* NJW 2008, 53 (ein Fahrzeug, das einen Unfall erlitten hat,
     bei dem es zu mehr als „Bagatellschäden" gekommen ist, ist auch dann nicht frei von
     Sachmängeln i. S. des § 434 I 2 Nr. 2, wenn es nach dem Unfall fachgerecht repariert
     worden ist); bestätigt durch *BGH* NJW 2008, 1517; MüKoBGB/*Westermann* § 434 Rn. 67;
     Bamberger/Roth/*Faust* § 434 Rn. 66; Palandt/*Weidenkaff* § 434 Rn. 72, 74.
[2] Durch Vorunfall bedingter merkantiler Minderwert als Schaden: BGHZ 161, 151 (159) =
     NJW 2005, 277 (279); *BGH* NJW 2009, 2807 (2808); Erman/*Grunewald* § 434 Rn. 37;
     Bamberger/Roth/*Faust* § 434 Rn. 66.
[3] S. *LG München* NJW 1977, 766, dort noch zu § 5 AGBG.
[4] Vgl. BGHZ 74, 383 (385) = NJW 1979, 1886 (1887); Wolf/Lindacher/Pfeiffer/*Lindacher/*
     Hau § 305c Rn. 136.
[5] Gesetz v. 20.9.2013, BGBl. 2013 I 3642.

haften Sache. Entgegen einer früher verbreiteten Meinung[6] dürften vorbehaltlose Gewährleistungsausschlüsse auch außerhalb des Anwendungsbereichs von § 476 I 1 deshalb kaum mehr der AGB-Inhaltskontrolle anhand von § 307 I, II standhalten.[7] Bejaht man inhaltliche Unbilligkeit, ist die zu weit gefasste Klausel nach dem AGB-rechtlichen Verbot geltungserhaltender Reduktion[8] insgesamt unwirksam: Der Transparenz- und Risikogedanke verbietet, gebotene Einschränkungen in den Text hineinzulesen und damit einer unbedenklichen Restregelung Geltung zu verschaffen.

c) Unabhängig vom bislang Ausgeführten, entfaltet die Ausschlussklausel jedenfalls dann keine Rechtsgeltung, wenn *H* die Unfallfreiheit vertraglich zugesichert, mithin eine einschlägige Garantie übernommen hat. Die Klausel hält dann weder der Ein-beziehungs- noch der Inhaltskontrolle stand.[9] Auf der Einbeziehungsebene scheitert die Klausel an § 305b: Die vertragsmäßige Zusicherung der Freiheit von einem Mangel und der Ausschluss jeglicher Gewährleistung stehen in Widerspruch; bei Unvereinbarkeit von individueller Zusicherung und formularmäßigem Gewährleis-tungsausschluss kommt der Individualabrede Vorrang zu. Und auf der Inhaltskon-trollebene verstößt die Klausel gegen § 444, wonach die Haftung aus Garantie unabdingbar ist.

Am Vorliegen einer Zusicherung lässt sich hier nicht zweifeln: Die Verwendung der Worte „Zusicherung" oder „Garantie" ist nicht erforderlich.[10] Bejaht ein Gebraucht-wagenhändler die ausdrückliche Frage, ob der Kaufwagen „unfallfrei" sei, vorbehalt-los, erklärt er aus der Sicht des Käufers, für das Vorhandensein der entsprechenden Eigenschaft einzustehen.[11] Die Erklärung des *H* stellt sich demnach als – nicht eingelöstes – Garantieversprechen dar.

Auch die formularmäßige Schriftformklausel steht der Maßgeblichkeit der Zusiche-rung nicht entgegen: Sofern man die Klausel nicht bereits im Wege der Auslegung ausschließlich auf Vertreterhandeln von Hilfspersonen bezieht, ist ihr die rechtliche Geltung nach § 305b abzusprechen, denn die auf Geltung des mündlich Vereinbar-ten angelegte Individualabsprache geht der auf Geltungsverneinung angelegten AGB-Regelung vor.[12]

4. Scheitert der Rückzahlungsanspruch aus zu erklärendem Rücktritt nach alledem nicht am formularmäßigen Gewährleistungsausschluss, gilt es im Folgenden die besonderen Voraussetzungen des Rücktrittsrechts wegen Sachmangels zu prüfen: Das Rücktrittsrecht aus § 437 Nr. 2 Var. 1 steht dem Käufer sofort zu, wenn die Lieferung der Sache in mangelfreiem Zustand von Anfang an unmöglich ist (§§ 326 V, 275 I, IV) und die Lieferung der mangelbehafteten Sache eine nicht unerhebliche Pflichtverletzung i. S. von § 323 V 2 darstellt.

---

[6] S. etwa noch *Medicus* SchuldR II, 12. Aufl. 2004, § 76 Rn. 91. Anders nunmehr *Medicus/Lorenz* SchuldR BT Rn. 195 f.

[7] So auch *BGH* NJW 2007, 3774 (3775); *BGH* NJW 2014, 211 (213); *Stoffels* AGB-R Rn. 955.

[8] Wolf/Lindacher/Pfeiffer/*Lindacher/Hau* § 306 Rn. 26 ff.; Bamberger/Roth/*H. Schmidt* § 306 Rn. 15; *Stoffels* AGB-R Rn. 592 ff.; *Wertenbruch* BGB AT § 11 Rn. 33 f.

[9] Zur Kumulierbarkeit von Nichtgeltungsgründen auf verschiedenen Kontrollebenen vgl. Wolf/Lindacher/Pfeiffer/*Lindacher/Hau* § 305b Rn. 4.

[10] Klarstellend etwa Erman/*Grunewald* § 437 Rn. 28.

[11] So *OLG Rostock* NJW 2007, 3290. Anders hingegen bei einer entsprechenden Vereinbarung im nicht gewerblichen Verkehr: BGHZ 170, 86 (91 ff.) = NJW 2007, 1346 (1348 f.) (zwar liege hier i. d. R. keine Beschaffenheitsgarantie vor, allerdings erstrecke sich ein pauschaler Gewährleistungsausschluss nicht auch auf die Beschaffenheitsvereinbarung).

[12] Wolf/Lindacher/Pfeiffer/*Lindacher/Hau* § 305b Rn. 33; Erman/*Roloff* § 305b Rn. 11; Bamberger/Roth/*H. Schmidt* § 305b Rn. 18.

a) Die Lieferung eines Gebrauchtwagens mit einem Unfallvorschaden, der als „unfallfrei" verkauft wird, ist ein Paradebeispiel für anfängliche Unmöglichkeit der Mängelbeseitigung: Die den Mangel ausmachende Unfallbeteiligung kann nicht mehr ungeschehen gemacht und deshalb die Unfallfreiheit nicht mehr hergestellt werden.[13]

b) Erheblich i. S. von § 323 V 2 ist die Verletzung der Pflicht zur Lieferung einer mangelfreien Sache zunächst allemal, wenn ein nicht unerheblicher Mangel vorliegt. Ob dieses Erfordernis die Vertragsauflösung im Verkäuferinteresse lediglich bei Bagatellfällen ausschließen soll oder aber die Erheblichkeitsschwelle bei § 323 V 2 deutlich höher anzusetzen ist, kann hier offen bleiben: Denn die Nichteinlösung eines Garantieversprechens stellt – unabhängig von der Höhe der Wertminderung[14] – eine erhebliche Pflichtverletzung i. S. von § 323 V 2 dar.[15]

5. *Ergebnis:* Erklärt *K* den Rücktritt, so kann er Rückzahlung des Kaufpreises, Zug um Zug gegen Rückgabe des PKW, verlangen.

II. Ein inhaltsgleicher Anspruch (Kaufpreisrückzahlung gegen Zurverfügungstellung des PKW) könnte sich für *K* aus Bereicherungsrecht (§ 812 I 2 Var. 1 bzw. 812 I 1 Var. 1[16]) bei zu erklärender Anfechtung des Kaufvertrags ergeben. Voraussetzung wäre ein Anfechtungsrecht, d. h. die Erfüllung eines Anfechtungstatbestands, der konkurrenzmäßig nicht gegenüber dem Sachmängelrecht zurücktritt.

1. In Betracht kommt insoweit zunächst ein Anfechtungsrecht wegen Eigenschaftsirrtums nach § 119 II. Die irrige Annahme, der gekaufte Wagen sei unfallfrei, stellt fraglos einen Irrtum über einen wertbildenden Faktor und eben deshalb einen Irrtum über eine verkehrswesentliche Eigenschaft i. S. von § 119 II dar.[17]

Ein Anfechtungsrecht hätte *K* gleichwohl nur dann, wenn man in dem Käuferanfechtungsrecht nach § 119 II und in den Gewährleistungsrechten gleichrangige, nebeneinander zur Verfügung stehende Käuferbehelfe sähe,[18] das Käuferanfechtungsrecht jedenfalls nur dann und so lange ausschließen würde, als der Verkäufer zur Nacherfüllung berechtigt ist.[19] Eine solche Konkurrenz wird indes ganz überwiegend, zu Recht, abgelehnt, und die Käuferanfechtung dort, wo der Irrtum auf der negativen Abweichung der Ist- von der Sollbeschaffenheit gründet, als generell ausgeschlossen erachtet:[20] Auch nach neuem Schuldrecht greift die Überlegung, dass ein Nebeneinander von Anfechtungsrecht und Sachmängelhaftung verschiedene zugunsten des Verkäufers wirkende Bestimmungen (nämlich den Gewährleistungsausschluss nach § 442 I 2, den „Vorrang der Nacherfüllung" bzw. das „Recht zur zweiten Andienung" und das gewährleistungsrechtliche Verjährungsregime) leerlaufen ließe.

---

[13] Vgl. nur BGHZ 168, 64 (71) = NJW 2008, 2839 (2840).

[14] Vgl. *BGH* NJW 2008, 1517 (1518): Unerheblichkeit i. S. des § 323 V 2, wenn sich der Mangel allein in einem merkantilen Minderwert des Fahrzeugs auswirkt und dieser weniger als 1 % des Kaufpreises beträgt.

[15] *Reinicke/Tiedtke* KaufR Rn. 488; Bamberger/Roth/*Faust* § 437 Rn. 27a.

[16] Zur dogmatischen Verortung (Fall der condictio ob causam finitam, weil der Leistungsgrund tatsächlich bis zur Anfechtung bestanden hat, oder Rechtsgrundmangel von Anfang an, weil Anfechtung nach § 142 I *ex tunc* wirkt) etwa *Wieling* BereicherungsR § 3 III 2.

[17] Statt vieler: *Köhler* BGB AT § 7 Rn. 19; Erman/*Arnold* § 119 Rn. 41.

[18] So insbes. noch *Larenz/Wolf* BGB AT, 9. Aufl. 2014, § 36 Rn. 50. Anders nunmehr *Wolf/Neuner* BGB AT § 41 Rn. 68.

[19] So *Schur*, AcP 204 (2004), 883 (897 ff.).

[20] Statt vieler: *Emmerich* SchuldR BT § 5 Rn. 51; *Oechsler* Schuldverhältnisse Rn. 478; MüKoBGB/*Westermann* § 437 Rn. 53; Erman/*Grunewald* Vorb. § 437 Rn. 23 ff.; Jauernig/*Berger* § 437 Rn. 32.

2. Vom Gewährleistungsrecht nicht verdrängt würde freilich ein Anfechtungsrecht nach § 123 I Var. 1 wegen arglistiger Täuschung und damit ein auf die Ausübung des entsprechenden Rechts gestützter Kondiktionsanspruch: In dieser Konstellation ist allein der Käufer schutzwürdig, und für eine Begünstigung des Verkäufers durch Beschränkung des Käufers auf die Gewährleistungsbehelfe besteht kein Grund.[21]

Der Tatbestand des § 123 I Var. 1 wäre aber nur dann erfüllt, wenn *H* hinsichtlich der Unfalleigenschaft des Wagens, was ausreichend wäre,[22] *dolus eventualis* angelastet werden könnte: Die Rechtsprechung ist nicht zurückhaltend in der Annahme des Eventualvorsatzes und bejaht einen solchen insbesondere dort, wo der Verkäufer das Fehlen von Mängeln ohne hinreichende Erkenntnisgrundlage „ins Blaue" hinein behauptet,[23] die Unrichtigkeit seiner Angaben also zumindest für möglich hält. Der Verkäufer eines Gebrauchtwagens, der die Unfallfreiheit vorbehaltlos zusichert, ohne den Wagen selbst untersucht zu haben, kann sich daher dem Vorwurf der arglistigen Täuschung regelmäßig nur dadurch entziehen, dass er beim Weiterverkauf auf seinen begrenzten Kenntnisstand hinweist.[24] Unterlässt der Verkäufer einen solchen Hinweis allein im Vertrauen auf die nicht überprüften Angaben des Vorbesitzers, nimmt er die Unrichtigkeit seiner Behauptung und damit auch eine Täuschung des Käufers zumindest billigend in Kauf. Solange nämlich keine besonderen Umstände vorliegen, die ein Vertrauen des Händlers auf die Angaben des Vorbesitzers rechtfertigen, muss jener zumindest mit der Möglichkeit der Unrichtigkeit rechnen. Hier hat *H* die Frage des *K* nach der Unfallfreiheit des Wagens vorbehaltlos bejaht, ohne klarzustellen, dass diese Auskunft allein auf den ungeprüften Angaben des Vorbesitzers beruht. In einem solchen Fall ist allein der nicht aufgeklärte Käufer schutzwürdig, und ein Anfechtungsrecht wegen arglistiger Täuschung erscheint gerechtfertigt.

3. Alternativ zum Rücktritt kann *K* demnach den Kaufvertrag gestützt auf § 123 I Var. 1 innerhalb der einjährigen Frist des § 124 anfechten und dann gemäß § 812 I 1 Var. 1 bzw. § 812 I 2 Var. 1 die Rückzahlung des Kaufpreises Zug um Zug gegen Rückgabe des PKW verlangen.

III. Anders als der gewährleistungsrechtliche Rückgewähranspruch aus erklärtem Rücktritt gibt ein „großer Schadensersatzanspruch" nach §§ 437 Nr. 3, 311a II dem die Kaufsache zur Disposition stellenden Käufer nicht nur einen Anspruch auf Rückzahlung des Kaufpreises, sondern einen Anspruch auf das Erfüllungsinteresse, d. h. auf Zahlung des Betrags, den die Kaufsache bei Hinwegdenken des Mangels wert wäre. *K* könnte bei zu bejahendem Schadensersatzanspruch also Zahlung von 25.000 € verlangen.

1. Hinsichtlich der Anspruchsvoraussetzung Mangel, dem Nichteingreifen des formularmäßigen Gewährleistungsausschlusses, der ursprünglichen Unmöglichkeit der Verschaffung des Fahrzeugs in fehlerfreiem Zustand (§ 275 I Var. 2) und der Erheblichkeit der Pflichtverletzung (§ 311a II 3 i. V. m. mit § 281 I 3) als Voraussetzung des „großen Schadensersatzanspruchs" kann auf die Ausführungen zum Rücktrittsrecht verwiesen werden; auch das Erheblichkeitskriterium des § 281 I 3 entspricht demjenigen des § 323 V 2.

---

[21] Ganz h. M.; statt vieler: *Emmerich* SchuldR BT § 5 Rn. 50; *Oechsler* Schuldverhältnisse Rn. 479.

[22] Ganz h. M.; statt vieler: Soergel/*Hefermehl* § 123 Rn. 27; *Köhler* BGB AT § 7 Rn. 43; Palandt/*Ellenberger* § 123 Rn. 11.

[23] Vgl. nur BGHZ 168, 64 (69 f.) = NJW 2006, 2839 (2840) m. w. N.

[24] Vgl. in diesem Sinne auch *BGH* NJW 2010, 858.

2. Zusätzlich setzt der „große Schadensersatzanspruch" wegen anfänglicher Unmöglichkeit regelmäßig Verschulden voraus. Ob die Unkenntnis des *H* vom Unfallvorschaden hier als schuldhaft-fahrlässig oder aber als schuldlos zu qualifizieren, mithin ein Entlastungsbeweis nach § 311a II 2 ausgeschlossen oder möglich ist, kann allerdings offenbleiben; denn *H* schuldet schon deshalb Schadensersatz statt der Leistung, weil er – wie dargelegt – die Garantie für die Unfallfreiheit übernommen hat: In der Zusicherung des Fehlens eines Mangels liegt die Abbedingung der Exkulpationsmöglichkeit nach § 311a II 2.[25]

3. *Ergebnis:* K muss sich nicht mit der Kaufpreisrückzahlung abspeisen lassen, kann vielmehr unter Zurverfügungstellung des PKW Zahlung des Betrags verlangen, der dem Wert des Wagens ohne Vorunfall entspräche, also Zahlung von 25.000 €. Diesen Schadensersatzanspruch kann *K* gemäß § 325 auch neben dem Rücktritt geltend machen, wobei er dann zusätzlich zur Rückforderung des Kaufpreises über §§ 437 Nr. 2 Var. 1, 434, 326 V, 323, 346 ff. nur die Differenz zwischen dem Wert des Wagens im mangelfreien und dem Wert im mangelhaften Zustand verlangen kann (hier: 1.500 €).

Will *K* Schadensersatz statt der Leistung verlangen, muss er von einer Anfechtung des Vertrages absehen. Auch wenn man die Geltendmachung des Schadensersatzes als Bestätigung des anfechtbaren Rechtsgeschäfts i. S. von § 144 qualifiziert, bleiben die Schadensersatzansprüche erhalten: In der Bestätigung kann zwar ein Antrag auf Abschluss eines Erlassvertrags hinsichtlich etwaiger Schadensersatzansprüche des Anfechtungsberechtigten liegen;[26] davon kann aber keine Rede sein, wenn gerade das Erheben solcher Ansprüche als Bestätigung gedeutet wird.

B. Variante

Nicht nur das Rückzahlungsverlangen des *K* nach §§ 437 Nr. 2 Var. 1, 434, 326 V, 323, 346 ff., sondern auch das Verlangen nach Zahlung von Schadensersatz in Höhe des Werts der Kaufsache in unfallfreiem Zustand aus §§ 437 Nr. 3, 434, 311a II ist nach dem, was zum Grundfall ausgeführt wurde, jedenfalls dann gerechtfertigt, wenn die von *A* namens des *H* abgegebene Zusicherung, der Wagen sei unfallfrei, durch Vertretungsmacht gedeckt war. Die Individualzusage hat dann Vorrang gegenüber dem formularmäßigen Haftungsausschluss, und der Vorrang des individuell Vereinbarten kann nach der Wertentscheidung des § 305b auch nicht mittelbar unterlaufen werden.

Die Schriftformklausel könnte aber gerade die Vertretungsmacht begrenzen, der Zusage also die Qualität einer Beschaffenheitsgarantie nehmen.[27] Die Vollmacht eines Verkaufsangestellten im Gebrauchtwagengeschäft umfasst nach der Auslegungsregel des § 54 I HGB im Zweifel zwar auch vertragliche Zusagen über die Fahrzeugbeschaffenheit; diese sind im betreffenden Geschäftszweig auch keineswegs unüblich. Die Vorbehaltsklausel verlautbart jedoch gerade die Vollmachtsbegrenzung und hindert eine entsprechende Rechtsscheinvollmacht, wenn und soweit sie ein Kennenmüssen i. S. von § 54 III HGB schafft.[28] Dabei bedeutet Kenntnisnahme-*möglichkeit* von der Schriftformklausel allerdings noch nicht ohne weiteres ein

---

[25] *Reinicke/Tiedtke* KaufR Rn. 527; Bamberger/Roth/*Faust* § 437 Rn. 110.
[26] Dazu *BGH* WM 2016, 1402.
[27] Zur grundsätzlichen Beachtlichkeit formularmäßiger Schriftformklauseln als Mittel der Vollmachtsbegrenzung etwa MüKoBGB/*Basedow* § 305b Rn. 14; *Köhler* BGB AT § 16 Rn. 23; *Stoffels* AGB-R Rn. 353.
[28] Ulmer/Brandner/Hensen/*Ulmer/Schäfer* § 305b Rn. 40 ff.; Wolf/Lindacher/Pfeiffer/*Lindacher/Hau* § 305b Rn. 38; differenzierend *Köhler* BGB AT § 16 Rn. 23.

Kennen*müssen* i. S. von § 54 III HGB: Der Verzicht auf aufmerksame Lektüre umfänglicher Formularverträge erweist sich im Regelfall als durchaus vernünftiges Kundenverhalten, und zwar auch im unternehmerischen Verkehr, und kann dem Kunden daher nicht als mangelnde Sorgfalt in eigenen Angelegenheiten angelastet werden. Konsequenterweise sollte dann von einem Kennenmüssen der einzelnen Klausel und der durch diese verlautbarten Vertretungsmachtbegrenzung nur dann die Rede sein, wenn der Formulartext entweder nur wenige Bestandteile enthält oder die Klausel drucktechnisch hervorgehoben in unmittelbarer Unterschriftsnähe platziert ist.[29] Auf den Entscheidungsfall bezogen heißt dies, dass die Schriftformklausel nach Art und Ort der Platzierung (Bestandteil eines umfänglicheren Fließtextes) den Schein einschlägiger Vertretungsmacht des *A* nicht zu zerstören vermag. Die mündliche Zusicherung bleibt vertragliche Individualzusicherung und der formularmäßige Gewährleistungsausschluss entfaltet aus den eingangs genannten Gründen keine Wirkung.

Ergebnis: Auch in der Variante kann *K* nicht nur Rückzahlung des geleisteten Kaufpreises, sondern Zahlung von 25.000 € gegen Rückgabe des PKW verlangen.

---

[29] I. E. Wolf/Lindacher/Pfeiffer/*Lindacher/Hau* § 305b Rn. 40; ferner: Ulmer/Brandner/Hensen/*Ulmer/Schäfer* § 305b Rn. 41; MüKoBGB/*Basedow* § 305b Rn. 14; Erman/*Roloff* § 305b Rn. 12; Bamberger/Roth/*H. Schmidt* § 305b Rn. 20.

Fall 16. Folgen eines Ehekrachs

*Vollmachterteilung und -widerruf – Rechtsscheinhaftung bei „Abhandenkommen"
der Vollmachtsurkunde – Handeln in eigenem und in fremdem Namen bei mangelnder Vertretungsmacht – Scheingeschäft – Reichweite der Beurkundungspflicht
beim Grundstückskauf*

Sachverhalt

M hatte sich mündlich mit V geeinigt, zusammen mit seiner Frau F von diesem ein
Baugrundstück zum Preis von 70.000 € zu kaufen. F bevollmächtigte daraufhin M schriftlich, die entsprechende Kauferklärung vor dem Notar zugleich in ihrem Namen abzugeben. Unmittelbar darauf kam es zu einem schweren Zerwürfnis zwischen den Eheleuten.
F reiste mit dem Bemerken, dies sei die definitive Trennung, zu ihren Eltern – nicht ohne
sich zuvor die Vollmachtsurkunde zurückgeben zu lassen. In der Erwartung, dass es mit
seiner Frau wieder zur Versöhnung kommen werde, schloss M gleichwohl zu den aus-
gehandelten Konditionen in notarieller Form mit V den Kaufvertrag ab, und zwar im
eigenen Namen und im Namen seiner Frau. Dabei legte er die von ihm unbeschädigt im
Papierkorb gefundene Vollmachtsurkunde der F vor. Für sich allein hätte er das Grundstück schon deshalb nicht gekauft, weil ohne die Unterstützung seitens der Schwieger-
eltern die Realisierung eines Bauvorhabens von vornherein ausschied. Die Hoffnung des
M trog jedoch: F blieb bei ihren Eltern. Von M über den Grundstückskauf in ihrer beider
Namen informiert, schrieb F an V und an M, das Ganze sei allein Sache des M. Welche
Ansprüche hat V, der zwischenzeitlich ein Kaufangebot des D zu 60.000 € (immerhin
noch 10.000 € über dem Verkehrswert des Grundstücks) im Hinblick auf den Vertragsschluss mit M und F zurückgewiesen hatte?

Variante: Nachdem F die Genehmigung des Grundstücksgeschäfts nur gegenüber M
verweigert hat, haben sich die beiden überraschend versöhnt. Von V aufgefordert, sich
zu erklären, was denn nun aus der Transaktion werden soll, hat F per E-Mail geant-
wortet, dass sie mit dem Geschäft einverstanden sei. Nunmehr meint allerdings V, der
inzwischen einen anderen Kaufinteressenten gefunden hat, an den Vertrag nicht gebunden zu sein. Dabei verweist er auf einen im notariellen Kaufvertrag enthaltenen
Passus, wonach der gesamte Kaufpreis bereits gezahlt sei, was aber nachweisbar nicht
zutrifft.

Lösung

A. Grundfall

I. In Betracht kommt zunächst ein Vertragsanspruch: V könnte einen Anspruch auf
Zahlung von 70.000 € aus Kaufvertrag (§ 433 II) gegen M und F als Gesamtschuldner (§ 427) haben. Voraussetzung hierfür wäre, dass M, soweit er den Kaufvertrag
im Namen der F schloss, in Vollmacht derselben handelte oder zumindest zugunsten
des V als bevollmächtigt galt.

1. Eine wirksame Bevollmächtigung lag im Zeitpunkt des Vertragsschlusses nicht (mehr) vor. Die Aushändigung der Vollmachtsurkunde an *M* war zwar eine wirksame Vollmachtserteilung (§ 167 I Var. 1, Innenvollmacht). Dass die Erteilung lediglich in einfacher Schriftform erfolgte, ist trotz des qualifizierten Formerfordernisses für den Grundstückskaufvertrag (§ 311b I) unschädlich; dem Warnzweck des § 311b I wird hinreichend dadurch Rechnung getragen, dass in teleologischer Reduktion von § 167 II die Beobachtung der Form nur verlangt wird, wenn die Vollmacht – was hier nicht zutrifft – unwiderruflich ist oder den Vollmachtgeber in sonstiger Weise rechtlich oder tatsächlich bindet.[1] Die Vollmacht ist jedoch von *F*, dadurch, dass sie die Rückgabe der Urkunde verlangte, widerrufen worden (§ 168).

2. Zu erwägen bleibt freilich eine Rechtsscheinvollmacht: Vollmachtsurkunden, die eine nicht (mehr) bestehende Vollmacht bezeugen, sind Rechtsscheinträger. Einer unmittelbaren Anwendung des § 172 I steht zwar entgegen, dass die Vollmachtsurkunde *M* nicht „ausgehändigt", sondern von *M* ohne Wissen und Wollen der *F* an sich gebracht worden war. Dass ursprünglich eine Begebung vorlag, ist bei zwischenzeitlicher Rückgabe an den Aussteller irrelevant (arg. § 172 II). Die entsprechende Fallgestaltung ist nicht anders zu beurteilen, als wenn die Urkunde nie ausgehändigt worden wäre.

Zu prüfen bleibt jedoch eine *analoge* Anwendung von § 172 I. Wer in dieser Vorschrift eine Ausprägung des Grundsatzes sieht, dass schuldhaft veranlasster Rechtsschein einer Vollmachtserteilung der tatsächlich erfolgten Bevollmächtigung gleichzustellen ist, wird konsequenterweise die Analogie bejahen, wenn die Ansichnahme der Vollmachtsurkunde fahrlässig ermöglicht wird.[2] Dann wäre entscheidend, ob man das Verhalten der *F* als fahrlässig erachtet, ihr also den Vorwurf machen will, sie hätte das Verhalten des *M* voraussehen können und müssen.

Eine derart extensive Rechtsscheinlehre stünde jedoch im Wertungswiderspruch zum weithin akzeptierten Satz, dass „abhandengekommene" schriftliche Willenserklärungsentwürfe keine Bindungswirkung gegenüber ihrem Autor äußern, sondern allenfalls eine Haftung auf das negative Interesse begründen.[3] Auch wenn die Erteilung einer Vollmachtsurkunde als Kundmachung erteilter Innenvollmacht und damit als Wissens-, nicht als Willenserklärung zu begreifen ist,[4] kann der Schutz des auf eine Wissenserklärung Vertrauenden sinnvollerweise nicht weiter reichen als der Schutz des auf eine Willenserklärung Vertrauenden. Das Tatbestandsmerk-

---

[1] BGHZ 89, 41 (47) = NJW 1984, 973 (974); *Wolf/Neuner* BGB AT § 50 Rn. 21; *Pawlowski* BGB AT Rn. 715; *Stadler* BGB AT § 30 Rn. 13; Bamberger/Roth/*Valenthin* § 167 Rn. 9. A. A. – für eine Durchbrechung des Grundsatzes der Formfreiheit der Vollmacht unabhängig von der Vertretenenbindung bereits immer dann, wenn das Formerfordernis bezüglich des Vertretergeschäfts eine Warnfunktion hat – freilich etwa *Flume* BGB AT II § 52 (2); Staudinger/*Schilken* § 167 Rn. 20.

[2] Für einen solchen Analogieschluss z. B. noch *Enneccerus/Nipperdey* BGB AT II § 188 I 1 c.

[3] BGHZ 65, 13 (14 f.) = NJW 1975, 2101 (2102 f.); *Brox/Walker* BGB AT Rn. 147; *Leipold* BGB I § 12 Rn. 8; *Bork* BGB AT Rn. 615; *Köhler* BGB AT § 6 Rn. 12; *Brehm* BGB AT Rn. 158; *Stadler* BGB AT § 17 Rn. 37; *Musielak/Hau* GK BGB Rn. 89; Staudinger/*Singer/ Benedict* § 130 Rn. 32; Erman/*Arnold* § 130 Rn. 4; HK-BGB/*Dörner* § 130 Rn. 2. A. A. – unter Berufung auf angebliche Ähnlichkeit mit der Fallgestaltung fehlenden rechtsgeschäftlichen Erklärungsbewusstseins – freilich u. a. *Medicus/Petersen* BGB AT Rn. 266; *Wolf/ Neuner* BGB AT § 32 Rn. 15 ff.; Palandt/*Ellenberger* § 130 Rn. 4; Jauernig/*Mansel* § 130 Rn. 1; Bamberger/Roth/*Wendtland* § 133 Rn. 5. Dabei wird aber verkannt, dass bereits der äußere Tatbestand einer Willenserklärung ein Verhalten voraussetzt, das als Erklärung gegenüber der Außenwelt deutbar ist.

[4] Statt vieler: *Wolf/Neuner* BGB AT § 50 Rn. 69; Soergel/*Leptien* § 172 Rn. 1.

mal „Aushändigen" in § 172 I ist mithin ernst zu nehmen; eine analoge Erstreckung des § 172 I auf die Fallgestaltung der „abhandengekommenen" Vollmachtsurkunde ist abzulehnen.[5] Eine Rechtsscheinvollmacht des *M* muss daher verneint werden.

3. Das bedeutet, dass zumindest eine vertragliche Verpflichtung der *F* ausscheidet: Die von *M* in ihrem Namen abgegebene Erklärung war zunächst nur schwebend unwirksam (§ 177 I), ist mit dem Schreiben an *V* und *M*, das als Genehmigungsverweigerung zu qualifizieren ist, sodann aber definitiv unwirksam geworden.

4. Ob *V* wenigstens einen Kaufpreiszahlungsanspruch aus Vertrag gegen *M* hat, da immerhin dessen Erklärung an sich intakt war, beurteilt sich hingegen nach § 139, der auch auf Fallgestaltungen vorliegender Art anwendbar ist:[6] § 139 gilt anerkanntermaßen auch für die Fälle der Beteiligung mehrerer Personen an einem Rechtsgeschäft, und zwar auch bei Gesamtschuldnerkonstellationen. Die Regel des § 425 I, wonach der eine Schuldner ausfallen kann, ohne dass dadurch die Forderung gegen den anderen Schuldner berührt wird, betrifft nur bestehende Gesamtschuldverhältnisse.[7] Erforderlich für die Wirksamkeit der Verpflichtungserklärung des *M* wäre deshalb, dass sowohl *V* als auch *M* bei Kenntnis der Unwirksamkeit der für *F* abgegebenen Erklärung gleichwohl den Kaufvertrag geschlossen hätten. Weil dies nach dem Sachverhalt gerade nicht der Fall ist, scheidet ein Vertragsanspruch auch gegen *M* aus.

II. *M* haftet dem *V* jedoch kraft Gesetzes als *falsus procurator* gemäß § 179 I[8] nach dessen Wahl auf Erfüllung oder Schadensersatz, und zwar infolge des Gesamtschuldcharakters der Verpflichtung der *F* bei wirksamer Vertretung auf die volle Gegenleistung bzw. das volle positive Interesse. *V* kann daher von *M* entweder Zahlung des Kaufpreises in Höhe von 70.000 € Zug um Zug gegen Übereignung des Grundstücks fordern, oder aber das Grundstück behalten und unter dem Gesichtspunkt des Erfüllungsinteresses den rechnerischen Gewinn, den das gescheiterte Geschäft gebracht hätte, also die Differenz zwischen Kaufpreis und objektivem Wert in Höhe von 20.000 € liquidieren.

III. Gegen *F* hingegen kommt allenfalls ein Schadensersatzanspruch gerichtet auf das *negative* Interesse, also auf Ausgleich des entgangenen Gewinns aus dem Geschäft mit *D*, in Betracht.

1. Was die einschlägige Anspruchsgrundlage anbelangt, wird bisweilen eine verschuldensunabhängige Haftung analog § 122 I bejaht:[9] Das enttäuschte Vertrauen dessen, dem der *falsus procurator* eine ohne Wissen und Wollen des Ausstellers an sich gebrachte Vollmachtsurkunde vorgelegt hat, verdiene nicht weniger Schutz als das des „Adressaten" einer abhandengekommenen schriftlichen „Willenserklärung". In der Tat liegt es nahe, hier wie dort mit gleichem Maß zu messen. Die entscheidende Frage lautet aber schon, ob im Bezugsfall ein verschuldensunabhängiger Scha-

---

[5] Ganz herrschende, erstaunlicherweise auch von Autoren geteilte Meinung, die bei „abhandengekommenen" Willenserklärungen die Möglichkeit der Vertragsbindung bejahen; statt vieler: BGHZ 65, 13 ff. = JZ 1976, 132 m. Anm. *Canaris; Wolf/Neuner* BGB AT § 50 Rn. 78; *Bork* BGB AT Rn. 1527; *Faust* BGB AT § 26 Rn. 35; Staudinger/*Schilken* § 172 Rn. 7; Palandt/*Ellenberger* § 172 Rn. 2; PWW/*Frensch* § 172 Rn. 3; Bamberger/Roth/*Valenthin* § 172 Rn. 6. A. A. freilich NK-BGB/*Ackermann* § 172 Rn. 5.

[6] *BGH* NJW 1970, 240 (241); *Gerhardt*, JuS 1970, 326 ff.; Erman/*Arnold* § 139 Rn. 16.

[7] RGZ 99, 52 ff.; *Gerhardt*, JuS 1970, 326.

[8] Zu Sinn und Zweck von § 179 I vgl. *Fehrenbach*, NJW 2009, 2173 (2175 f.).

[9] *Canaris*, JZ 1976, 134; Staudinger/*Singer* § 122 Rn. 11; Bamberger/Roth/*Wendtland* § 122 Rn. 3.1.

densersatzanspruch zu gewähren ist:[10] Dass der Pseudowillenserklärung bzw. Vollmachtsurkunde das Abhandengekommensein nicht anzusehen ist und der Autor des Schriftstücks mit der Ausfertigung und dem Vorhalten desselben ein erhöhtes, typisierbares Fehlerrisiko schafft, rechtfertigt für sich allein wohl kaum eine Vertrauenshaftung.

2. Vorzugswürdig erscheint deshalb die Meinung, die einen Schadensersatzanspruch auf das negative Interesse nach *c. i. c.*-Grundsätzen gemäß §§ 311 II, 280 I gibt:[11] Wer dem *falsus procurator* fahrlässigerweise die Ansichnahme einer ihn als bevollmächtigt ausweisenden Urkunde ermöglicht, verletzt schuldhaft eine Schutzpflicht gegenüber dem Dritten, mit dem der vollmachtlose Vertreter kontrahiert. Eigenmächtigkeit des Pseudobevollmächtigten, die nicht durch Fahrlässigkeit begünstigt wurde, fällt demgegenüber – zumindest im nichtkaufmännischen Verkehr – nicht in die Risikosphäre des Ausstellers.

Folgt man dem, kann V von F nur dann verlangen, so gestellt zu werden, wie er stünde, wenn er nicht auf die Gültigkeit des Vertrags mit M und F vertraut hätte, also Zahlung des entgangenen Gewinns aus dem Geschäft mit D in Höhe von 10.000 € verlangen, sofern man es als Fahrlässigkeit gegenüber V qualifiziert, dass F die unversehrte Vollmachtsurkunde in den Papierkorb geworfen und damit dem Zugriff des M nicht endgültig entzogen hat.

B. Variante

I. Mit seiner an F adressierten Aufforderung ist V in der Fallvariante nach Maßgabe von § 177 II 1 vorgegangen.[12] Dadurch ist die von F gegenüber M bereits erklärte Verweigerung der Genehmigung unbeachtlich geworden. Maßgeblich ist vielmehr allein ihre fristgerecht gegenüber V erklärte Genehmigung, die ausweislich § 182 II auch mittels E-Mail erfolgen konnte. Ab Zugang der Genehmigung ist dem V der ihm zuvor gemäß § 178 eröffnete Widerruf verwehrt.

II. Zu prüfen bleibt, ob der Versuch des V, sich nunmehr unter Berufung auf die unzutreffend beurkundete Kaufpreiszahlung aus der Affäre zu ziehen, Aussicht auf Erfolg hat:

1. Nicht zielführend ist in dieser Hinsicht zunächst § 117 I. Danach ist das Vereinbarte nur dann als Scheingeschäft nichtig, wenn es nach dem übereinstimmenden Willen der Parteien keine Geltung haben soll. Im vorliegenden Fall gibt der notarielle Kaufvertrag allerdings zutreffend die zwischen den Parteien vereinbarten Pflichten zur Kaufpreiszahlung einerseits und zur Übertragung des Grundstücks andererseits wieder. Es ist daher davon auszugehen, dass beide Parteien diese Rechtsfolgen herbeiführen wollten, und zwar unabhängig davon, ob der Kaufpreis schon geflossen ist oder erst im Anschluss an die Beurkundung gezahlt werden sollte.[13]

2. Der Kaufvertrag ist auch nicht etwa gemäß §§ 311b I 1, 125 S. 1 formnichtig; denn nicht jede bewusst unrichtige Beurkundung führt zur Nichtigkeit wegen Formmangels. Vielmehr kommt es darauf an, ob die der Beurkundungspflicht unter-

---

[10] Bejahend: *Canaris* Vertrauenshaftung S. 487; *Stadler* BGB AT § 17 Rn. 37; Staudinger/ *Singer* § 122 Rn. 11; Erman/*Arnold* § 122 Rn. 3. Verneinend: *Bork* BGB AT Rn. 615; *Brehm* BGB AT Rn. 158; *Köhler* BGB AT § 6 Rn. 12.
[11] *Bork* BGB AT Rn. 1527; Staudinger/*Schilken* § 172 Rn. 7; MüKoBGB/*Schubert* § 172 Rn. 17.
[12] Beachte zum Versuch des Gesetzgebers, unerwünschte Schwebelagen mit Regelungen wie §§ 108 f. und §§ 177 f. aufzulösen, *Albers*, AcP 217 (2017), 766.
[13] Vgl. zu einer solchen Fallgestaltung *BGH* NJW 2011, 2785.

liegenden Vereinbarungen beurkundet worden sind (woran es etwa fehlt, wenn der Kaufpreis bewusst niedriger als eigentlich vereinbart beurkundet wird[14]). Im vorliegenden Fall ist hingegen nur eine (unwahre) Zahlungsbestätigung notariell beurkundet worden bzw. der (wahre) Umstand, dass der vereinbarte Kaufpreis nicht gezahlt war, nicht beurkundet worden. Bei einer solchen sog. Vorausquittung handelt es sich aber nicht um einen Teil des kaufvertraglichen Verpflichtungsprogramms, sondern nur um die Erklärung der Parteien zu einer sonstigen, erst auf die Vertragsabwicklung bezogenen Tatsache, auf die sich die Beurkundungspflicht nicht erstreckt.[15]

3. *Ergebnis:* V ist an den Vertrag gebunden.

---

[14] Fall eines sog. Schwarzkaufs bzw. einer Unterverbriefung; vgl. dazu etwa *Leenen* BGB AT § 6 Rn. 99 ff. und § 28 Rn. 32 ff.; *Heinrich* ZivilR Fall 4.
[15] *BGH* NJW 2011, 2785 (2786); Staudinger/*Herrler* § 125 Rn. 60a.

Fall 17. Der „vorgeschobene" Schwager

Unternehmerisches Bestätigungsschreiben – falsus procurator – Anscheinsvollmacht

Sachverhalt

Bauunternehmer *U* aus T., der mangels Kapazitätsauslastung in erhebliche finanzielle Bedrängnis geraten war, sah seine letzte Chance darin, den Auftrag zum Bau einer Brücke zu erhalten, die Bundesland Y plante. *U* fürchtete allerdings, wegen seiner auch bei der zuständigen Behörde bekannten finanziellen Schwierigkeiten von vornherein nicht berücksichtigt zu werden. Daher wandte er sich an seinen in der gleichen Branche tätigen, unter eigener Firma im Handelsregister eingetragenen Schwager *S* in K. und bat diesen, falls er nicht selbst am ausgeschriebenen Projekt interessiert sei, um Folgendes: *S* möge das von *U* erstellte Angebot im eigenen Namen mit dem Hinweis einreichen, dass der Auftrag von *U* als Subunternehmer ausgeführt werde. Intern solle das Ganze hingegen ausschließlich ein Geschäft des *U* sein. *S* verfuhr wie erbeten: Er reichte das Angebot bei der zuständigen Behörde ein und erhielt tatsächlich den Zuschlag.

Da *U* wegen der auch in Lieferantenkreisen bekannten eigenen finanziellen Situation mit Schwierigkeiten hinsichtlich einer Zahlungszielgewährung rechnete, schloss er – ohne *S* entsprechend zu informieren – auch die Verträge mit den Materiallieferanten in dessen Namen ab. So kamen mit der Stahlbau GmbH *L* zwei Zielkäufe über Baustahllieferungen zum (marktüblichen) Preis von 200.000 € und 150.000 € zustande. Dabei hatte die *L* den telefonischen Vertragsschluss bezüglich der ersten Partie vor Auslieferung derselben an die Baustelle dem *S* eigens brieflich bestätigt. Bezüglich der zweiten Partie erfolgte die Auslieferung ohne Benachrichtung des *S*. Alsbald darauf wurde *U*, als die erwarteten Abschlagszahlungen wegen Überschreitungen von Zwischenterminen ausblieben, definitiv zahlungsunfähig. Die Eröffnung des Insolvenzverfahrens wurde mangels Masse abgelehnt.

Die *L* verlangt von *S* Zahlung von 350.000 € für die – mittlerweile eingebauten – Stahllieferungen: Die erste Lieferung sei nur im Vertrauen darauf erfolgt, dass *S* dem Bestätigungsschreiben nicht widersprochen habe, die zweite zusätzlich aus dem Grunde, dass man erfahren habe, dass auch die Verträge mit den anderen Lieferanten – vor und nach Bestätigung des ersten Liefervertrags – jeweils im Namen des *S* geschlossen worden waren, ohne dass *S* interveniert habe. Ist das Zahlungsverlangen berechtigt, wenn *S* vom Handeln des *U* in seinem Namen nichts wusste und das von der *L* übersandte Bestätigungsschreiben aus Versehen ungelesen mit der anderen Post abgeheftet hatte?

Lösung

I. Zahlungsanspruch hinsichtlich der ersten Lieferung

Die *L* hat einen Zahlungsanspruch in Höhe von 200.000 € nach § 433 II, wenn zwischen ihr und *S* ein wirksamer Kaufvertrag zustande gekommen ist.

1. Allein durch die entsprechende Einigung zwischen dem als Vertreter des *S* auftretenden *U* und der *L* (diese vertreten durch ihren Geschäftsführer, § 35 I 1 GmbHG) ist es nicht zu einem wirksamen Kaufvertrag zwischen *S* und der *L* gekommen: *U* handelte ohne die nach § 164 I 1 hierfür erforderliche Vertretungsmacht, denn ihm war weder intern noch extern Vollmacht erteilt.

2. Zu prüfen bleibt jedoch, ob der somit an sich schwebend unwirksame Vertrag (§ 177 I) nach den Grundsätzen über das *kaufmännische Bestätigungsschreiben* als wirksam zustande gekommen gilt. Dies kommt in Betracht, weil *S* auf das ihm von der *L* zugegangene Schreiben geschwiegen hat, in welchem diese den Vertragsschluss auf seinen Namen bestätigt hatte.

a) Da anerkannter Zweck des kaufmännischen Bestätigungsschreibens auch die Klarstellung dahingehend ist, ob es überhaupt zu einem Vertragsschluss gekommen ist,[1] erstreckt sich der Anwendungsbereich des Instituts auf die Fallgestaltung, dass der bestätigte Vertrag seitens des Bestätigungsadressaten von einem vollmachtlosen Vertreter geschlossen wurde.[2] Selbst wenn der vertretungsmachtlose Vertreter nicht auf – wie auch immer geartete – Veranlassung des Vertretenen tätig geworden ist, darf von einem Kaufmann erwartet werden, dass er demjenigen, der einen in seinem Namen erfolgten Vertragsschluss bestätigt, unverzüglich den Vertretungsmachtmangel des *falsus procurator* anzeigt.

b) *S* traf daher als Kaufmann (nach § 1 I/II HGB) die Obliegenheit zu alsbaldigem Widerspruch: Sofern man mit der h. M.[3] auch die Kaufmannseigenschaft bzw. Quasikaufmannseigenschaft des Bestätigenden verlangt,[4] ist auch diese Voraussetzung vorliegend erfüllt; denn die *L* ist Formkaufmann gemäß § 6 HGB i. V. m. § 13 III GmbHG.

c) Da *S* nicht widersprochen hat (und auch nicht mehr rechtzeitig widersprechen kann), gilt der Kaufvertrag als mit Wirkung für und gegen ihn zustande gekommen. Sein Schweigen ist ihm in diesem Sinne zuzurechnen – gleichgültig, ob man den Zurechnungsgrund im Sphärenrisiko[5] oder in einem „Verschulden gegen sich selbst"[6] sieht: Der Grund für die mangelnde Kenntniserlangung lag allein in der Sphäre des *S,* darüber hinaus ist Nichtlektüre der eingehenden Geschäftspost infolge Verlegens derselben einem Kaufmann auch allemal als Sorgfaltsverstoß anzulasten.

3. *Ergebnis:* Der Zahlungsanspruch in Höhe von 200.000 € hinsichtlich der ersten Lieferung ist als Kaufpreisanspruch (§ 433 II) begründet.

II. Zahlungsanspruch hinsichtlich der zweiten Lieferung

1. Als Anspruchsgrundlage kommt auch hier zunächst § 433 II in Betracht. Der von *U* mit der *L* namens des *S* geschlossene Kaufvertrag hinsichtlich der zweiten Liefe-

---

[1] Statt vieler: *Flume* BGB AT II § 36 (3); *Brox/Walker* BGB AT Rn. 196; *Köhler* BGB AT § 8 Rn. 30.

[2] *BGH* NJW 2007, 987 (988) = JuS 2007, 779; *Flume* BGB AT II § 36 (4); *K. Schmidt* HandelsR § 19 Rn. 88; *Lettl,* JuS 2008, 849; *Canaris* HandelsR § 23 Rn. 14.

[3] Vgl. z. B. BGHZ 40, 42 (43 f.); *K. Schmidt* HandelsR § 19 Rn. 80; Palandt/*Ellenberger* § 147 Rn. 10.

[4] Gegen das Erfordernis, dass der Absender Kaufmann ist oder „ähnlich einem Kaufmann am Geschäftsleben teilnimmt", wohl zu Recht z. B. *Flume* BGB AT II § 36 (2); *Canaris* HandelsR § 23 Rn. 45; *Lettl,* JuS 2008, 849 (851).

[5] So z. B. *Canaris* Vertrauenshaftung S. 209; *Bork* BGB AT Rn. 1564.

[6] So z. B. *Flume* BGB AT II § 36 (7); *Medicus/Petersen* BürgerlR Rn. 58; MüKoBGB/*Schubert* § 167 Rn. 111 ff.

rung könnte nämlich aufgrund einer *Anscheinsvollmacht* des *U* unmittelbar für und gegen *S* wirken.

a) Es ist allgemein anerkannt, dass der Vertretene, der zwar positiv weiß, dass ein anderer als *falsus procurator* für ihn auftritt, aber zurechenbarerweise nichts dagegen unternimmt, aus den in seinem Namen abgeschlossenen Folgegeschäften auch dann verpflichtet wird, wenn in der entsprechenden Duldung keine konkludente Innenbevollmächtigung gesehen werden kann:[7] *Duldungs*vollmacht als Rechtsscheinvollmacht ist vollmachtsgleiche Vertretungsmacht. Nach h. M. muss nach Rechtsscheingrundsätzen darüber hinaus aber auch derjenige das Auftreten eines an sich vertretungsmachtlosen Vertreters gegen sich gelten lassen, der das Handeln seines angeblichen Vertreters zwar nicht kennt, es aber bei pflichtgemäßer Sorgfalt hätte erkennen und verhindern können: Der Scheintatbestand – der Geschäftsgegner ging davon aus und durfte auf Grund der ihm bekannten Umstände davon ausgehen, der Vertreter handele mit (Innen-)Vollmacht – und der Sorgfaltsverstoß des Vertretenen begründen eine vollmachtsgleiche Vertretungsmacht, die sog. *Anscheins*vollmacht.[8]

b) Das Institut der Anscheinsvollmacht stößt indes im Schrifttum nicht von ungefähr auf anhaltende Kritik und zumindest partielle Ablehnung.[9] Wohl zu Recht wird der Rechtsprechung entgegengehalten, dass sie nicht begründe und erkläre, weshalb Scheintatbestand plus Sorgfaltswidrigkeit des Vertretenen *positiven* Vertrauensschutz bedingen sollen, obwohl Nichtbeachtung pflichtgemäßer Sorgfalt außerhalb bestehender Vertragsverhältnisse nach dem System des bürgerlichen Rechts nur zum Ersatz des *negativen* Interesses verpflichtet. Teils wird deshalb die Lehre von der Anscheinsvollmacht generell als Irrlehre bekämpft,[10] teils zumindest für das allgemeine Zivilrecht abgelehnt und nur für den Bereich des Handelsrechts anerkannt[11] (wobei als maßgebender Grund für die positive Vertrauenshaftung des Kaufmanns und Betriebsinhabers die Erwägung angeführt wird, dass dieser die Organisationsrisiken seines Betriebes selbst tragen müsse[12]).

aa) Akzeptiert man die Figur der Anscheinsvollmacht, ist im vorliegenden Fall eine vollmachtsgleiche Vertretungsmacht des *U* zu bejahen. Damit, dass *S* das ihm die Kenntnis vom Vertreterhandeln des *U* vermittelnde Bestätigungsschreiben für die erste Partie nicht gelesen hat, konnte und brauchte der Vertragsgegner nicht zu rechnen. Aus der Sicht der *L* stellte sich das Vertreterhandeln des *U* als von *S* autorisiertes Handeln dar. Der Scheintatbestand einer Bevollmächtigung war daher gegeben. Und auch an der Sorgfaltswidrigkeit seitens des *S* ist nicht zu zweifeln: Der Vertretungsmachtschein wurde von *S* schuldhaft-fahrlässig dadurch verursacht, dass

---

[7] Statt aller: *Wolf/Neuner* BGB AT § 50 Rn. 84 ff.; *Grigoleit/Herresthal* BGB AT Rn. 498 ff.; *Stadler* BGB AT § 30 Rn. 43.

[8] Aus der Rechtsprechung z. B. *BGH* LM § 167 BGB Nr. 4, 8, 17; *OLG Frankfurt a. M.* WM 1999, 791. Aus dem Schrifttum etwa *Bork* BGB AT Rn. 1560 ff.; *Wolf/Neuner* BGB AT § 50 Rn. 94; *Brox/Walker* BGB AT Rn. 566; *Stadler* BGB AT § 30 Rn. 46; *Bamberger/Roth/Valenthin* § 167 Rn. 16.

[9] Vgl. z. B. *Flume* BGB AT II § 49 (4); *Canaris* Vertrauenshaftung S. 48 ff.; ders., BGH-FG Wiss. III, 2000, S. 129 (156 ff.); *Larenz* BGB AT, 7. Aufl. 1989, § 33 I a; *Medicus/Petersen* BürgerlR Rn. 101; *Diederichsen* BGB AT Rn. 300; Staudinger/*Schilken* § 167 Rn. 31; NK-BGB/*Ackermann* § 167 Rn. 75.

[10] So z. B. von *Diederichsen* BGB AT Rn. 300.

[11] Grundlegend: *Canaris* Vertrauenshaftung S. 191 ff. sowie *Larenz* BGB AT, 7. Aufl. 1989, § 33 I a; ferner: *Grigoleit/Herresthal* BGB AT Rn. 553 ff.; *Flume* BGB AT II § 49 (4); *Medicus/Petersen* BürgerlR Rn. 101; MüKoHGB/*Krebs* Vorb. § 48 Rn. 52 ff.; Staudinger/*Schilken* § 167 Rn. 31; Jauernig/*Mansel* § 167 Rn. 9.

[12] *Canaris* Vertrauenshaftung S. 194 f.; *Larenz* BGB AT, 7. Aufl. 1989, § 33 I a.

er das Bestätigungsschreiben versehentlich ungelesen mit einem anderen Geschäfts-
vorgang abgelegt hatte. Die *L* hätte mithin auch hinsichtlich der zweiten Lieferung
einen Zahlungsanspruch aus § 433 II.

bb) Nach der Gegenansicht scheidet hingegen mangels Vertretungsmacht des *U* ein
Kaufpreiszahlungsanspruch der *L* gegen *S* aus, und zwar wohl auch für denjenigen,
der der Anscheinsvollmacht jedenfalls im kaufmännischen Verkehr durchaus einen
Anwendungsbereich zuspricht. Zwar sind sowohl die *L* als auch *S* Kaufleute (§§ 6
HGB, 13 III GmbHG bzw. § 1 HGB). Wenn tragender Grund einer positiven
Vertrauenshaftung im Handelsrecht jedoch die Erwägung ist, den Verkehr vor den
mit der arbeitsteiligen Organisation eines kaufmännischen Unternehmens verbundenen spezifischen Gefahren zu schützen,[13] muss konsequenterweise auch unter Kauf-
leuten der Anwendungsbereich der Anscheinsvollmacht auf diejenigen Fallgestaltungen beschränkt bleiben, in denen der (Schein-)Vertreter irgendwie in die Betriebs-
organisation einbezogen ist. Letzteres ist hier aber gerade nicht der Fall.[14]

2. Zu prüfen bleibt jedoch, ob die *L* den Betrag von 150.000 € unter dem Gesichtspunkt des Verschuldens bei Vertragsschluss (§§ 311 II, 280 I) von *S* fordern kann.

a) Der Umstand, dass *S* selbst keine Vertragsverhandlungen mit der *L* geführt hat
und von den durch *U* in seinem Namen geführten nichts wusste, steht einer Haftung
aus *c. i. c.*, d. h. einer Haftung für schuldhafte Enttäuschung berechtigterweise ent-
gegengebrachten besonderen Vertrauens, nicht entgegen:[15] Auch beim Vertragsschluss durch einen vollmachtlosen Vertreter wird dem Vertretenen, auf den die
Vertragsverhandlungen bezogen sind, vom hinsichtlich der Vertretungsmacht gutgläubigen Vertragspartner besonderes Vertrauen entgegengebracht. Berechtigterweise aber durfte dem *S* dieses Vertrauen deshalb entgegengebracht werden, weil die
seitens der *L* bekannten und erkennbaren Umstände jedenfalls den *Schein* einer
Innenvollmacht begründeten.

b) Auf Grund dieser Vertrauensbeziehung traf *S* daher gegenüber der *L* die Pflicht,
gegen erkennbares Auftreten des *U* in seinem Namen einzuschreiten. Diese Verpflichtung hat *S* fahrlässig verletzt und deshalb der *L* deren negatives Interesse zu
ersetzen (§§ 280 I 2, 276 II).

c) Hätte *S* pflichtgemäß gehandelt, nämlich seine Geschäftspost gelesen und sodann
nach Kenntnis vom Verhalten des *U* diesem das weitere Auftreten in seinem Namen
untersagt sowie gegebenenfalls den Rechtsschein der Innenvollmacht durch entsprechende Mitteilung an die *L* zerstört, wäre es schwerlich zur Lieferung des nunmehr
verbauten Stahls gekommen. *U* hätte die *L* bei den bekannten finanziellen Schwierigkeiten desselben kaum Kredit durch Vorleistung gewährt. Vielmehr wäre die entsprechende Partie Baustahl nach gewöhnlichem Lauf der Dinge zum gleichen Preis
an ein anderes – solventes – Unternehmen verkauft worden.

---

[13] *Canaris* Vertrauenshaftung S. 193; MüKoHGB/*Krebs* Vorb. § 48 Rn. 54.
[14] So im Ergebnis auch *BGH* NJW 2007, 987 (989) mit dem Argument, dass für die Annahme
      einer Anscheinsvollmacht der Geschäftsgegner die Tatsachen kennen muss, aus denen sich
      der Rechtsschein der Bevollmächtigung ergibt; das Ausbleiben des Widerspruchs gegen das
      Bestätigungsschreiben genüge für sich allein noch nicht für eine solche Kenntnis, da es
      verschiedene Gründe haben kann und damit nicht notwendigerweise zu verstehen gibt, dass
      der Verhandlungspartner bevollmächtigt ist.
[15] Für Haftung nach *c. i. c.*-Grundsätzen in den Fallgestaltungen, in denen nach h. M. qua
      Bejahung einer Anscheinsvollmacht eine Erfüllungshaftung des Vertretenen zu bejahen
      wäre, z. B. *Flume* BGB AT II § 47 (3d); hingegen nur für das Handelsrecht: *Medicus/
      Petersen* BürgerlR Rn. 101.

d) Der Vertrauensschaden der *L* beläuft sich daher auf 150.000 €: Der Erfüllungs- oder Schadensersatzanspruch gegen *U* als *falsus procurator* gemäß § 179 I ist bei Ablehnung der Insolvenzeröffnung über das Vermögen desselben wirtschaftlich wertlos und ein Kondiktionsanspruch gegen das Bundesland nach §§ 951, 812, 946 scheidet aus, weil der Einbau nicht rechtsgrundlos, sondern in Erfüllung des Werkvertrags zwischen dem Land und dem Hauptunternehmer *S* erfolgte.

3. Das bedeutet: Gleichgültig, ob man der herrschenden Anscheinsvollmachtslehre folgt oder den Fall nach *c. i. c.*-Grundsätzen löst, hat die *L* auf jeden Fall hinsichtlich der zweiten Lieferung einen Zahlungsanspruch in Höhe von 150.000 €.

Fall 18. Teurer falscher Schein

Unternehmensbezogenes Vertreterhandeln – Rechtsscheinhaftung und Vertreter-Ausfallhaftung – Rechtsschein des Handelns für eine natürliche Person

Sachverhalt

P, Prokurist der Theo Schneider Spezialwerkzeuge-Fabrik GmbH *(S-GmbH)*, bestellte bei *A* einen größeren Posten Stahl. Die GmbH war erst wenige Wochen zuvor aus dem gleichnamigen einzelkaufmännischen Unternehmen des *S* entstanden. Bei der Bestellung machte *P* seinen Status als Prokurist durch Zeichnung mit dem Zusatz „ppa." kenntlich, verwendete aber einen alten Briefkopf mit der Firmenbezeichnung ohne GmbH-Zusatz.

A, der erst nach Lieferung von den Rechtsformverhältnissen Kenntnis erlangt hat, möchte wissen, an wen er sich wegen des offenen Kaufpreises halten kann. Spielt es dabei eine Rolle, ob der frühere Firmeninhaber und jetzige Gesellschafter-Geschäftsführer *S* (**Variante 1**) hausintern ausdrücklich angeordnet hatte, im Rahmen der Geschäftskorrespondenz den Zusatz „GmbH" anzubringen, oder aber (**Variante 2**) von der Weiterverwendung des unveränderten alten Firmenbriefkopfs wusste, ohne dagegen einzuschreiten?

Lösung

A. Variante 1

I. In Betracht kommt zunächst ein Kaufpreiszahlungsanspruch (§ 433 II) gegen die *S-GmbH*.

1. Die von *P* getätigte Bestellung stellt ein Kaufangebot dar. Dass die Erklärung keine explizite Preisaussage beinhaltet, ist unschädlich: Enthält die Käuferofferte keine abweichende Preisangabe, erklärt der Offerent seine Bereitschaft zur Zahlung des Listenpreises bzw. des Preises, den der Verkäufer üblicherweise fordert.[1]

2. Das Vertragsangebot hat *P* im Rahmen seiner Vertretungsmacht (§§ 48 I, 49 I HGB) mit Wirkung für und gegen die *S-GmbH* abgegeben (§ 164 I). Unternehmensbezogenes Vertreterhandeln[2] trifft den jeweiligen Inhaber. Dabei ist unerheblich, dass die Vertretererklärung die Identität des Vertretenen im Dunkeln lässt oder gar Identitätsfehlvorstellungen Vorschub leistet.[3]

3. Das entsprechende Angebot ist von *A* spätestens durch Lieferung des Bestellten angenommen worden, der Kaufvertrag mithin zustande gekommen: Der Realakt Lieferung verlautbart konkludent den Annahmewillen.

---

[1]   Statt vieler: Bamberger/Roth/*Faust* § 433 Rn. 53; Jauernig/*Berger* § 433 Rn. 16.
[2]   Allgemein hierzu: *Ahrens*, JA 1997, 895 ff.; *Paulus*, JuS 2017, 301 und 399.
[3]   Allg. M.; statt vieler: *BGH* NJW 1990, 2678; NJW-RR 1997, 527 (528); *Flume* BGB AT II § 44 I; *Köhler* BGB AT § 11 Rn. 20.

4. *A* kann mithin jedenfalls von der *S-GmbH,* der Vertragsschuldnerin, Zahlung verlangen.

II. Fraglich ist, ob *A* sich darüber hinaus nach *Rechtsscheingrundsätzen* an eine – unbeschränkt haftende – *natürliche Person* halten kann.

1. Eine Eigenhaftung des *S* scheidet in der ersten Variante aus, denn *S* hat hausintern ausdrücklich angeordnet, im Rahmen der Geschäftskorrespondenz den Zusatz „GmbH" anzubringen.

2. Zu prüfen bleibt indes eine Erfüllungshaftung von *P* aus Rechtsscheingründen analog § 179 I.

a) Durch die Firmenführung ohne den nach § 4 S. 1 GmbHG gebotenen Rechtsformhinweis hat *P* den falschen Schein erweckt, er handele für ein Unternehmen, bei dem wenigstens eine natürliche Person unbeschränkt haftet.

b) Dieser Rechtsschein ist seinem Urheber auch zuzurechnen: Bei einem Prokuristen ist davon auszugehen, dass er die Verpflichtung zur Rechtsformklarstellung kennt.

c) Verknüpft man die allgemeinen Rechtsscheingrundsätze mit dem hinter § 179 stehenden Grundgedanken, kommt es deshalb bei Gutgläubigkeit der Gegenseite in Fallgestaltungen der hier angesprochenen Art zu einer Ausfallhaftung des Vertreters:[4] *P* hat zwar mit Vertretungsmacht gehandelt, hatte indes nur Vollmacht für die *S-GmbH,* nicht für ein Unternehmen, bei dem wenigstens eine natürliche Person dem unbeschränkten Haftungszugriff unterliegt.

d) Anhaltspunkte für eine Bösgläubigkeit des *A* sind nicht ersichtlich. Insbesondere kann *P* dem *A* bezüglich der Rechtsform des vertretenen Unternehmens nicht die einschlägige Handelsregistereintragung entgegenhalten: § 15 II 1 HGB tritt bei Setzung eines besonderen Scheintatbestands hinter den Regeln der Rechtsscheinhaftung zurück, da es nicht Sinn der Norm ist, die Irreführung des gutgläubigen Verkehrs durch Schaffung von neuen Scheintatbeständen zu erlauben.[5]

e) *A* kann bezüglich des offenen Kaufpreises mithin auch von *P* Erfüllung verlangen. Er braucht nicht etwa vorab die Realisierung seines Anspruchs gegen die *S-GmbH* zu versuchen: Der nach den Grundsätzen des unternehmensbezogenen Vertreterhandelns verpflichtete Unternehmensträger und der den Rechtsschein der Haftung zumindest einer natürlichen Person setzende Vertreter haften dem Rechtsscheinvertrauenden als gleichrangige Gesamtschuldner.[6]

B. Variante 2

I. Die Vertragshaftung der *S-GmbH* bleibt unberührt.

II. Zu prüfen ist aber, ob neben der *S-GmbH* aus Rechtsscheingründen auch *S* selbst in Anspruch genommen werden kann und wie sich die etwaige Eigenhaftung des *S* auf die Haftung des *P* auswirkt.

1. Wusste *S* von der zusatzlosen Weiterverwendung der alten Geschäftsbriefbogen, ohne dagegen einzuschreiten, so hat auch er in zurechenbarer Weise den Schein einer unzutreffenden Haftungslage (Möglichkeit des unbeschränkten Zugriffs auf das Ver-

---

4   *BGH* NJW 1981, 2569 (2570); NJW 1991, 2627 f. m. Anm. *Canaris,* NJW 2012, 2871; *Fehrenbach,* NJW 2009, 2173 (2174); *Beck,* ZIP 2017, 1748 f.; Roth/Altmeppen/*Roth* § 4 Rn. 49 f.; Staudinger/*Schilken* § 179 Rn. 23.

5   *Canaris* HandelsR § 5 Rn. 38 (teleologische Reduktion). Speziell zur Rechtsscheinhaftung aus dem Gesichtspunkt irreführender Firmenführung durch Weglassen des gebotenen GmbH-Zusatzes: Baumbach/Hueck/*Fastrich* GmbHG § 4 Rn. 15.

6   *BGH* NJW 1991, 2627 (2628); *Canaris,* NJW 1991, 2628; Roth/Altmeppen/*Roth* § 4 Rn. 49.

mögen einer natürlichen Person) gesetzt. Der gutgläubige *A* kann sich bezüglich des offenen Kaufpreises nicht nur an die *S-GmbH,* sondern auch an *S* persönlich halten. Da die Haftung des den Rechtsschein Hervorrufenden keine subsidiäre Ausfallhaftung für den wirklichen Unternehmensträger darstellt,[7] kann *A* nach seiner Wahl die Leistung entweder von der *S-GmbH* oder von *S* fordern; diese haften als Gesamtschuldner.

2. Fraglich und richtigerweise wohl zu verneinen ist in der zweiten Variante hingegen eine Mithaftung des *P* analog § 179 I: Wenn in Einklang mit den Vorstellungen der anderen Seite – aus welchem Rechtsgrund auch immer – eine natürliche Person unbeschränkt für die Vertragserfüllung einzustehen hat, bleibt für eine kompensatorische Inanspruchnahme des Vertreters kein Raum.

---

7 *BGH* NJW 1990, 2678.

Fall 19. Altlasten

Organschaftliche Vertretung ohne Vertretungsmacht – Scheinvertretungsmacht – Deliktshaftung für Organhandeln ohne Vertretungsmacht – Verschulden bei Vertragsschluss

Sachverhalt

Unternehmer *U* hat drängende Verbindlichkeiten gegenüber seinem Lieferanten *L*, für deren Abdeckung sich seine Hausbank, die in der Rechtsform der eingetragenen Genossenschaft betriebene *G-Bank*, stark gemacht hatte. Um die Verbindlichkeiten zu bedienen, verhandelte *U* über einen Großkredit mit der *D-Bank*. Diese gewährte den Kredit mittels weisungsgemäßer Auszahlung an *L*, nachdem ihr, wie von *U* in Aussicht gestellt, eine auf die *G-Bank* lautende Bürgschaftserklärung übersandt worden war. Bürgschaftsurkunde und Begleitschreiben waren von deren Vorstandsmitglied *B* sowie dem früheren Vorstandsmitglied *A* unterzeichnet: die Bürgschaftsurkunde unter einem *vor* dem Ausscheiden des *A* liegenden Datum, das im Briefkopf noch den alten Vorstand benennende Begleitschreiben *nach* registerrechtlicher Verlautbarung des partiellen Vorstandswechsels (nunmehr *B* und *C* statt *A* und *B). B* hatte das Schreiben und die Urkunde bewusst ohne Wissen des *C* abgesandt, um die *D-Bank* zur Gewährung des Darlehens zu bewegen und den sicher geglaubten Einspruch des *C* gegen das Vorhaben zu vermeiden.

U kam seinen Tilgungs- und Zinszahlungsverpflichtungen zunächst schleppend, dann überhaupt nicht mehr nach. Die *D-Bank* hat den Kredit nach fruchtloser Abmahnung deshalb durch Erklärung gegenüber *U* fristlos fällig gestellt. Da von *U* nichts mehr zu erwarten ist, nachdem der Antrag eines Drittgläubigers auf Eröffnung des Insolvenzverfahrens mangels Masse abgelehnt wurde, hält sich die *D-Bank* nunmehr an die *G-Bank*. Zu Recht?

Lösung

I. Einem Zahlungsanspruch auf Kapital und Zinsen aus Bürgschaftsvertrag (§ 765)[1] steht der Umstand entgegen, dass den im Namen der *G-Bank* aufgetretenen Personen, also *A* und *B*, die Vertretungsmacht fehlte, das Bürgschaftsversprechen und der Bürgschaftsvertrag mithin (schwebend) unwirksam sind.

1. Vorstandsmitglieder einer eingetragenen Genossenschaft sind mangels abweichender, registerrechtlich zu verlautbarender Satzungsregelung grundsätzlich nur gesamtvertretungsbefugt (§§ 24 II 1, 25 I 1 GenG). Da entscheidender Zeitpunkt für die Vertretungslage bei einer verkörperten Willenserklärung die Abgabe, also die Entäußerung in den Rechtsverkehr, und nicht schon die interne Unterzeichnung derselben ist,[2] liegt im Fall selbst dann kein wirksames Bürgschaftsversprechen vor,

---

[1] Beachte grundsätzlich § 350 HGB.
[2] MüKoBGB/*Schubert* § 177 Rn. 16.

wenn die Unterschriften auf der Bürgschaftsurkunde tatsächlich vor dem Ausscheiden des *A* geleistet worden sein sollten. *B* war lediglich Kollektivvertreter, und zwar im maßgeblichen Zeitpunkt der Abgabe der Bürgschaftserklärung zusammen mit *C*.

2. Eine Scheinvertretungsmacht von *A* und *B* scheitert daran, dass der falsche Schein dem *C*, also dem unbeteiligten Kollektivvertreter, nicht zuzurechnen ist: Denn dieser Schein beruht auf der Verwendung des veralteten Briefbogens, und dieser Umstand hätte für *C* zumindest erkennbar sein müssen; darauf deutet aber nichts hin.

II. Schaute man nur auf den Wortlaut der §§ 31, 179 I, könnte man freilich an einen – Valuta und Zinsen abdeckenden – Schadensersatzanspruch wegen Nichterfüllung gegen die *G-Bank* nach eben diesen Vorschriften denken. Bei der gebotenen funktionellen Betrachtungsweise zeigt sich aber, dass diese Anspruchsgrundlagen nicht einschlägig sind: Ihnen geht es darum, dass ein Organwalter, der seine Vertretungsmacht beim Vertragsschluss überschreitet, als Garant seiner konkludent behaupteten Vertretungsmacht statt der vertretenen Personifikation in Anspruch genommen wird. Bei der Haftung nach § 179 I ist das Organ als *falsus procurator* Endpunkt der Zurechnung.[3]

III. In Betracht kommt jedoch ein – zumindest im Ergebnis sowohl die Valuta als auch die Zinsen erfassender – Schadensersatzanspruch aus unerlaubter Handlung und/oder Verschulden bei Vertragsschluss, jeweils unter dem Gesichtspunkt der Organhaftung nach § 31:[4] Die *D-Bank* hat die Darlehensauszahlung im Vertrauen auf die Wirksamkeit der Bürgschaft der *G-Bank* getätigt. Der Vertrauensschaden, der ihr aus der Nichtrealisierbarkeit der Ansprüche aus dem Darlehensvertrag gegen *U* entsteht, entspricht genau dem Erfüllungsinteresse.

1. In Ausführung der ihm zustehenden Verrichtung i. S. von § 31 handelt ein Vorstandsmitglied im rechtsgeschäftlichen Bereich keineswegs nur dann, wenn es im Rahmen seiner Vertretungsmacht verbleibt. Erforderlich und ausreichend ist vielmehr, dass zwischen dem schadensstiftenden Verhalten und dem Aufgabenbereich der Organperson ein sachlicher, also nicht bloß zufälliger Zusammenhang besteht.[5] Wer als Gesamtvertreter durch Hinzuziehung eines nicht mehr Vertretungsberechtigten vorspiegelt, dass wirksame Kollektivvertretung gegeben ist, handelt noch innerhalb des ihm zugewiesenen Wirkungskreises.[6]

2. Nicht zu zweifeln ist auch daran, dass der Tatbestand einer haftungsbegründenden Komplementärnorm erfüllt ist: Wer bei Abgabe eines Bürgschaftsversprechens als Kollektivvertreter unter Verwendung eines nicht mehr aktuellen Geschäftsbogens im Zusammenwirken mit einem früheren Mitzeichnungsberechtigten den Eindruck wirksamer Gesamtvertretung erweckt und damit die Gegenseite über den Bestand

---

[3]   *Flume* BGB AT I/2 § 11 III 3; *Medicus/Petersen* BGB AT Rn. 1135; MüKoBGB/*Arnold* § 31 Rn. 39; Soergel/*Hadding* § 31 Rn. 24; Bamberger/Roth/*Schöpflin* § 31 Rn. 20.

[4]   Nach zutreffender h. M. (statt vieler: *K. Schmidt* GesR § 10 IV 3; Soergel/*Hadding* § 31 Rn. 4; Erman/*Westermann* § 31 Rn. 9) ist der Anwendungsbereich des § 31 nicht auf das Deliktsrecht beschränkt: Repräsentationshaftung als personenrechtliches Prinzip bedeutet Zurechnung allen Organverschuldens, wo immer es auf ein „Verschulden des Verbands" ankommt. A. A. – für verdrängenden Vorrang von § 278 gegenüber § 31 – freilich etwa *Flume* BGB AT I/2 § 11 III 5 sowie *Medicus/Petersen* BGB AT Rn. 1135.

[5]   Allgemein: *BGH* NJW 1980, 115 (116); Soergel/*Hadding* § 31 Rn. 21; *Köhler* BGB AT § 21 Rn. 31.

[6]   BGHZ 98, 148 (151 ff.); *Coing*, FS R. Fischer, 1979, S. 65 (77 f.); Bamberger/Roth/*Schöpflin* § 31 Rn. 21. A. A. – vorsätzliche unerlaubte Handlungen eines Organmitglieds erfolgen immer nur bei Gelegenheit – aus der Rspr. freilich noch RGZ 134, 375 (377) [für den Fall der Fälschung der Unterschrift des Mitzeichnungsberechtigten], aus dem Schrifttum etwa noch *Enneccerus/Nipperdey* BGB AT I § 110 Fn. 7.

einer Sicherheit für ein zu gewährendes und gewährtes Darlehen täuscht, erfüllt sowohl den Tatbestand des § 823 II i. V. m. mit § 263 StGB als auch den Tatbestand des Verschuldens bei Vertragsschluss.

3. Höchst problematisch ist freilich, ob das Zwischenergebnis unter dem Gesichtspunkt der Abstimmung von Haftungs- und Vertretungsordnung einer Korrektur bedarf. Dies liegt nahe, weil eine Haftung der juristischen Person, die die Gegenseite im Ergebnis so stellt, als ob der Vertrag zustande gekommen wäre, das an sich legitime Bestreben einer Haftungsbegrenzung durch Vertretungsmachtbeschränkung unterläuft.

Eine verbreitete Literaturmeinung[7] plädiert für den uneingeschränkten Vorrang der Vertretungsordnung: Ersatzansprüche, die im Ergebnis auf einen vertraglichen Leistungsstörungsanspruch hinausliefen, seien – anspruchsgrundlagenunabhängig – zu verneinen. Die Gegenansicht[8] leugnet jede Begrenzung der Haftungsordnung durch die Vertretungsordnung: Verwirkliche ein Organmitglied in dem ihm zugewiesenen Wirkungskreis einen Haftungstatbestand, so gebe es keinen Grund mehr, die juristische Person von ihrer Haftung zu befreien. Eine vermittelnde Ansicht[9] bejaht zwar die Einstandspflicht der juristischen Person, soweit es um vorsätzliches deliktisches Fehlverhalten ihrer Organe geht, verneint aber die Haftung aus *c. i. c.* (§§ 311 II, 280), sofern sie im Ergebnis auf eine Erfüllungshaftung hinausliefe.

Richtigerweise ist zumindest die Deliktshaftung unabhängig vom konkreten Inhalt der Schadensersatzschuld zu bejahen:[10] Gesamtvertretung entfaltet ihre Schutzfunktion in erster Linie bereits dadurch, dass der einzelne Gesamtvertreter durch das Erfordernis der Mitwirkung eines anderen einer Kontrolle unterliegt, deren er sich in aller Regel nur durch die Begehung einer Straftat zu entziehen vermag. Dies ist ein Umstand, der nicht nur rechtliche, sondern auch psychologische Barrieren schafft. Setzt der Gesamtvertreter sich über diese Barriere hinweg, so rechtfertigen Verkehrsschutzaspekte die Einstandspflicht der juristischen Person.[11]

4. Bejaht man die Möglichkeit eines Schadensersatzanspruchs gegen die juristische Person dem Grundsatz nach, bleibt freilich noch zu prüfen, wie sich der Umstand auswirkt, dass der Vertretungsmachtmangel durch Registereinsicht unschwer zu erkennen gewesen wäre: Fahrlässige Verkennung des Vertretungsmachtmangels führt im Rahmen der Schadensersatzhaftung zwar nicht zum Haftungsausschluss analog § 179 III 1,[12] legt aber ein Mitverschulden i. S. von § 254 nahe.[13]

a) Das Kennenmüssen auf der Geschädigtenseite ist für die Schadensverteilung nach § 254 richtigerweise auch dann bedeutsam, wenn das Organmitglied – wie hier – bei

---

[7] Dezidiert: *Coing*, FS R. Fischer, S. 74 ff.; *E. Peters*, FS Reinhardt, 1972, S. 127 ff. Ferner: *Wiedemann*, Gesellschaftsrecht Bd. 1 Grundlagen, 1980, § 4 II 3a; AK-BGB/*Ott*, § 31 Rn. 23.

[8] Dezidiert: *Flume* BGB AT I/2 § 11 III 3, ferner: *Medicus/Petersen* BürgerlR Rn. 797; Bamberger/Roth/*Schöpflin* § 31 Rn. 20; *Prölss*, JuS 1986, 169 (174).

[9] So vor allem *Canaris*, JuS 1980, 332 (334 f.), ferner MüKoBGB/*Arnold* § 31 Rn. 39 ff.; *Schnorbus*, WM 1999, 197 (200 ff., 205 ff.).

[10] BGHZ 98, 148 (156 f.).

[11] BGHZ 98, 148 (156 f.); Staudinger/*Weick* § 31 Rn. 16 ff.; Palandt/*Ellenberger* § 31 Rn. 11; *Canaris*, JuS 1980, 334; *Schnorbus*, WM 1999, 208.

[12] A. A. RGRK/*Steffen* § 177 Rn. 17 sowie *Dieckmann*, WM 1987, 1473 (1480). Zur Anwendbarkeit von § 179 III bei Haftung analog § 179 I BGB vgl. *Fehrenbach*, NJW 2009, 2173 ff.

[13] BGHZ 98, 148 (158); Soergel/*Hadding* § 31 Rn. 25; Erman/*Maier-Reimer* § 177 Rn. 26.

der Schadenszufügung vorsätzlich handelt.[14] Der Satz, dass fahrlässiges Verhalten des Geschädigten gegenüber vorsätzlichem Organhandeln unberücksichtigt bleibt,[15] bedarf für die Fallgruppe des vorsätzlichen Vertretungsmachtmissbrauchs der Relativierung; denn vertretungsmachtbezogene Registereintragungen dienen nun einmal auch dem Zweck, Schadensersatzbelastungen aus deliktischem Fehlverhalten der Organwalter im Vertretungsbereich möglichst zu verhindern.

b) Ob aber überhaupt Einsichtnahme in das Register oder eine sonstige Überprüfung der Rechtslage geboten und ein Unterlassen derselben deshalb als Fahrlässigkeit i. S. eines Verschuldens gegen sich selbst zu qualifizieren ist, hängt richtigerweise vom Gewicht des Geschäfts sowie der Intensität des bisherigen geschäftlichen Kontakts ab:[16] Geschäfte von größerer wirtschaftlicher Tragweite lassen, zumal bei erstmaligem geschäftlichem Kontakt, gesteigerte Vorsicht erwarten.

Bürgschaftsgeschäfte zur Besicherung eines „Großkredits" sind selbst dann, wenn sie für die Gläubigerbank möglicherweise keineswegs ungewöhnlich sind, sicher keine „Alltagsgeschäfte". Da zudem nichts auf eine bestehende Geschäftsbeziehung zur *G-Bank* hindeutet, hätte für die *D-Bank* eine Registereinsicht oder sonstige Verifizierung der Vertretungslage nahe gelegen. Der Umstand, dass für das Begleitschreiben ein die überholte Vertretungslage ausweisender, veralteter Geschäftsbogen verwendet wurde, entlastet sie nicht.

c) Die sonach gebotene Abwägung dürfte vorliegend zwar nicht zum Entfall des Ersatzanspruchs, wohl aber zur Schadensteilung führen.

IV. *Ergebnis:* Ein Zahlungsanspruch auf Kapital und Zinsen besteht als Schadensersatzanspruch aus §§ 31, 823 II i. V. m. mit § 263 StGB dem Grunde nach; der Gesichtspunkt des Mitverschuldens führt aber zu einer Anspruchskürzung.

---

[14] Zumindest unklar, weil die Abwägungsfrage bei bejahter Fahrlässigkeit mit der Fahrlässigkeitsfrage vermengend, und zudem die Leitlinien des tatrichterlichen Ermessens nicht hinreichend deutlich herausarbeitend: BGHZ 98, 148 (158 f.).

[15] *BGH* NJW 1984, 921 (922); Palandt/*Grüneberg* § 254 Rn. 65.

[16] S. auch *Canaris* HandelsR § 5 Rn. 33.

Fall 20. Ein bösgläubiger Gesellschafter

„Bösgläubigkeit" juristischer Personen – Insichgeschäft des Geschäftsführers und Alleingesellschafters einer GmbH

Sachverhalt

N ist in das Grundbuch als Eigentümer eines in Wirklichkeit dem E gehörenden Grundstücks eingetragen. Dieses veräußerte N an die A-GmbH, eine Zweimann-GmbH mit den Gesellschaftern G1 und G2, die laut Gesellschaftsvertrag einzelvertretungsbefugte Geschäftsführer der Gesellschaft sind. Der Kaufvertrag wurde seitens der GmbH von G2 geschlossen. G1 wurde von G2 erst nach Vertragsschluss informiert. Auch bei der späteren Auflassung an die GmbH wirkte nur G2 mit. Während G2 die Nichtberechtigung des N unbekannt war, wusste G1 aus privatem Anlass davon, dass das Grundbuch unrichtig ist.

Geraume Zeit nach erfolgter Auflassung und Eintragung erwarb G2 die Geschäftsanteile des G1, der auch als Geschäftsführer ausschied. Eine Neukonzeption der Unternehmenspolitik ließ es dem G2 ratsam erscheinen, das von der Gesellschaft erworbene Grundstück namens derselben an sich selbst aufzulassen, um auf dem Grundstück ein Mietshaus zu errichten. Erst nachdem G2 als Eigentümer in das Grundbuch eingetragen war, erfuhr er von der Nichtberechtigung des N. Er möchte wissen, ob es unter diesen Umständen für ihn noch ratsam ist, das geplante Bauvorhaben zu realisieren.

Variante: Ändert sich etwas an der Beurteilung, wenn G1 nicht erst nach Auflassung und Grundbucheintragung, sondern bereits vor der Auflassung, aber nach Information über den Kaufabschluss als Gesellschafter und Geschäftsführer aus der GmbH ausgeschieden ist?

Lösung

A. Grundfallgestaltung

Der geplante Hausbau ist nur dann ratsam, wenn G2 Eigentümer des Grundstücks geworden ist. Andernfalls würde der wahre Eigentümer gemäß §§ 946, 93, 94 auch Eigentümer des Neubaus, während G2 nach den Grundsätzen der Lehre von der aufgedrängten Bereicherung[1] nicht einmal sicher sein könnte, gemäß §§ 951 I 1, 812 I 1 Var. 2 einen Ausgleich in Höhe der objektiven Wertsteigerung des Grundstücks zu erlangen.

I. Ursprünglich war E Eigentümer. Er könnte sein Recht indes nach §§ 892 I 1, 925 I 1, 873 I an die A-GmbH verloren, und G2 es sodann von dieser gemäß §§ 925, 873 erworben haben. Voraussetzung hierfür wäre, dass die GmbH als „gutgläubig"

---

[1] Näher hierzu etwa MüKoBGB/*Schwab* § 818 Rn. 217 ff. m. w. N.; *Medicus/Petersen* BürgerlR Rn. 899.

i. S. von § 892 I 1 angesehen werden kann. Dies zu bejahen oder zu verneinen ist deshalb fraglich, weil zwar dem in Ausübung seines satzungsmäßigen Alleinvertretungsrechts namens der GmbH handelnden *G2* die Nichtberechtigung des *N* unbekannt war, der nicht am Rechtsgeschäft mitwirkende *G1* aber zum Zeitpunkt der Auflassung von der Unrichtigkeit des Grundbuchs wusste.

1. Die lange Zeit einhellige Rechtsprechung² und eine im Schrifttum nach wie vor anzutreffende Meinung³ folgen der sog. Theorie der absoluten Wissenszurechnung. Danach bedeutet schon die Kenntnis eines Organmitglieds zugleich Kenntnis der juristischen Person. Dieses Ergebnis wird bisweilen unmittelbar aus der „Organtheorie" abgeleitet: Es liege in der „Natur der Sache", dass das Wissen jedes in der Angelegenheit organschaftlich Vertretungsberechtigten der juristischen Person „innewohne".⁴ Andere argumentieren unter Berufung auf § 26 II 2 und seine spezialgesetzlichen Entsprechungen (im GmbH-Recht: § 35 II 2 GmbHG): Aus der passiven Empfangszuständigkeit gesamtvertretungsberechtigter Organmitglieder folge das Gebot der Zurechnung des Wissens jedes Organmitglieds.⁵

Die Analogiefähigkeit von § 26 II 2 und seiner spezialgesetzlichen Entsprechungen reicht richtigerweise aber nur so weit, dass Mitteilungen zu Händen des Passivvertretungsbefugten ohne weiteres „Kenntnis" der juristischen Person begründen.⁶ Und von einer Ableitbarkeit des Ergebnisses aus der „Organtheorie" kann erst recht keine Rede sein. Die Kennzeichnung der verfassungsmäßig für die juristische Person Handelnden als „Organe" mag zwar mehr als eine Metapher sein, darf aber nicht zu einer naturalistischen Sichtweise verleiten. Auch im rechtsfähigen Verband gibt es Bewusstseinsvorgänge nur bei den beteiligten Menschen. Die Formel vom „Wissen" der juristischen Person ist letztlich nur eine verkürzte und verkürzende Ausdrucksweise für einen wertenden Akt der Zurechnung: Der Kenntnisstand gewisser natürlicher Personen wird der juristischen Person zugerechnet. So betrachtet ist das Wissen einzelner Organmitglieder nicht zwangsläufig „Wissen" der juristischen Person. Zu beantworten gilt es vielmehr die Wertungsfrage, ob und unter welchen Voraussetzungen es gerechtfertigt erscheint, der juristischen Person den Kenntnisstand von Organmitgliedern zuzurechnen.⁷

2. Richtigerweise kann man dabei auf zwei sich überschneidende Lösungsansätze zurückgreifen: zum einen die Figur der genuin gesellschaftsrechtlichen Wissenszurechnung in Fortentwicklung des Gedankens des § 166 II, und zum anderen die Figur der rechtsformunabhängigen Wissenszurechnung in arbeitsteiligen Organisationen entsprechend dem Risikoprinzip.⁸

---

2   So noch BGHZ 109, 327 (331); *BGH* NJW 1995, 2159 (2160).
3   *Bork* BGB AT Rn. 1668; Soergel/*Hadding* § 26 Rn. 11; Erman/*Westermann* § 26 Rn. 5; Palandt/*Ellenberger* § 26 Rn. 8; *Aden*, NJW 1999, 3098 f.
4   S. etwa *RG* JW 1935, 2044 sowie *BGH* WM 1959, 81 (84); ähnlich *Bork* BGB AT Rn. 1668.
5   S. etwa Soergel/*Hadding* § 26 Rn. 11; Palandt/*Ellenberger* § 26 Rn. 8.
6   Statt mancher: *Flume* BGB AT I/2 § 11 IV; MüKoBGB/*Arnold* § 26 Rn. 21 ff.
7   So jetzt auch explizit BGHZ 132, 30 (35). Aus dem Schrifttum, besonders klar, *Baumann*, ZGR 1973, 284 (289); ferner *Flume* BGB AT I/2 § 11 IV 4; Staudinger/*Schilken* § 166 Rn. 32; *Grunewald*, FS Beusch, 1993, S. 301 (303 f.); *Taupitz*, JZ 1996, 734.
8   Demgegenüber werden auch monistische Ansätze vertreten. So sieht z.B. *Baumann*, ZGR 1973, 284 ff., in § 166 II nicht nur eine Analogiebasis, sondern auch eine Sperrnorm für Wissenszurechnung jenseits des durch Analogie erweiterten Anwendungsbereichs der Norm. Andere leugnen die Möglichkeit einer entsprechenden Anwendung von § 166 II und plädieren für eine Wissenszurechnung kraft erwartbarer Information in der arbeitsteiligen Organisation; dafür etwa NK-BGB/*Stoffels* § 166 Rn. 10 ff., 33.

a) Den Satz, dass das Wissen des konkret handelnden Organvertreters dem vertretenen Verband zuzurechnen ist, gilt es dahingehend zu ergänzen, dass in sinngemäßer Anwendung des erweitert interpretierten § 166 II das (Gedächtnis-)Wissen eines bösgläubigen Organvertreters zuzurechnen ist, der zwar nicht selbst und unmittelbar am Geschäftsabschluss beteiligt war, auf das Handeln des gutgläubigen Organwalters aber gegensteuernd hätte einwirken können:[9] Wenn man im Bereich rechtsgeschäftlicher Vertretung dem Vollmachtgeber – zu Recht – eigene Kenntnis oder eigenes Kennenmüssen über den Wortlaut hinaus auch dann anlastet, wenn er von der bevorstehenden Handlung des Vertreters Kenntnis hat und sie nicht hindert,[10] so muss konsequenterweise der juristischen Person die Kenntnis des Organmitglieds schaden, das zwar nicht an dem Geschäftsabschluss beteiligt ist, aber von dem bevorstehenden Abschluss weiß. Die Nichtintervention schadet dabei auch dann, wenn nur Privatwissen in Rede steht:[11] Es besteht kein Anlass, bei der Wissenszurechnung analog § 166 II anders zu verfahren als bei der Wissenszurechnung beim konkret Handelnden, wo die Relevanz außergeschäftlich erlangten Wissens außer Frage steht.

b) Verkehrsschutzinteressen und der Gesichtspunkt der Verantwortung des Unternehmensträgers für die Zulänglichkeit der eigenen Organisation gebieten, ergänzend zur genuin gesellschaftsrechtlichen Zurechnung von Organwalterwissen analog § 166 II, eine rechtsformunabhängige, nicht auf die Organwalterebene beschränkte Wissenszurechnung innerhalb der unternehmerischen Organisation:[12] Wer seinen Betrieb arbeitsteilig organisiert, muss dafür sorgen, dass nicht etwa „organisierte Arglosigkeit" herrscht, sondern relevante Informationen die zuständige Stelle erreichen. Der Verkehr darf erwarten, dass Informationen, deren Bedeutung für aktuelle oder spätere Geschäftsvorgänge erkennbar ist, dokumentiert und den mit den Vorgängen befassten Personen zugänglich gemacht werden, und dass letztere eine gespeicherte Information aus gegebenem Anlass auch abrufen. Bestand Anlass zur Speicherung und zum Abruf von Informationen, so muss das zu Dokumentierende und Abzurufende als im „Aktenwissen" des Unternehmensträgers stehend gelten. Bloßes Privatwissen eines Glieds der Organisation dürfte dabei freilich nicht zu dem zu speichernden und weiterzuleitenden Wissen zählen:[13] Der Gedanke der Gleichstellung von Organisation und Einzelperson würde zulasten der Organisation verfehlt, wenn man auch dem außergeschäftlichen Wissen aller in der Organisation arbeitsteilig Zusammenwirkenden Relevanz beimessen wollte.

3. Auf den Ausgangsfall bezogen heißt dies: Die *A-GmbH* muss sich den bösen Glauben von *G1* selbst dann zurechnen lassen, wenn man die Theorie der absoluten Wissenszurechnung ablehnt. In Hinblick darauf, dass das Wissen des *G1* von der Nichtberechtigung des *N* privat erlangt wurde, ergibt sich das zwar wohl nicht aus den Grundsätzen der Wissenszurechnung in arbeitsteiliger Organisation, wohl aber unter dem Gesichtspunkt der Zurechnung von Organvertreterwissen in entspre-

---

[9] Übereinstimmend: *BayObLG* NJW-RR 1989, 907 (908); *Flume* BGB AT I/1 § 11 IV; Staudinger/*Schilken* § 166 Rn. 32; *Baumann,* ZGR 1973, 294; *Tintelot,* JZ 1987, 795 (800).

[10] Wohl unstreitig; vgl. statt vieler BGHZ 38, 65 (68); 50, 364 (368); *Flume* BGB AT II § 52 (6); *Köhler* BGB AT § 11 Rn. 50.

[11] So explizit *Baumann,* ZGR 1973, 295.

[12] Leitentscheidung: BGHZ 132, 30 (34 ff.) = JZ 1996, 731 (732 ff.) m. Anm. *Taupitz,* bestätigt durch *BGH* NJW 1997, 1917 (1918). Aus dem Schrifttum grundlegend *Medicus* und *Taupitz,* Karlsruher Forum 1994, S. 4 ff. sowie 16 ff., ferner: *Canaris* in GroßkommHGB (Bankvertragsrecht), 4. Aufl., Rn. 800a; *Grunewald,* FS Beusch, S. 301 ff.; *Petersen,* Jura 2008, 914 (916); *Schwab,* JuS 2017, 481. Kritisch u. a. *Koller,* JZ 1998, 75 ff.

[13] Übereinstimmend: *Taupitz,* Karlsruher Forum 1994, S. 27; *Tintelot,* JZ 1987, 796 f.

chender Anwendung von § 166 II: *G1* hat durch Kenntniserlangung vom Kaufvertrag von der bevorstehenden Auflassung erfahren und *G2* gleichwohl nicht auf die fehlende Berechtigung des *N* hingewiesen. Dass das Wissen um die Unrichtigkeit des Grundbuchs privat erlangtes Wissen ist, muss im Rahmen der Organwissenszurechnung analog § 166 II irrelevant sein.

4. Die *A-GmbH* hat mithin kein Eigentum am Grundstück erworben. Ein Erwerb des *G2* vom Berechtigten scheidet aus.

II. *G2* könnte nur dadurch Eigentümer des Grundstücks geworden sein, dass er seinerseits nach §§ 892 I 1, 925 I, 873 I Eigentum erlangt hat.

1. Sofern *G2* nicht bereits nach der Satzung vom Verbot des Selbstkontrahierens befreit ist, fehlt es insoweit aber schon am Erfordernis einer wirksamen Auflassung (§ 925): Insichgeschäfte sind mangels satzungsmäßiger Gestattung[14] nach § 35 III GmbHG, § 181 BGB unzulässig und damit schwebend unwirksam.[15]

Eine Genehmigung der Auflassung nach nachgeholter Satzungsänderung[16] würde zwar die Auflassung wirksam machen. Maßgebender Zeitpunkt für die Redlichkeit des Erwerbers nach § 892 ist indes in diesem Fall der Zeitpunkt der Genehmigung.[17] Der Erwerb würde dann am Erfordernis der Gutgläubigkeit scheitern.

2. War hingegen Selbstkontrahieren in der Satzung gestattet, läge eine wirksame Auflassung vor. Da auch die zugehörige Eintragung erfolgt ist und *G2* bei Antragstellung (s. § 892 II) keine Kenntnis von der Unrichtigkeit des Grundbuchs hatte, wäre sein gutgläubiger Erwerb gemäß § 892 zu bejahen, sofern die Vorschrift auf Fälle der vorliegenden Art (Eigentumsübertragung von der Einmann-GmbH auf den Gesellschafter) überhaupt anwendbar ist. Vom Wortlaut her bestünden keine Bedenken: Verfügender (GmbH) und Erwerber *(G2)* sind rechtlich verschiedene Personen. Die h.M. sieht jedoch in teleologischer Interpretation zu Recht nur sog. Verkehrsgeschäfte von § 892 erfasst: nur bei echtem Dritterwerb sind die Schutzbelange des redlichen rechtsgeschäftlichen Verkehrs so stark, dass ihnen bestehende Rechte geopfert werden können. Sind Veräußerer und Erwerber hingegen, wie hier, jedenfalls wirtschaftlich identisch, ist für gutgläubigen Erwerb kein Raum.[18]

III. Als Ergebnis bleibt festzuhalten, dass *G2* nicht Eigentümer des Grundstücks geworden ist, die eingangs genannten Bedenken gegen die Errichtung eines Mietshauses also durchgreifen.

B. Variante

Es fragt sich, ob *G2* nicht wenigstens in der Fallvariante von der *A-GmbH* als Berechtigter gemäß §§ 925 I, 873 I Eigentum erworben hat. Erforderlich hierfür wäre, dass die *A-GmbH* als gutgläubig i.S. von § 892 zu betrachten ist.

I. Wer dem Dogma anhängt, dass das Wissen eines Organs vom „Wesen" der Organstellung her „Wissen" der juristischen Person ist, sieht sich vor die Frage gestellt, ob der Satz „Bösgläubigkeit des Organwalters gleich Bösgläubigkeit der Gesellschaft" auch dahingehend umkehrbar ist, dass die Gesellschaft nur so lange

---

[14] Zum Erfordernis satzungsmäßiger Gestattung BGHZ 87, 59 (61).
[15] Statt aller: MüKoBGB/*Schubert* § 181 Rn. 56 m.w.N.
[16] Zur Zulässigkeit: Scholz/*U. Schneider/S. Schneider* GmbHG § 35 Rn. 162; *Schmitt,* WM 2009, 1784 (1785) mit zahlreichen Beispielen.
[17] Statt aller: Soergel/*Stürner* § 892 Rn. 40; *Hübner* BGB AT Rn. 1233.
[18] RGZ 126, 46 ff.; Staudinger/*Gursky* § 892 Rn. 99 ff.; Soergel/*Stürner* § 892 Rn. 21 f.; *Wieling* SachenR § 20 II 3b; *Musielak/Hau* EK BGB Rn. 548. A.A. – für Anwendbarkeit des § 892 auch auf Nichtverkehrsgeschäfte – z.B. noch *Heck* SachenR § 44 II 2/3.

„bösgläubig" ist, wie einer ihrer Organwalter bösgläubig ist. Dieser dem „Organdenken" durchaus naheliegende Ansatz lag wohl unausgesprochen der Rechtsprechung des *RG*[19] zugrunde, das bei Ausscheiden des bösgläubigen Organwalters „denknotwendigerweise" Gutgläubigkeit der juristischen Person annahm.

Die Gegenposition, die das Ausscheiden als irrelevant betrachtet, wird konsequenterweise von denjenigen vertreten, die mit der Analogie zu § 26 II 2 arbeiten.[20] Überraschenderweise wird aber selbst aus dem „Organdogma" die Unerheblichkeit späteren Ausscheidens abgeleitet: Nach einer Entscheidung des *BGH*[21] soll die juristische Person nicht in der Lage sein, eine einmal gegebene „Kenntnis" noch „abzustreifen"; die „wissende" juristische Person bleibe vielmehr „wissend", auch wenn das betreffende Organmitglied ausgeschieden ist und später andere Organmitglieder gehandelt haben, ohne ihrerseits jenen Sachverhalt zu kennen.[22]

Nach der ersten Ansicht wäre vorliegend Gutgläubigkeit i. S. von § 892 zu bejahen: Der dingliche Erwerbstatbestand wurde erst nach dem Ausscheiden des *G1* gesetzt. Nach der zweiten – wie immer begründeten – Ansicht wäre hingegen Bösgläubigkeit anzunehmen.

II. Wer – zutreffenderweise – in der Relevanz von Organwalterwissen für die „Gut- bzw. Bösgläubigkeit" der juristischen Person ein Zurechnungsproblem sieht, muss eine Entweder-Oder-Lösung unabhängig von den näheren Umständen ablehnen.[23] Hätte *G1* beispielsweise vor seinem Ausscheiden keinen Anlass gehabt, mit dem Erwerb des fraglichen Grundstücks durch die GmbH zu rechnen, so wäre die Wissenszurechnung wohl zu verneinen. Weil der ausscheidende Gesellschafter-Geschäftsführer hier aber noch als Organwalter qua Kenntniserlangung vom Kaufvertrag auf die bevorstehende Auflassung schließen musste und deshalb noch als aktives Organmitglied hätte gegensteuern können und müssen, wird man hingegen die Wissenszurechnung analog § 166 II zu bejahen haben.

III. Auf der Basis der hier entwickelten Ansicht gilt deshalb auch für die Variante: Ein Erwerb vom Berechtigten scheidet mangels „Gutgläubigkeit" der *A-GmbH* aus.

---

[19] *RG* SeuffA 77 Nr. 65.
[20] Vgl. z. B. Soergel/*Hadding* § 26 Rn. 11; Palandt/*Ellenberger* § 26 Rn. 8. A. A. freilich etwa Erman/*Westermann* § 26 Rn. 5.
[21] *BGH* WM 1959, 81 (84); bestätigend: BGHZ 109, 327 (332).
[22] Zustimmend u. a. *Petersen,* Jura 2008, 914 (916); RGRK/*Steffen* § 166 Rn. 5.
[23] Zutreffend *Baumann,* ZGR 1973, 295.

Paragraphenverzeichnis

(Die angegebenen Nummern beziehen sich auf die Fälle.)

§ 320: 3
§ 321: 6
§ 323: 3, 14, 15
§ 326: 14, 15
§ 339: 13
§ 341: 13
§ 346: 11, 14, 15
§ 347: 14
§ 348: 14
§ 349: 15
§ 350: 11
§ 355: 5, 8
§ 356: 8
§ 357: 5
§ 362: 8
§ 383: 14
§ 389: 13
§ 404: 2
§ 425: 16
§ 427: 16
§ 433: 3, 9, 14, 15, 16, 17, 18
§ 434: 5, 7, 14, 15
§ 437: 7, 14, 15
§ 438: 14
§ 439: 14
§ 442: 14, 15
§ 444: 15
§ 446: 14
§ 447: 6
§ 449: 5, 12
§ 453: 3
§ 474: 14
§ 476: 14, 15
§ 516: 3
§ 518: 3
§ 573c: 10
§ 580a: 10
§ 604: 2
§ 611a: 8
§ 631: 4, 13
§ 632: 4
§ 667: 1
§ 678: 2
§ 681: 1
§ 682: 2
§ 687: 1, 2
§ 765: 8, 11, 19
§ 766: 8, 11
§ 767: 11
§ 768: 11
§ 773: 8
§ 812: 1, 5, 15, 17, 20
§ 816: 2, 5
§ 818: 2
§ 819: 2
§ 823: 2, 5, 8, 19
§ 826: 2, 8
§ 827: 2
§ 828: 2

§ 855: 3
§ 861: 2
§ 868: 3, 5
§ 869: 2
§ 873: 20
§ 892: 20
§ 894: 1
§ 925: 20
§ 929: 2, 3, 5
§ 930: 3
§ 932: 2, 5
§ 935: 2, 5
§ 946: 17, 20
§ 951: 17, 20
§ 985: 2, 3, 5
§ 986: 2, 5
§ 989: 2
§ 990: 2
§ 992: 2
§ 1006: 3
§ 1007: 2
§ 1357: 3
§ 1601: 3
§ 1626: 3
§ 1629: 3
§ 1795: 3
§ 1902: 3
§ 1903: 2
§ 1909: 3
§ 1922: 5
§ 1949: 7
§ 2078: 7
§ 2257: 11

CISG – UN-Übereinkommen über den internationalen Warenkauf
Art. 71: 6

FamFG – Gesetz über das Verfahren in Familiensachen und in den Angelegenheiten der freiwilligen Gerichtsbarkeit
§ 394: 11

GenG – Gesetz betreffend die Erwerbs- und Wirtschaftsgenossenschaften
§ 25: 19
§ 83: 11

GmbHG – Gesetz betreffend die Gesellschaften mit beschränkter Haftung
§ 4: 18
§ 13: 17
§ 35: 20
§ 60: 11
§ 65: 11
§ 66: 11

HGB – Handelsgesetzbuch
§ 1: 12, 13, 17
§ 2: 13

Sachverzeichnis

(Die angegebenen Nummern beziehen sich auf die Fälle.)